国家社科基金重大项目
"百年中国播音史"（项目批准号 20&ZD326）阶段性成果

播音主持专业
教育功能研究

夏晓晨／著

知识产权出版社
全国百佳图书出版单位
—北京—

图书在版编目（CIP）数据

播音主持专业教育功能研究 / 夏晓晨著. —北京：知识产权出版社，2025.6. —ISBN 978-7-5130-9877-9

Ⅰ. G222.2

中国国家版本馆 CIP 数据核字第 2025F4C512 号

责任编辑：刘　江　　　　　　　责任校对：潘凤越
封面设计：杨杨工作室·张冀　　责任印制：孙婷婷

播音主持专业教育功能研究
夏晓晨　著

出版发行：	知识产权出版社 有限责任公司	网　　址：	http://www.ipph.cn
社　　址：	北京市海淀区气象路50号院	邮　　编：	100081
责编电话：	010-82000860 转 8344	责编邮箱：	liujiang@cnipr.com
发行电话：	010-82000860 转 8101/8102	发行传真：	010-82000893/82005070/82000270
印　　刷：	北京建宏印刷有限公司	经　　销：	新华书店、各大网上书店及相关专业书店
开　　本：	720mm×1000mm　1/16	印　　张：	15.5
版　　次：	2025年6月第1版	印　　次：	2025年6月第1次印刷
字　　数：	238千字	定　　价：	88.00元
ISBN 978-7-5130-9877-9			

出版权专有　侵权必究

如有印装质量问题，本社负责调换。

前　言

　　高等教育作为社会大系统中的重要组成部分，它与社会、经济、文化等子系统相互依存。高等教育在促进社会流动的同时，释放各专业教育功能，成为实现教育主体（教师群体和学生群体）人生价值的重要途径。虽然教育功能具有客观性，但各专业教育的内部结构及系统要素的存在状态，影响着专业教育功能的释放，决定着专业教育的内涵价值。因此，对专业教育功能作系统性的类型化研究，具有重要的理论价值和现实意义。

　　我国的播音主持专业教育走过了60余年的发展历程，作为中国高等教育中交叉性极强的特色专业，释放了重要、多元的专业教育功能。播音主持专业教育功能具有鲜明的知识特征、思想实践特征、文化传承与创造特征，体现了播音主持专业教育的本质。本书立足中国国情，以中国播音学为理论研究基础，倚重高等教育学，将研究视角延伸至教育社会学中的结构功能主义等理论，确立结构过程与冲突均衡视角下的播音主持专业教育功能研究范式，对播音主持专业教育功能作基础性和开拓性分析，既回顾过去和当下专业教育成果在知识育人、思想引领和文化创新方面的功能构建，又注重面向未来播音主持专业教育功能的升级和划分。截至目前，尚无关于播音主持专业教育功能的系统性分类研究，本书在一定程度上拓展了播音主持专业教育功能论的研究领域，为播音主持专业交叉学科建设提供一个新的理论视角，体现了一定的研究价值和创新之处。依据研究重点和论证思路，主体部分共划分为五个章节：

　　第一章论述了从"教育功能类型化"视角研究播音主持专业教育的价

值和必要性，并通过文献研究、比较分析及无结构访谈等研究方法，明确了播音主持专业教育功能与若干专业效能的关系，突出了播音主持专业教育功能的独特性，确立了播音主持专业不同于其他专业的教育功能内涵，拓深了对播音主持专业教育功能的理论认识，有助于增强播音主持专业教育的内生动力。

第二章为播音主持专业教育功能的类型化构建。主要依据功能内在逻辑、播音主持事业对专业型人才的需求、播音主持专业教育格局转变三个方面，将播音主持专业教育功能划分为：影响个体特征形成的知识育人功能、影响个体意识发展的思想引领功能和影响个体价值实现的文化创新功能。

第三章为播音主持专业教育的知识育人功能。主要针对播音主持专业教育知识结构效能和话语结构效能展开论证，集中探讨中国特色播音主持知识体系与话语能力体系。通过"优化播音主持专业教育主体与客体结构"和"建立播音主持专业教育知识活动适应选择模型"两个方面，进一步释放播音主持专业教育的知识育人功能。

第四章为播音主持专业教育的思想引领功能。主要针对播音主持专业教育"求真务实的思想驱动效能"和"融合创新的思想践行效能"展开论证，集中探讨中国特色播音主持专业教育思想体系。通过优化播音主持专业思想理念，构建播音主持专业教育思想实验教学法和打造全媒体校园"中央厨房"三个方面，进一步释放播音主持专业教育的思想引领功能。

第五章为播音主持专业教育的文化创新功能。主要针对播音主持专业教育的文化传承与创造效能、文化审美与批判效能展开论证，集中探讨中国特色播音主持的文化创造与艺术审美。通过"强化开放性和内聚性的播音主持专业教育文化共同体"和"培养播音主持艺术独特性和创新性的学术文化传承人"两个方面，进一步释放播音主持专业教育的文化创新功能。

本书是关于播音主持专业教育功能系统性的类型化研究，是播音主持专业教育本质的逻辑延伸。通过划分播音主持专业教育功能的类型，探索播音主持专业教育功能释放的路径，进一步明确播音主持专业教育功能，有助于引导学生群体树立正确的价值认知、培养积极的情感认同和敏锐的创作意识，为播音主持专业教育事业的未来规划贡献思路，更有助于学界及业界系统、全面、深刻地认识当前及未来播音主持专业教育的重要性。

　　本研究的不足之处和需要改进的方面如下。首先，由于个别调研采访工作选择了视频、电话、微信等远程采访方式，影响了调研材料的广度与深度。因此，需要及时持续跟进各播音主持专业院校在课程体系、人才培养目标及开展的系列专题活动等方面的情况，丰富本研究的事实论据。其次，在研究过程中，笔者对相关跨学科理论知识存在一定的理解局限，难免存在认识不全面、思考不透彻的可能性。因此，关于播音主持专业教育功能的相关理论探索，还有一定的提升空间，需要积极深入地与相关学者做更广泛、透彻的交流，寻找创新性和启发性的研究思路，进一步深化播音主持专业教育功能的类型化研究。最后，本研究所提出的部分观点，还存在思考不成熟的现象，但可以肯定的是，播音主持专业教育的知识结构、思想结构、文化结构始终是播音主持专业教育功能探讨的可靠基础，笔者将在此基础上，持续校正、思考并更新。

目　　录

第一章　绪　　论 …………………………………………（1）
　一、研究背景与研究问题 …………………………………（1）
　二、研究对象与研究价值 …………………………………（5）
　三、相关文献研究与评述 …………………………………（18）
　四、研究框架与研究方法 …………………………………（48）
　五、研究难点与创新性 ……………………………………（55）

第二章　播音主持专业教育功能的类型化构建 ………（61）
　第一节　播音主持专业教育功能内在逻辑 ……………（62）
　　一、功能论逻辑 …………………………………………（62）
　　二、高等教育功能内外规律 ……………………………（67）
　　三、播音主持专业教育对象 ……………………………（69）

　第二节　播音主持事业对专业型人才的需求 …………（74）
　　一、融媒体创新型播音主持专业人才 …………………（75）
　　二、跨学科探索型播音主持专业人才 …………………（76）

　第三节　播音主持专业教育格局的变化 ………………（79）
　　一、突出播音主持专业教育现实语境中有声话语的具身性
　　　　优势 ……………………………………………………（79）
　　二、促进播音主持专业教育个体功能与社会功能的统一 …（85）

　第四节　播音主持专业教育功能的基本类型 …………（88）
　　一、影响个体特征形成的知识育人功能 ………………（89）

1

二、影响个体意识发展的思想引领功能 …………………… (90)
三、影响个体价值实现的文化创新功能 …………………… (91)
本章小结 ……………………………………………………… (92)

第三章　知识育人功能：构建中国特色播音主持知识与话语能力体系 …………………………………………………… (94)

第一节　播音主持专业教育的知识结构效能 ………………… (95)
一、播音主持专业教育知识内在结构 …………………… (95)
二、播音主持专业教育知识体系特征 …………………… (97)
三、播音主持专业教育知识体系最优属性 ……………… (100)
四、构建中国特色播音主持专业教育知识体系 ………… (102)

第二节　播音主持专业教育的话语结构效能 ………………… (109)
一、播音主持专业话语结构遵循的原则 ………………… (111)
二、播音主持专业话语结构的双重属性 ………………… (112)
三、构建中国特色播音主持专业教育话语能力体系 …… (115)

第三节　促进播音主持专业教育知识育人功能的释放 ……… (122)
一、优化播音主持专业教育主体与客体结构 …………… (123)
二、建立播音主持专业教育知识活动适应选择模型 …… (128)

本章小结 ……………………………………………………… (135)

第四章　思想引领功能：传播中国特色播音主持专业教育思想体系 ……………………………………………………… (137)

第一节　播音主持专业教育求真务实的思想驱动效能 ……… (138)
一、播音主持专业院校思想教学内容现状 ……………… (138)
二、播音主持专业教育思想驱动效能的转化 …………… (142)

第二节　播音主持专业教育融合创新的思想践行效能 ……… (147)
一、播音主持专业院校思想教学模式现状 ……………… (148)
二、播音主持专业教育思想践行效能的转化 …………… (153)

第三节　促进播音主持专业教育思想引领功能的释放 ……… (156)
一、优化播音主持专业教育思想理念 …………………… (156)

二、构建播音主持专业教育思想实验教学法 …………………… (160)
　　三、打造全媒体校园"中央厨房" …………………………………… (164)
　本章小结 ………………………………………………………………… (170)
第五章　文化创新功能：增进中国特色播音主持文化创造与艺术审美 …………………………………………………………………… (172)
　第一节　播音主持专业教育的文化传承与创造效能 ………………… (173)
　　一、对中国播音主持专业教育的薪火相传 …………………… (174)
　　二、对播音主持语言艺术文化的兼容并蓄 …………………… (175)
　第二节　播音主持专业教育的文化审美与批判效能 ………………… (179)
　　一、注重播音主持专业教育的审美示范与审美导向 ………… (180)
　　二、注重播音主持专业教育的文化选择与文化批判 ………… (188)
　第三节　促进播音主持专业教育文化创新功能的释放 ……………… (195)
　　一、强化开放性和内聚性的播音主持专业教育文化共同体 …… (196)
　　二、培养播音主持艺术独特性和创新性的学术文化传承人 …… (202)
　本章小结 ………………………………………………………………… (207)
结　　论 ……………………………………………………………………… (209)
参考文献 ……………………………………………………………………… (213)
附　　录 ……………………………………………………………………… (228)
　附录1　大学教师知识效能评价指标体系的构建流程 ……………… (228)
　附录2　思维迁移产生的创造力 ……………………………………… (229)
　附录3　教师教学模式（策略） ……………………………………… (230)

图目录

图 1-1　教育功能基本划分种类 ……………………………………（7）
图 1-2　教育目标与实践的领域分布 ………………………………（33）
图 1-3　教育功能异化因素 …………………………………………（35）
图 1-4　关于播音主持教育的主要主题研究分布（2001—
　　　　2025 年）………………………………………………………（38）
图 1-5　关于播音主持教育功能研究的主要主题分布（2001—
　　　　2025 年）………………………………………………………（42）
图 1-6　播音主持专业教育功能研究总思路 ………………………（56）
图 2-1　播音主持专业教育对象及专业教育功能阶段的界定 ………（73）
图 2-2　不同教育时期教育功能总体状况的基本格局 ……………（87）
图 3-1　知识膨胀的五种基本模式 …………………………………（99）
图 3-2　有声话语主体能力建构思路 ………………………………（115）
图 3-3　语言功力与思维意向的阶段性关系 ………………………（117）
图 3-4　与语感有关的表达术语 ……………………………………（119）
图 3-5　大学教师知识活动类型 ……………………………………（129）
图 3-6　SECI 螺旋型知识转换生成模型 ……………………………（130）
图 3-7　播音主持专业教育的知识活动供应与循环模型 …………（132）
图 3-8　播音主持专业教育的知识活动适应选择模型 ……………（133）
图 4-1　学校教育对个体之功能形成 ………………………………（143）
图 4-2　播音主持专业教育思想驱动效能释放 ……………………（144）

1

图 4-3　播音主持专业教育思想践行效能释放 ……………………（155）
图 4-4　播音主持专业教育思想实验教学法 ………………………（162）
图 4-5　思想实验中客体属性及功能的价值评价 …………………（163）
图 4-6　中国传媒大学校园全媒体运行中心结构 …………………（168）
图 4-7　播音主持专业院校全媒体校园"中央厨房"建设体系……（169）
图 5-1　播音主持专业教育文化审美的第一阶段 …………………（184）
图 5-2　播音主持专业教育审美示范过程与审美导向过程的
　　　　区别 ……………………………………………………（184）
图 5-3　播音主持专业教育文化审美的第二阶段 …………………（187）
图 5-4　播音主持专业教育与文化的双重关系 ……………………（198）
图 5-5　教学效能结构单组份策略 …………………………………（200）

表目录

表 1-1　教育社会功能的方向结果 …………………………………（9）
表 1-2　帕森斯的 AGIL 对称分析模式 ……………………………（24）
表 1-3　教育的正向功能和负向功能 ………………………………（27）
表 1-4　教育正负功能的三维结构 …………………………………（28）
表 2-1　功能论逻辑视角下的播音主持专业教育功能类型 …………（67）
表 2-2　根据高等教育功能内外规律划分的播音主持专业教育功能
　　　　类型 …………………………………………………………（69）
表 2-3　国家级一流播音与主持艺术专业本科建设院校
　　　　（2025 年）……………………………………………………（71）
表 3-1　播音主持专业教育复杂自适应性 …………………………（101）
表 3-2　播音主持专业教育知识体系基础与应用理论知识模块的
　　　　划分 …………………………………………………………（103）
表 3-3　播音主持专业教育知识系列与一、二级理论知识单元的
　　　　划分 …………………………………………………………（105）
表 3-4　有声话语创作的两个维度及效能终落点 …………………（113）
表 4-1　播音主持专业院校播音思想效能及专业效能转化 ………（145）
表 4-2　播音主持专业院校融合创新思想教学模式 ………………（149）
表 4-3　极具思想教育意义的实验案例 ……………………………（160）
表 5-1　部分播音主持专业院校体现的有声语言文化的兼容并蓄与国际
　　　　视野 …………………………………………………………（177）

表 5-2　专业文化目标导向下的有声语言艺术鉴别层次 …………（185）

表 5-3　国家级一流播音主持专业院校体现的批判性素养
　　　　（2025 年）……………………………………………（193）

表 5-4　播音主持专业教育教学效能结构组份及变项因素 ………（200）

表 5-5　播音主持专业教育内聚性结构组合及效能影响 …………（201）

第一章 绪　　论

一、研究背景与研究问题

在社会思潮发展、技术升级、文化创新的大背景下，面对智能科技应用、媒介渠道多元、行业趋势转变以及高等教育目标不断提升等要求，读懂传媒教育生态局面，有助于引领播音主持专业教育功能的创新和发展。基于时代需求、学科发展趋势以及播音主持专业教育发展现状，确立本书的研究问题主要围绕"播音主持专业教育"（Broadcasting and Hosting Education）的功能内涵、功能形成、功能类型以及各类型功能释放路径，以此为切入点，进一步明确播音主持专业教育的人才培育目标，优化播音主持专业教育的知识结构体系、课程体系、产教规划，推动播音主持专业教育成果和理论体系的创新发展。

（一）研究背景

面对互联网、人工智能、新能源等集成创新的科技生态变革；媒介社会化、社会媒介化的媒介生态变革；高等教育提质创新，学科交叉群落化发展的学科生态变革，我们看到科学技术、传媒业态以及高等教育面貌正发生着格局性的转变。

媒介生态的变革给传媒领域带来一定的冲击。传播业态发生着格局性的变化，私媒体和 IP 消费的崛起、专业主持人主体影响力的消解、非广电播音主持业态的丰富、非传统媒体人的活跃以及全媒体传播平台更强的互动性、伴随性等情况，给播音主持专业教育增添了全新的议题。变革趋势不仅为前沿技术拓宽空间领域，更驱动了高等院校在人才培养、科学研究、教育功能等方面的积极探索。

中国高等教育进入全面提质创新期。教育以培养杰出人才为起点，以真实的社会问题集合和专业理论为最终归宿，对于与广播电视等行业血肉相连的播音主持专业教育而言，厘清播音主持专业教育功能的内涵、显著特征及独立标识，明确播音主持专业教育功能类型，将有助于播音员主持人培育空间的扩展、个体功能的转化、个体功能与社会功能的统一以及播音主持专业教育功能理论体系的建设。

从学科发展趋势来看，融合交叉学科建设理念，突破桎梏，打造以播音主持专业教育为核心，纵深横广的学科群落化发展模式越发重要。"现代科学导致智力舞台正在被制成或大或小的分离的领域"[1]，在迎来学科交叉建设、新文科建设机遇之时，除了基本的信息知识，还要清楚认识到学科个体功能与区域发展特色赋能所形成的独特的知识创新成果。播音主持专业教育既肩负着培养传媒人才，探索教育理念的重任，又要满足媒介创新，服务社会的时代需求。那么，人才培养的目标和体系设置需要从思维上发生根本性的转变，在看到不同专业间教育的共性和播音主持专业教育特性的同时，精准定位跨区域空间内相同专业间教育的共性和特性，并加以调适。当前，全国各播音主持专业院校结合地方发展优势，深度挖掘播音主持专业特色，积极探索专业边界，优化专业体系，为国家新兴产业发展和人才需求积累了一定的经验。播音主持专业院校在尊重学科生态系统的差异性与多样性的前提下，遵循固本培元、系统协同的发展逻辑，整个传媒教育成果外化显见，在现代化工业国家的运作和进步中占据了一定的地位，一定程度上体现出播音主持专业教育本体的功能优势。

从播音主持专业教育现状来看，中国播音主持专业教育事业已走过60

---

[1] J. Gregery, S. Miller. Science in Public, Communications Culture and Credibility[M]. New York: Ptenum Press, 1988: 78.

余年的发展历程，播音主持专业教育始终释放其不可替代的专业教育功能。在专业教育教学中，中国播音主持专业教育事业始终与国家的命运休戚与共，与中国广播电视行业同频共振，与中国人民生活息息相通。播音主持专业教育为社会培养了大批有声语言传播的人才，他们坚守在全国各地媒体和对外宣传的平台上，进行规范、生动的有声语言创作，形成了鲜明的类型化教育功能。然而，在智媒商业文明时代，面对新技术、新行业，尚未形成点线面结合的播音主持专业教育发展空间格局。因此，立足于服务国家各区域发展要求和专业型人才需求，优化播音主持专业教育的区域发展资源配置，提升播音主持语言文化服务区域发展水平，释放播音主持专业教育功能，成为中国播音主持专业教育新的发展目标之一。

与此同时，基于社会变革需求、学科发展趋势和播音主持专业教育现状，以专业教育的个体功能为切入点，建立与社会功能的紧密联系，并从全国播音主持专业院校风起云涌的办学趋势中，分析国家级一流播音主持专业博士、硕士、学士释放教育功能的综合情况，分析播音主持专业教育不可替代的教育功能优势以及在当前背景下播音主持专业教育功能产生了哪些变化，又该如何进一步体现，成为播音主持专业教育无法回避的现实问题。

播音主持专业教育功能研究既具有观照现实，释放有声语言实践活动效能的专业个体发展价值，也具有拓展专业理论构建，体现专业教育类型功能服务公共事业的社会意义。关于播音主持专业教育功能的研究，不仅有助于播音主持专业院校优化教育结构、专业结构和人才培养结构，推进产学研一体化，更有助于在融合交叉学科建设时期，瞄准科技前沿，推进课程体系调整，发挥线上线下专业实践教学优势，完善人才培养目标，提升教师队伍水平，创新教育模式，注重加强国际交流合作以及科研矩阵建设。与此同时，播音主持专业教育在承担媒体角色的教育过程中，教师群体通过完善个体功能社会化的价值观念体系和社会规范体系，促进播音主持专业教育系统内学生群体的知识内化，体现有声语言文化的重要创造价值，有助于实现有声语言的文化传承与创新发展。

（二）研究问题

教育功能问题既是高等教育的基本理论问题，又是解决专业教育现实问题的重要突破口之一。高等教育功能随着时代背景、科技背景和学科等背景的变化，也发生着一定的改变。作为高等教育学科体系中的特色专业，播音主持专业教育功能的内涵问题、形成问题、划分问题以及如何进一步释放专业教育功能问题，是本书的重点研究问题。

本书立足播音主持艺术论、广播电视语言传播等重要理论，结合教育社会学相关理论，融合新的理论研究方法，从播音主持专业教育功能的客观性出发，总结播音主持专业教育 60 余年释放的专业教育功能类型，梳理播音主持专业教育客观功能背后的主观性影响因素及其功能的形成过程。通过对若干专业教育效能的分析总结，拓深对播音主持专业教育本位功能问题的认识，突出播音主持专业教育功能特色，增强播音主持专业教育内生动力，有助于在交叉学科建设和新文科建设过程中，长期保持播音主持专业教育的核心功能属性，打破激进或教条的艺术教育变革思想。

以"播音主持专业教育功能类型化构建"为问题导向，融通播音主持人才培养理念，有助于构建适应社会发展趋势和时代需求的播音主持专业教育功能类型，树立教育主体（本书主要指教师群体和学生群体）的国家意识、大局意识和服务意识，承袭中国特色播音主持专业教育传统。本研究透过播音主持专业教育个体功能个性化和社会化的问题视角，实现播音主持专业各院校社会功能与个体功能的统一，为播音主持专业教育工作者和媒体工作者提供更多有效的解决问题的思路，促进传媒产业兴盛，人民精神生活繁荣，满足人民日益增长的文化需求。

以"播音主持专业教育功能类型化构建"为问题导向，有助于培养思想敏锐，具有正确判断力、更深领悟力、更鲜活表达力及更强适应力的播音主持专业人才。发挥有声语言创作主体的具身性优势，释放播音主持专业教育所无法被取代的专业个体功能，培养具有有声语言艺术感染力、传播力，腹有诗书、自出机杼，对社会问题有深刻理解，善于独立思考，具有家国情怀、人文情怀、世界胸怀的传媒精英,进一步释放播音主持专业教育功能的知识价值、艺术价值、文化价值和社会价值。

二、研究对象与研究价值

本书的研究对象是"播音主持专业教育功能",是对播音主持专业教育活动作结构与功能的深入研究。关于研究对象的分析逻辑:全面理解什么是"教育功能",深入分析什么是"播音主持专业教育功能",系统论证播音主持专业教育功能的类型。

从对高等教育功能的全面探究到学科功能的内生发展研究中发现,播音主持专业教育过程蕴含专业教育所独有的功能价值。因此,本书以中国播音学为理论基础,结合教育社会学的功能论视角对播音主持专业教育功能类型展开分析,具有较强的理论拓深价值和实践指导价值,一方面体现为拓深播音主持专业教育功能论的理论研究价值;另一方面体现为增强播音主持专业教育的内生动力价值。

(一) 播音主持专业教育功能

一般而言,"高等教育功能结果表现在两个层面,在个体层面高等教育应培养追求真、善、美的人,在社会层面高等教育应促进政治稳定、经济发展、科技进步、社会公平、社会整合等"。[1] 播音主持专业教育功能同样划分为两个层次:播音主持专业教育的社会功能和个体发展功能。其中播音主持专业教育的个体发展功能,是指在高等教育和社会需求的时代背景与职业规划背景下,教师群体通过一系列教育文本和教育活动,内化学生群体知识储备和专业技能训练所生发的个体功能。教师群体通过完善学生群体的知识结构、思想框架和文化观念,进而实现承担社会角色,用

---

[1] 张国强. 失调与重构:高等教育功能的历史省思 [M]. 武汉:华中师范大学出版社,2018:6.

有声语言维护国家利益,传承民族文化,弘扬时代精神。关于本书研究对象的确立,是在对教育功能、教育个体功能、教育社会功能认识的基础上,从结构功能视角和功能美育视角进一步论证出播音主持专业教育功能的内涵。

1. 教育功能

教育是社会大系统中一个重要的组成部分。一系列教育活动对个体发展和社会发展产生的作用与影响称为教育功能(Educational Functions),"这种作用或影响是一种能实实在在观察到的客观结果,而不是人们的一种主观愿望"[1]。教育功能不仅具有客观性和必然性、方向性和多面性,更是现实价值与未来价值的辩证统一。教育功能是教育本质的逻辑延伸,中西方多学科领域的众多学者持续开展着对教育功能内涵、种类等问题的研究,对教育功能的认识日渐全面且深入。

关于教育功能的划分:"教育功能,教育对社会和个人发展所起的作用。可分为社会功能和育人功能,正向功能和负向功能,主要功能和次要功能等。"[2] 关于教育功能基本划分种类如图 1-1 所示。就教育功能类型的分析,将在"文献研究与评述"部分的"教育功能分类问题"中作更详细的论证。

由"教育功能基本划分种类"可见,教育作用视角的转变会影响教育功能的类型。本书将教育功能按作用对象划分为两类:一类为教育的个体功能,另一类为教育的社会功能。无论何种划分方式都证明教育活动的结果存在已经产生或者将会产生的可能,教育功能受社会环境、教育现状和受教育者现实需求制约。教育功能划分的维度是复杂的,教育功能的内涵和种类也随着人类文明的进步、学科种类的发展以及社会对专业人才的需求而持续发生变化。

---

[1] 王等等. 教育功能观的社会学分析 [J]. 中国教育科学, 2014 (2):211-230, 210, 236.

[2] 夏征农. 辞海 [M]. 6 版. 上海:上海辞书出版社, 2010:913.

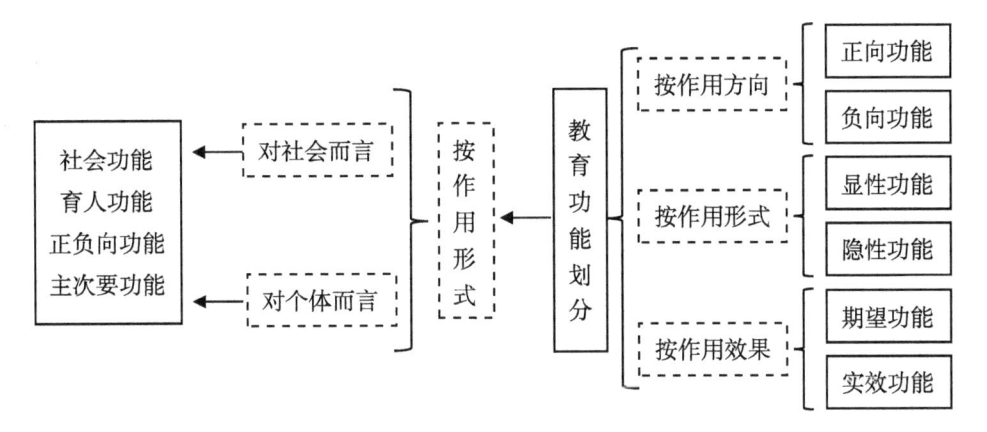

图 1-1 教育功能基本划分种类

2. 教育个体功能

教育个体功能从广义来看，是指以专业教育为核心所体现出的个体功能；从狭义来看，又可以称为教育的个体发展功能，"教育的个体发展功能更多地体现在对个体心理发展的影响方面。个体的心理发展反映出来的对教育的需求，主要为社会化和个性化两个方面"[1]。也就是教育的个体个性化功能和个体社会化功能。专业教育的个体功能由教育活动结构及内容决定，是影响教育对象（学生群体）发展的重要因素，包括素质结构、智力结构和能力结构等，也可以将其理解为"青少年通过大量的学习从而获知如何做一个适于接受的社会成员的社会习得过程"[2]。这是一种通过专业属性鲜明的教育文本和教育活动内化个人知识储备和学习技能的过程，最终通过价值观念体系和社会规范体系的建立内化教育对象，促进教育对象的社会化。专业教育个体功能的释放在一定程度上取决于专业个体功能的正负性、显隐性和实效性。专业教育的个体功能发生于教育活动之中或之后，因此，也可以称其为专业教育的本位功能或内生功能。

---

[1] 孙杰远，徐莉. 人类学视野下的教育自觉 [M]. 桂林：广西师范大学出版社，2007：56.

[2] C. Ryan. The Sociology of Educating [M]. New York：Holt, Rinehart and Winston, 1981：90.

教育的个体功能是从个性化向社会化发展的过程。"个体社会化是指个体在特定的社会与文化环境中，形成适应于该社会与文化的人格，掌握该社会所公认的行为方式，具体表现为：教育影响个体政治社会化，教育影响个体道德社会化，教育影响个体性别角色社会化。"❶ 关于个体社会化的划分种类，综合美国社会学家 B. 霍尔茨纳（B. Holzner）的相关研究来看，倾向于把社会化分为初级社会化和高级社会化两大类别。中国学者时蓉华从社会化的内容视角探讨了"民族的社会化、政治的社会化、法律的社会化、道德的社会化和性别角色的社会化"等类型。学者黄育馥把社会化分为"基本社会化、预期社会化、发展社会化、反向社会化、再社会化五种类型"；❷ 关于教育的个体个性化功能，是个体在社会活动中逐渐形成的独特的、具有自主性和创造性的过程。个体个性化功能主要表现为"教育影响个体主体意识的发展，教育影响个体特征的发展，教育影响个体价值的实现"❸。将社会需求、行为方式和价值观等因素转化为稳定的个体反应模式和人格特征，二者在个体社会化过程中相辅相成。

因此，本书所指的播音主持专业教育的个体功能社会化是在社会体系中，适应于社会发展与传媒人才需求的一种专业人才培养的社会化标准，还包括社会化因素给播音主持专业学生群体带来的显性或隐性的影响；本书所指的播音主持专业教育功能个性化是在高等教育建设体系中，具有鲜明的专业个体功能的个性化，是就播音主持专业教育学生群体相较于其他专业教育学生群体而言的个性化培养，探讨的是播音主持专业学生群体的专业意识、专业特征和专业价值，并非就播音主持专业教育中的某个教育对象而言。

3. 教育社会功能

从教育社会功能的狭义视角出发，也就是指学校教育。教育社会功能

---

❶ 孙杰远，徐莉. 人类学视野下的教育自觉 [M]. 桂林：广西师范大学出版社，2007：56.

❷ 刘豪兴，朱少华. 人的社会化 [M]. 上海：上海人民出版社，1993：13-14.

❸ 孙杰远，徐莉. 人类学视野下的教育自觉 [M]. 桂林：广西师范大学出版社，2007：57.

的两种基本角度:"一是由对功能的规定而确立'方向'的角度,二是由对社会功能的规定而确立'层面'的角度。"❶美国社会学家默顿(R. K. Merton)提出正负功能、显隐功能、功能所助益之单位、功能需求、功能选择等11个分析事项组成的社会学功能分析范式,进一步发展了结构功能主义。依据默顿的"正负双向功能论"和"显隐功能论",有学者从"'功能状态'(教育所产生功能的现实状态与其理想状态是否一致)和'功能预料'(教育者是否预料到教育的实际功能)"❷两个维度,将教育社会功能的客观结果分为:显性正功能、隐性正功能、显性负功能和隐性负功能四个方面。

教育社会功能可从以上四个呈现方向进行甄别,但是其判断标准又成为学者的争议。目前来看有两种标准:"一种是'系统维持标准',另一种是'社会进步标准'(系统维持标准:即看教育对其所在社会的生存来说是贡献性的,还是损害性的;社会进步标准:即看教育是推动还是有碍社会朝着文明进步的方向发展)。"❸并非任何教育活动都会产生双向的社会功能,如表1-1所示。

表1-1 教育社会功能的方向结果

	"+":正向社会功能
	"-":负向社会功能
	"+-":兼具正向与负向社会功能

对于正向和负向社会功能的肯定与否定也并非绝对的,判断者的身份

---

❶ 吴康宁.教育的社会功能新论[J].高等教育研究,1996(3):13-23.
❷ 姜明君.教育的"显性负功能"及解决路径分析[J].长江丛刊,2017(35):168.
❸ 叶澜.教育概论[M].北京:人民教育出版社,1991:140-180.

和角色（教育者或社会活动家）在一定程度上影响着其判断标准。在教育社会功能存在方向区分的前提下，延伸出对其功能释放准则的探讨，尤其集中在负向功能和兼具正向与负向功能两个方面。就播音主持专业教育功能而言，将突破口放在对教育社会功能中的"显性负功能"研究方面，将在一定程度上有效解决专业教育发展过程中遇到的现实问题，有益于进一步释放播音主持专业教育的类型化功能。

4. 播音主持专业教育功能

西方哲学思想体系认为无数实体组成了世界，实体是本质，变化是现象，推崇"实体原则"。万物皆流，万物皆变，中国的哲学思想认为"变"才是永恒，变不是被看到而是被领会到，是典型的"变易原则"。播音主持专业教育是在不断变化的社会环境中，因需而生的实践性极强的特色专业，遵循变异原则，且具有典型的功能社会化属性和专业创造性。"1954年3月，中央广播局开办广播技术人员训练班，开始培养中级广播技术人才。"❶ 长期以来，播音主持专业教育功能是建立在多元思想基础上的同一教育本质的逻辑延伸，强调宏观功能社会性与微观差异美育性的统一。

以专业教育个体功能和社会功能为研究基础，通过结构功能视角与功能美育视角，进一步分析高等教育中播音主持专业教育功能的内涵，领会传媒万象中"变"的价值，明确播音主持专业教育与社会的基本关系，坚持播音主持艺术的美育原则，使播音员主持人在不断变化的传媒时代中具有极强的适应能力。

（1）结构—功能视角下的播音主持专业教育功能。

结合教育社会学的"结构—功能"视角着眼于播音主持专业教育个体功能的本质，即播音主持专业教育与教育对象的基本关系及其交互影响问题。教育对象的社会化是不断内化的过程，而人在接受教化过程中，教育客体不能脱离主体而单独存在，它是教育主体的实践对象。播音主持专业

---

❶ 姚喜双. 播音主持概论 [M]. 北京：高等教育出版社，2012：284.

教育功能的体现，离不开播音主持专业教育结构的安排与组织，"用乔治·赫伯特·米德（George Herbert Mead）的角色理论来解释社会化过程，就是'承担他人的角色'（to take role of the other）的过程"❶。学生群体在与他人的互动过程中，不断接受着角色的整合与分配，首先是在与父母的互动中完成的，父母是"重要的他人"（significant others）。其次是在大社会互动中完成的，父母和亲密圈之外的人，称为"泛化的他人"（generalized others）。那么，在校园为主要活动场所的社会化过程中，教师群体则承担了"重要的他人"的角色，教师和亲密同学之外的人承担了"泛化的他人"的角色。重要的他人、泛化的他人以及他们的知识结构、价值导向、文化创新思想、教学方法和教育理念等因素，随同教育资源共同构成了呈现专业教育功能的基础结构。

因此，从结构功能视角来看，播音主持专业教育功能可概括为：在播音主持专业教育过程中"重要的他人"（教师群体）在关切教育对象生命成长的同时，注重增进播音主持教学思想、内容、形式与社会使命、民族精神以及文化担当的关系。播音主持专业教育功能从本质上离不开教育主体"社会化"的发展氛围，这既是教育客体影响力和角色功能社会性的要求，更是专业属性的追求目标，体现了播音主持专业教育的个体发展功能和社会功能。

（2）功能—美育视角下的播音主持专业教育功能。

结合艺术哲学的"功能—美育"视角着眼于播音主持专业教育功能的本质，即播音主持艺术对人和社会的美育问题，尤其在虚拟主持人逐渐应用于节目内容生产全过程阶段，最大程度体现了以"人"为核心的创作主体的美育功能，即"'以美启真''以美储善''以美怡情'"❷，强调了培养正确审美观念、审美理想和审美情趣的重要价值，一定程度上也凸显了播音

---

❶ 彼得·L.伯格.与社会学同游：人文主义的视角［M］.何道宽，译.北京：北京大学出版社，2014：20.

❷ 钟仕伦，李天道.高校美育概论［M］.北京：中国社会科学出版社，2006：7-8.

主持专业教育在有声语言创作过程中的语言具身性优势和审美价值。播音主持专业教育的本质离不开美育过程中对有声语言艺术创作主体从审美感悟、审美渐悟到审美顿悟的培育。播音主持专业教育将智力结构、求知意志与语言艺术审美能力相融合，挖掘有声语言创作的自然美和艺术美等美的形态，对播音主持专业学生群体进行情感熏陶，提升受教育群体在有声语言艺术创作方面感受美、鉴赏美和创造美的能力，符合校园这一特定社会空间内社会功能所遵循的"系统维持标准"和"社会进步标准"。

因此，从功能美育视角来看，播音主持专业教育功能可概括为：播音主持专业教育功能在本质上应是一种面向有声语言艺术有限创作的开放性存在，对于有声语言艺术创作的精神内核是忠诚的，对于有声语言艺术创作的审美评价是包容的，对于有声语言艺术的学理性探索应该是冲动的。通过对语言形象的美育性感染，引导学生群体在有声语言训练和沁人心脾的语言美的熏染中陶冶性情。

（3）播音主持专业教育功能的内涵。

播音主持专业教育功能的内涵，是指播音主持专业教师群体对学生群体释放的专业本位功能，可将其理解为一种内在价值，内在价值是指"并非因它们对另外某些事物有用处，而是他们自身就具有较高的价值"[1]。播音主持专业教育具有极强的内在价值，结合"结构功能视角"和"功能美育视角"，可以将播音主持专业教育功能概括为：播音主持专业院校教师群体通过一系列专业鲜明的教育文本和教育活动完善学生群体播音知识结构、思想引领框架和文化传承与创新观念，在开放性的有声语言创作空间内，确立包容的语言审美视角，珍视冲动的学理性思维，坚定忠诚的精神内涵。在有声语言训练过程中陶冶性情，在有声语言实践传播过程中增强民族使命感，用高水准的有声语言进行艺术创作，承担社会角色，维护国家利益，传承民族文化，弘扬时代精神，实现播音主持专业教育在有声语言艺术创作领域的一种意义深远的自由。

---

[1] John S. Brubacher. Modern Philosophy of Education ［M］. 3th ed. New York：McGraw-Hill，1962：101-102.

（二）拓深对播音主持专业教育功能的理论认识

关于播音主持专业教育功能的研究在一定程度上拓宽了播音主持专业教育功能理论体系，教育主体的内化与社会化研究成为播音主持专业教育功能的内部动因，有益于拓深对播音主持专业教育功能形成的理论认识，进一步实现有声语言艺术文化的传承与创新。

如今，"教育功能"一词的现代教育学及社会科学背景是显而易见的，而教育功能的转化，主要受教育功能形成过程的影响。播音主持专业教育功能是在教育活动过程中逐渐形成的，其功能形成的过程具有鲜明的播音主持专业教育属性，在一定程度上代表了播音主持专业教育系统活动的全过程，既体现了专业教育的社会功能属性，又体现了极强的个体发展功能属性。从教师群体到学生群体，这一教育过程从社会化到个性化，一般将经历功能取向的确立、功能行动的发生和功能结果的释放三个阶段。

1. 播音主持专业教育功能取向的确立

受教育者的智能、才能与品行，是由其积累的"生产斗争经验"和"社会生活经验"的转化而形成的。个体积累的知识越丰富，越凸显教育对社会的发展作用。教育功能形成的两个重要前提是，"一方面对于寻根究底和清明理智的精神内核怀有无限的忠诚，另一方面又包含了一种对于整全的人来说命运攸关的理性和哲学的冲动"[1]。这种理性和哲学冲动，定位了教育功能的价值取向。在播音主持专业教育过程中，从学生群体需求出发，决定播音主持专业教育功能的释放程度，取向的确立实则是对不断变化着的环境中一切可能形成的类型化功能的一种选择。

播音主持专业教育功能取向，也可以理解为各类型功能需求的综合产物，不具有唯一性，随不同教育阶段特征以及教育主体需求而发生改变，且具有一定的主观性和社会需求性。因此，教育功能存在波动性的"功能

---

[1] 卡尔·雅斯贝尔斯. 大学之理念 [M]. 邱立波，译. 上海：上海人民出版社，2007：84.

压抑期",被压抑的教育功能具有显隐性和正负性之别。播音主持专业院校作为高等教育强国中一支具有专业使命、充满活力与美感的教学队伍,在数十年的专业教育探索过程中,明确了教育主体和客体强化语言功力;履行话语权力;确立播音主持专业教育本质力量;培养肩负信息传播、文化熏陶与语言艺术示范的专业人才;发挥鲜明中国特色和国际影响力的价值取向,成为指导播音主持专业"教育功能行动发生"的重要前提。

2. 播音主持专业教育功能行动的发生

播音主持专业教育功能行动,是指有可能产生直接功能结果的所有播音主持专业教育行动。教育主体参与社会化和个性化的教育活动,持续呈现多元性的播音主持专业教育功能。主要体现在播音主持专业教育知识体系的传授和思想价值观念的传播,并直接影响学生群体凝聚鲜明专业教育特征的行为。

在新媒介生态环境下,传播语境呈现出"'人际化''社交化''用户思维'"[1]等传播特征,播音员或主持人的业务能力直面新的挑战,播音主持专业教育功能行动随即迎来更高要求。关注播音主持专业教育在新媒介生态下教育功能行动的发生,越来越具备社会生产力,而这种生产力从宏观上来看,是专业教育功能取向确立向教育实践行动的转化。从微观视角来看,个体功能行动的发生,即教育主体浸润知识结构、意识形态以及文化创造的行动转化。其中个体特征、个体意识和个体价值共同推动了专业个体功能行动的发生。无论是对播音主持专业教育人才、知识、能力的研究,还是对播音主持专业教育功能释放方略的探索,既是专业实践趋势命题,又是人民大众所需,更有助于播音主持专业教育类型化功能的拓深。在这一转化过程中,播音主持知识结构是最直接的专业本位功能行动,关于播音主持知识结构的核心内容将在第三章节做详细的论证。

3. 播音主持专业教育功能结果的释放

教育功能结果的释放是专业教育功能形成的第三个阶段。"只有教育

---

[1] 时燕子. 移动互联网时代播音主持教育的转型升级研究[J]. 新闻爱好者,2018(11):82-84.

行动对社会各因素产生了直接的影响,我们才可以说教育功能行动产生了功能结果。"❶ 专业教育功能结果释放的前提,是专业教育行动真正导致了个体或社会某种程度的改变。在专业教育功能行动发生之始,专业教育功能结果就在不断释放其影响,一方面体现为专业教育功能结果的社会化影响,另一方面体现为专业教育功能结果的个性化影响。当然这种影响存在应然与实然的对立性,例如,隐性功能向显性功能转化而形成的潜在功能,就是一种功能结果的释放。因此,播音主持专业教育功能结果的释放路径主要是,隐性专业教育功能向显性专业教育功能的转化,显性专业教育功能行动向专业教育功能结果的转化。

播音主持专业教育功能结果释放具有两种状态:一种是"凝固性状态",另一种是"活动性状态"。"凝固性状态"主要表现为专业教育功能形成后,以教育主体和教学产品为主要载体,参与到社会实践活动,例如,播音主持专业学生群体在半脱离校园的情况下,在教师群体指导下参与的社会实践活动,由此衍生的相关产品所释放的功能属于人才的再社会化,即为凝固性状态下的播音主持专业教育功能的释放,遵循了教育社会功能的"社会进步标准",间接呈现了播音主持专业教育的社会功能。

"活动性状态"主要表现为专业教育功能从行动发生到结果的释放过程,中间不存在明显的停滞期,属于教育过程的直接影响。在播音主持专业教育活动性状态中,教育功能的形成与释放有着极强的客观性,很大程度上随着教师群体教育活动的实施、教学模式的丰富、技术设备的使用,而释放具有鲜明话语创作成效的专业教育功能。播音主持专业教育功能结果的释放具体表现为:教师群体对学生群体智识、身心发展的影响,包括基本的有声语言表达与创作、调研活动、竞技比赛、社会服务以及以节目为载体的互动教学平台的实践等多方面带来的影响。本书探讨的播音主持专业教育功能结果的类型化释放问题具有鲜明的边界性,主要指"活动性状态"下的释放过程。

---

❶ 孙杰远,徐莉. 人类学视野下的教育自觉 [M]. 桂林:广西师范大学出版社,2007:58.

（三）增强播音主持专业教育内生动力

只要人生活在社会中，就一定会参与社会生活，这是从自然生物体到社会活动主体的转化过程，不存在脱离社会的"纯粹"个人。人类个体的一天天发展，是逐步承担起各种社会角色，不断增强自我意识与体验，持续丰富个体人生阅历的过程。因此，受教育的个体与社会之间必然存在关系问题，主要通过社会教化和个体内化的统一而实现。可以将社会教化理解为一种广义的教育，包括学历教育与非学历教育（群体舆论、传播媒介等方式）。对于学历教育中的专业教育而言，明确播音主持专业教育功能在社会土壤中的生长方向，是增强专业教育内生动力，解决专业教育在各历史时期所遇到的现实问题的根本办法。

1. 增强播音主持专业教育内生动力

从作用对象来看，教育功能由专业教育的社会功能和专业教育的个体功能构成，教育的个体功能是教育的内生功能，是专业教育的本位功能，是专业教育存在的核心价值。专业教育的个体功能主要作用于社会行动者，产生专业教育的个体发展功能，"社会现象都是由社会行动者构成的，而社会行动者和他的行动则是具体的和微观的，我们正是在社会的宏观中看到了社会行动者之行动与互动的微观，在社会行动的微观中看到了社会宏观的影响与制约"。[1]进而说明无论是宏观还是微观教育现象，都由行动者也就是教育主体的理解、解释赋予意义，体现为一种功能性的对话，这种功能性的对话更多存在于形成专业教育个体发展功能的教育过程中（基础教学、知识构建、信息交流、学习启发等），成为直接释放教育功能的核心部分，而教育的社会功能更多体现的是"建构""颠覆""整合""变革"等功能要素。

播音主持专业教育功能研究的关键，在于教育主体个体发展功能社会化和个性化的行动思路与规划，对于激发播音主持专业教育内生动力具有

---

[1] 钱民辉. 教育社会学概论 [M]. 4版. 北京：北京大学出版社，2017：4.

深远的意义。此外，播音主持专业教育作为社会教育系统中的重要分支，其社会功能的形成与释放是一个复杂的过程。对专业教育功能内生动力的研究，将成为解决播音主持专业教育社会功能与个体功能统一的前提。具有中国特色的播音主持知识体系的建立，以及学生群体意识特征的形成，都将成为间接体现播音主持专业教育社会功能的核心要素，对于形成健全、稳定的播音主持专业教育功能具有极强的必要性。

不同的学科领域都履行着特殊的社会使命和教育职责，播音主持专业教育内生动力的强弱，让我们直观感受到专业知识应用和传媒行业分工在不同教育变革期受影响的程度。播音主持专业教育功能从社会化到个体个性化的转化过程，将持续维持并更新播音主持专业教育的社会构成，影响教育主体适应能力的强弱。因此，从社会功能层面研究教育功能很容易陷入功能主义、唯功能论中，过于功利化则难以发现并催化教育主体的潜在能力，而从专业教育个体功能社会化与个性化双视角出发，研究播音主持专业教育功能问题针对性更强，符合功能结构视角下专业教育发展的客观规律。

2. 解决播音主持专业教育现实问题

高等教育在一定程度上体现了极大的经济价值与经济效益，尤其表现在"专门人才的培养，对于国家的经济、政治、文化等各方面的关系，比普通教育具有更为直接的作用"[1]。可以说，现代经济与科技的融合发展，一定程度上取决于人才的专业程度，专门人才资源的重要性可见一斑，专门人才数量及质量的保障日益成为专业教育中的突出问题。以中国特色高等教育理念和学术发展为根本使命，思考中国播音主持专业教育所独有的专业教育功能，明确播音主持专业教育功能的类型及释放条件，为探寻播音主持专业教育的发展方向和创新空间提供扎实可鉴的规划依据，更为丰富播音主持专业教育功能理论体系，避免孤芳自赏，解决播音主持专业教育人才培养等现实问题，确保现代公共媒体产业稳定有序发展提供保障。

---

[1] 潘懋元. 高等教育学 [M]. 福州：福建教育出版社，1984：27.

本研究抓住传媒科技变革之机，结合教育社会学视野，丈量播音主持专业教育推进空间，以中国播音学为重要理论基础，透过教育社会学看播音主持专业教育功能类型，并将播音主持专业教育功能放在当前社会大背景中，分析播音主持专业教育微观知识结构、播音主持专业教育中观人才培养结构、播音主持专业教育与经济和文化关联的宏观结构，以及播音主持专业教育功能与社会其他系统间的内在联系，正确认识播音主持专业教育功能的实质，找到划分播音主持专业教育功能的依据，探索进一步释放播音主持专业教育功能的路径与实施方法，由此寻求专业教育功能持续和改变之间平衡的最佳出口。

本研究为切实解决中国特色播音主持专业体系的传承与创新问题、播音主持专业教育知识体系向知识活动转变问题、中国特色播音主持事业的人才规格问题、播音主持行业生态发展问题以及有声语言的具身性探索等相关现实问题，寻求一个较为客观、准确的突破口。这一论证过程也印证了播音主持专业教育 60 余年来所积累的理论体系与实践经验的重要价值，为中国广播电视事业和中国播音主持专业教育贡献绵薄的理论思考。

三、相关文献研究与评述

对播音主持专业教育功能的深入研究离不开对功能、教育功能、教育的社会功能、教育的个体功能、高等教育、教育社会学、播音主持专业教育、播音主持专业教育功能等核心问题及相互关系的逐层梳理与辩证分析，这不仅是播音主持专业教育功能研究的基本前提，而且是播音主持专业教育功能内涵、功能类型、功能独特性等问题研究的重要逻辑基础，尤其体现在对播音主持专业教育对象的个性化和社会化个体功能方面的深刻认识上。此外，通过对专业教育的正负向功能、显隐性功能、主次要功能等功能理论的灵活运用，丰富了播音主持专业教育功能的分析视角，有助于进一步解决播音主持专业教育功能类型划分和功能释放条件分析等现实问题。

（一）功能问题

在社会转型、生产力水平跃升、传统文化与外来文化冲突的时代变革期，将教育问题投向"功能"视角，有助于专业体系、管理机制以及教育社会化等问题的深入推进。播音主持专业教育功能的研究将以功能的内涵及属性，功能与效能、职能的关系和功能的理论基础为论证的起点，从教育的共性功能中总结出播音主持专业教育的个性化教育功能。

1. 功能的内涵及属性

功能（Function）："事物或方法所发挥的有力的作用或效能。"❶ 功能原本是指物体产生的能量或做的功，是物理学概念。《辞海》将功能解释为"有特定结构的事物或系统在内部和外部的联系和关系中表现出来的特性和能力"❷。在社会学中，功能与结构相对，是"一种社会现象对于一个它所属的更为广大的体系来说具有的被断定的客观结果"❸。功能具有客观性，决定功能的是其系统内部的结构和系统要素的存在状态，功能具有双向互动性，既指向系统内部又指向系统外部。

因此，就功能的内涵和属性而言，对播音主持专业教育功能的研究，即为对播音主持专业教育系统内部的结构和要素存在状态的系统性、类型化研究，例如，知识结构的构建、思想结构的转变、教育主体结构的规划以及教学管理等其他结构及要素存在状态和发展程度等变量的发展，都是影响播音主持专业教育功能释放的因素。

2. 功能与效能、职能的关系

功能有别于效能和职能，功能强调事物或方法所发挥的有力的作用或效能，效能是指"具有特定能力的功能在应用中实际产生或预测可能产生

---

❶ 中国社会科学院语言研究所词典编辑室. 现代汉语词典 [M]. 7 版. 北京：商务印书馆，2016：454.

❷ 夏征农. 辞海 [M]. 6 版. 上海：上海辞书出版社，2010：599.

❸ 鲁洁. 教育社会学 [M]. 北京：人民教育出版社，1990：611.

的有利作用"❶。简单来看,"效能是功能应用效果的某种度量"❷。若干效能的组合在一定程度上也影响了某一具体功能的体现,例如,在教育系统中,某种效能的发挥在相当程度上取决于教育过程和教育主体,而若干具有知识特性的主体效能的发挥程度,又决定了某一教育功能的整体呈现。因此,某一专业教育功能的类型,取决于若干专业教育效能的状态。本书划分的播音主持专业教育功能的类型则取决于若干播音主持专业教育过程中的效能释放;职能是指"职责与功能,意味着必须完成的任务,功能是某一事物或活动对其他事物或活动的影响。职责的履行必然会产生某种性质的功能,而某种性质的功能不一定来源于职责的履行。职能更多地倾向于期待效应,而功能一般倾向于实际效应"❸。

综合功能、效能、职能的属性和关系来看,效能和职能具有较强的主观意义,功能具有极强的客观性。播音主持专业教育功能的客观性取决于若干专业效能的释放,进而决定播音主持专业教育职能的规划。明确了功能与效能、职能的关系问题,就明确了各专业教育功能特征的由来,播音主持专业教育功能的独特性,即是通过具有鲜明专业属性的效能释放决定的。因此,教育功能的系统性研究对于深化播音主持专业教育功能理论,解决播音主持专业教育现实问题,具有重要的理论价值和现实意义。播音主持专业教育结构效能的释放,将成为突出专业教育功能特殊性的核心。

3. 功能的理论基础

(1) 从功能学派到结构功能主义是功能理论研究的基础。

社会学中的功能主义有着长久的发展历史,功能学派和功能学派社会学为功能主义理论的发展奠定了深厚的理论研究基础。功能学派产生于20

---

❶ 陈宇锋. 语言学习系统的功能、性能和效能 [J]. 教育信息化, 2006 (Z1): 88-90.

❷ 宋自林. C³I 系统的功能、性能与效能刍议 [J]. 军事通信技术, 1994 (3): 23-30.

❸ 翟葆奎. 教育基本理论之研究 (1978—1995) [M]. 福州: 福建教育出版社, 1998: 283.

世纪 20 年代,代表人物有马林诺夫斯基(Bronisław Kasper Malinowski)、拉得克利夫-布朗(Alfred Radcliffe-Brown)等人。该学派属于英国社会人类学学派,认为任何一种文化现象以及文化的各组成部分,都是整体中不可分割的一部分,它们互相关联、互相作用,满足人类实际生活需要。功能学派社会学形成于20世纪30年代,始自英国的斯宾塞(Herbert Spencer)。该学派强调了功能属性中的社会性,认为社会是由其结构的各个部分相互联系而组成的统一有机体,社会中的生活现象之所以存在,是因为每种现象都释放了其独特的社会功能,而只有在社会有机整体的相互联系中,才能了解各现象的特定意义,也只有通过各式各样的社会现象才能看到其背后的功能性;结构功能主义为本书的主要研究范式之一,将在后文的研究范式中作详细阐述。

因此,本书通过功能学派社会学所强调的"社会现象具有功能独特性"观点,进一步明确了立足播音主持艺术学的理论体系,综合功能理论研究,从播音主持专业院校所设置的专业课程体系和开展的实践活动入手,展开客观、深入的对比分析,将成为论证类型化播音主持专业教育功能,归纳播音主持专业教育功能独特性的重要现实依据。

(2)功能需求与功能结果的辩证关系是功能理论研究的重点。

在社会生态系统中,功能需求是对生命的延续和基本生存条件的要求。这种要求具有指向性和动力性。换言之,"这种对象要么是功能所助益单位的'生存的必要条件',要么可以通过它的运作直接地或间接地来提供这些'生存的必要条件',功能需求一旦产生,就会成为社会系统去寻求获得某些'生存的必要条件'的动力,只有引发并通过一定的行动,才能为社会系统提供这些条件,来维系其存续"[1]。教育功能需求的主观性在一定程度上受效能结果的影响,而功能结果是不确定性的回应,是社会生态系统中的某一社会事项通过自身的一定运作而产生的客观结果,是对指向它的各种功能需求的回应。

功能结果具有客观性、多面性和延伸性,功能结果有可能是某社会构

---

[1] 张行涛. 从关系的视角看教育功能的拓展 [J]. 教育评论, 1999 (1): 3-5.

成的生存必要条件，也有可能是其生存必要条件产生的基础保障。换言之，功能结果"是由某社会事项的实际运作所产生的，它不以任何个人或群体的意志为转移，不论社会阶层、群体或个人是否愿意接受，它都存在；某一社会事项所产生的功能结果并非是仅对一个社会构成的功能需求回应，而是回应了多种功能需求。它有可能是一个社会构成的生存必要条件，同时又与另一个社会构成的生存条件相悖；功能结果本身可能并不是'生存的必要条件'，不直接来回应某一功能需求。然而，功能结果可以参与到其他的社会事项中，作为其他社会事项的一部分，通过这一社会事项的运作，产生功能结果，来间接地回应这一功能需求"❶。

因此，功能需求与功能结果的属性特征及辩证关系尤为重要，透过这层关系分析播音主持专业教育功能的内涵和分类问题，有助于探究播音主持专业教育功能释放的客观条件，形成专业教育功能需求与功能结果间良性、稳定、持久的发展态势，突出播音主持专业教育鲜明的中国特色。

（二）教育功能问题

关于教育功能问题的分析将从中西方对教育功能理论的研究、教育功能分类问题以及教育功能异化问题三个方面展开，进而细化教育功能类型的产生、划分，以此中观理论问题研究成果为前提，有助于论证播音主持专业教育功能类型的释放路径。

1. 中西方对教育功能理论研究的重点问题

在西方，关于"教育功能"问题的研究，主要有三大理论学派：

第一个理论学派是"教育功能主义"。教育功能主义"在20世纪70年代之前居于教育社会学的主导地位，注重从教育结构上考察教育功能，强调教育的社会选拔功能和促进个体社会化的功能，重视教育的技术功能，注重教育的积极功能"❷。教育功能主义把教育功能形成的解释力集中在"教育

---

❶ 张行涛. 从关系的视角看教育功能的拓展 [J]. 教育评论，1999（1）：3-5.
❷ 张云霞. 教育功能的社会学研究 [M]. 武汉：武汉大学出版社，2011：4.

结构"的研究上,代表人物主要有帕森斯(Parsons)、特纳(Turner)、莫顿(Morton)等。对于播音主持专业教育功能的研究,借鉴教育功能主义的研究核心,以播音主持专业教育的知识结构、思想结构和文化结构作为研究专业教育功能的基础。

第二个理论学派是"教育冲突学",该学派则注重把教育功能形成的解释力集中在影响教育的"冲突和矛盾"研究上,代表人物主要有鲍尔斯(Bowles)、金蒂斯(Gintis)、柯林斯(Collins)等,但该学派内部人员的看法也不尽相同。在播音主持专业教育类型化功能的研究范式阶段,重视"冲突和矛盾"力求均衡视角下的发展同一性。

第三个理论学派是"教育解释学",将教育功能的研究引向教育微观领域,"强调学校通过能力分班、课程分化等运作方式,起着划分学生类别、进行文化复制、维持和扩大阶层差别的作用"[1]。其主要代表人物是M.F.D.杨(M.F.D.Young)、巴兹尔·伯恩斯坦(Basil Bernstein)和哈格里夫斯(Hargreaves)等。教育解释学将成为播音主持专业教育功能论证过程中,对大量论据作对比分析的理论依据之一。

近年来,除以上三大理论学派外,西方学者在教育功能研究,尤其是在内部功能的失调现象研究方面,呈现出综合发展的研究趋势,其中后现代主义教育和后结构主义教育学者就更加强调以"社会制度"作为研究基础,进而系统分析教育的功能。帕森斯还提出了著名的"AGIL对称分析模式"[2],如表1-2所示。

四种功能条件的满足可使社会的各组成部分以有序的方式相互关联,保持稳定,社会系统趋于均衡,对社会整体发挥必要作用。社会总体适应能力决定着社会结构的子系统随之发生相应的变化,子系统内部的结构同样需要变化分支系统来提高各个子系统的适应能力,以提高社会总体适应能力,这种变化主要表现为"增长—分化—容纳—价值概括化"。因此,

---

[1] 张云霞. 教育功能的社会学研究[M]. 武汉:武汉大学出版社,2011:6.
[2] 兰德尔·柯林斯,迈克尔·马科夫斯基. 发现社会:西方社会学思想述评[M]. 8版. 李霞,译. 北京:商务印书馆,2014:334-335.

来自经济、文化、媒体、技术等各方面的社会因素也成为制约播音主持专业教育功能释放的重要因素，研究者既要重视各因素对于播音主持专业教育功能的正向效能，也要警惕其负向效能释放的可能性。

表 1-2　帕森斯的 AGIL 对称分析模式

	手段性功能	目的性功能
对外功能	A 适应 经济资源	G 达到目标 政治目标
对内功能	L 维持模式 价值观	I 整合 规范

资料来源：张国强. 失调与重构：高等教育功能的历史省思 [M]. 武汉：华中师范大学出版社，2018：1.

在中国，对于教育功能的研究经历了"从阶级斗争工具分析到生产斗争工具功能分析（1978—1983 年）；从工具功能分析到本体功能分析（1984—1989 年）；从本体功能分析到多功能分析（1990 年至今）"❶ 的三个阶段。研究问题逐渐集中在教育功能的概念、种类、形成过程和释放程度等方面。从文献梳理来看，国内学者倾向于将高等教育功能划分为：个体功能、政治功能、经济功能、文化功能、社会功能、社会选拔功能、社会分配功能等类型，带有鲜明的功能论色彩，也有学者提出教育功能论的保守性和服务性色彩较重。近年来，中国学者对于教育功能争论的核心点在于教育究竟是满足社会需要还是个体需要。就这一问题，可从社会本位论、个体本位论以及结合论三个方面分析。

社会本位论研究者承认教育对个体发挥的作用，但更强调个体是组成社会的基本单位，个体虽兼具自然和社会双重属性，但个体总是社会中的个体，其社会属性大于自然属性。教育基本功能的社会性，是以满足整个社会需要为要旨，按社会需求培养特定规格的人才，社会本位论学者认为这是教育的追求目标；而个体本位论研究者则认为，教育的基本功能应该

---

❶ 王丹丹. 浅析教育功能 [J]. 社会科学家，2006（S2）：245-246.

以满足个体的需要为要旨，更强调个体才是教育的出发点和归宿，教育过程是以发现个体价值、挖掘个体潜能和发展个体个性为重要目标，他们认为人的全方位协调发展和提升是教育的终极目标；结合论研究者则综合了前两者的目标要旨，认为教育发展过程中的现实规律决定了将促进社会进步的功能与促进人的身心发展功能辩证统一。在一定程度上，承认个体本位论中将人的全面、自由的发展视作教育所追求的崇高目标，也强调了教育功能的工具属性。

从中外学者的争论点来看，教育功能的释放受制于众多因素的影响，教育功能甚至会出现功能窄化、功能弱化、功能异化以及教育功能阻滞等现象。截至目前，国内教育领域对于教育功能问题的说法更倾向于教育的育人功能是根本功能，教育的社会功能是育人功能的延伸或转化，进而又细化出多种教育功能的种类，给多学科探究教育功能类型带来了启示。关于播音主持专业教育功能的研究建立在教育功能理论的结合论基础上，注重专业教育与人格发展功能的辩证统一，因为播音主持专业教育对象的个体发展功能在一定程度上，直接决定了播音主持专业教育的功能类型，对专业教育功能的协调与优化也起到了关键的作用。

2. 教育功能的分类问题

"大学在产生和发展过程中，逐渐形成了人才培养、科学研究、社会服务和文化传承与创新四大基本功能。"❶ 随着社会文明的进步和科技的飞速发展，人、社会、教育之间的关系变得复杂且微妙，教育功能的划分日渐丰富的同时也变得界限模糊。教育学家依据功能的正向作用，将教育的功能归纳为："保证人类延续、促进人类发展的功能；促进社会发展的功能；阶级斗争的功能；选择功能。或划分为政治功能；经济功能；文化功能；发展个性功能。"❷ 也有学者认为教育的功能有两种：一种是促进个体发展的"个体功能"，另一种是促进社会发展的"社会功能"。还有学者提出教育具有"学术产业化功能、维持社会运行、适应社会变化、

---

❶ 万思志. 大学基本功能异化问题研究 [M]. 北京：科学出版社，2018：前言.
❷ 刘春萍. 教育功能辩证观 [J]. 玉林师专学报，1998（4）：18-21，27.

构建社会未来的功能"❶。关于教育功能划分的说法还有：个体存在与发展需要功能、社会存在与发展需要功能、教育的社会服务和选拔功能、教育个体享用功能等。教育功能论产生说法众多、观点不一致以及名称不统一的原因，主要在于学者基于不同的学科领域，其划分维度、研究视角、研究目的、研究方法以及逻辑重点的不同而产生了功能差异归宿。

通过对中西方学者就教育功能的内涵解释、功能分类以及论证逻辑等方面的对比分析，可以将现阶段教育功能种类的研究概括为以下四个维度：满足经济、文化等方面发展的社会功能和满足个体需要的育人功能（也有学者将其称为主要功能和次要功能）；显性功能和隐性功能；正向功能和负向功能（也有学者称为积极功能和消极功能）；期望功能和实效功能。其中以作用对象为研究视角的个体功能和社会功能已在前文研究对象中作了详细阐述。接下来将从作用形式、作用方向和作用效果视角对教育功能的分类问题展开分析，全面论证播音主持专业教育的功能类型。

前文提到教育的社会功能无论在方向和层面上都存在正负性和显隐性，并且在一定条件下发生着转化和延伸。不可否认的是教育对社会产生的影响并不总是积极的，抑或存在一些显性不积极的功能，抑或存在一些隐性不积极的功能，这是各领域教育工作者皆无法回避的现实。因此，对于教育功能的正负性和显隐性研究，有助于深入理解播音主持专业教育功能的形成及定位，对优化各专业教育功能系统内部结构和内部要素存在状态，推进播音主持专业教育改革发挥关键作用。

（1）教育的正向功能与负向功能。

教育的正向功能，又可称为一种发挥积极主导作用的功能；教育的负向功能，又可称为一种发挥消极非主导作用的功能。无论是教育的正向功能还是负向功能都有一个作用对象，也可理解为一个或若干个关系视角，可以是个体、某个团体或某个社会时期。作用对象的变化又产生了正功能和负功能的评判标准，然而，争论最激烈的在于是否存在对个体起正向功

---

❶ 张云霞. 教育功能的社会学研究 [M]. 武汉：武汉大学出版社，2011：1.

能而对社会起负向功能的教育现象？反之又是否成立？又是否存在对某些个人或团体起到正向功能作用，而对其他个人或团体则带来负功能影响？抑或教育在某个时期呈现出负向功能，而随着社会的发展而衍生出一种教育的正向功能？

对此，默顿提出了"'功能助益单位'的概念，这些单位包括：处于不同地位的个人、次团体、较大的社会系统以及文化系统"❶。由此可见，社会的多维属性决定了不能单纯从某个单位的正向或者负向功能来粗浅甄别，因为教育对个人和社会所起作用的方向存在不同的组合方式，并且教育功能的多元性和助益单位的复杂性，都强调了教育功能方向判别标准的重要性，教育功能方向的划分如表1-3所示。因此，教育对个体、团体及社会产生的正向或负向功能应具体看待，并不是非黑即白、非正即负的简单关系。

表1-3 教育的正向功能和负向功能

| | | 教育对社会发展的功能 ||
		正	负
教育对个体发展的功能	正	A	B
	负	D	C

资料来源：胡振京．教育正负功能观的社会学分析［D］．济宁：曲阜师范大学，2002：35.

也有学者提出"构建哲学层次的功能分析模式（正负辩证功能分析框架）"❷。因为无论是帕森斯的"正负共存功能观"，还是默顿的"中性功能观"以及在其后诞生的冲突学派的"冲突功能观"（负功能观），都无法全面辩证构建功能的分析模式。构建哲学层次的功能分析模式，主要通过"对内—对外""属性—价值""正向—负向"三个维度透视教育系统

---

❶ 罗伯特·金·默顿．论理论社会学［M］．何凡兴，李卫红，王丽娟，译．北京：华夏出版社，1990：189.

❷ 雷鸣强，符俊根．必要的张力：教育正负功能的矛盾［J］．教育理论与实践，1996（1）：6-11.

的功能结果，由此得到了八种教育正负功能矛盾的静态表现，如表1-4所示。

表1-4 教育正负功能的三维结构

	教育的属性功能	教育的价值功能
教育的对外功能	1. 对外的正向功能 2. 对外的负向功能	3. 对外的正效功能 4. 对外的负效功能
教育的对内功能	5. 对内的正向功能 6. 对内的负向功能	7. 对内的正效功能 8. 对内的负效功能

资料来源：雷鸣强，符俊根．必要的张力：教育正负功能的矛盾［J］．教育理论与实践，1996（1）：6-11.

教育正负功能的三维结构视角探究仍停留在静态分析系统的状态，而作用对象（教育对象）丰富多元，他们之间的关系也随着前文综述中所提及的"功能需求"和"功能结果"的转化不断延伸。因此，关系视角的研究将成为播音主持专业教育个体功能研究的突破口。当前，用关系视角来进行教育个体功能研究是一种行之有效的研究范式。所谓的关系视角是社会学中研究各种社会现象时常常使用的视角之一，主要将社会整体、组成社会的各部分以及社会个体视为一个关系网，对于社会现象的分析离不开这个相互关联的网。那么，基于关系视角展开分析，教育功能所呈现的关系，可归纳为三类：正向功能、负向功能和无功能（也可称为零功能）。从三种关系视角中的功能需求和功能结果来分析播音主持专业教育功能的需求和结果，有助于合理规划播音主持专业教育的知识结构，明确播音主持专业教育的思想教育观和文化选择。

教育功能需求是"社会对教育提出的某些生存条件方面的要求。这种功能需求是指向教育的，它一旦产生，社会就会对教育进行必要的输入，通过教育系统的运作，为社会构成提供'生存的必要条件'；教育功能结果主要指通过教育的运作所形成的受教育者的文化特性"❶。可以说，教

---

❶ 张行涛．从关系的视角看教育功能的拓展［J］．教育评论，1999（1）：3-5.

育功能需求的提出是教育行动发生和教育系统运作的根本动力，更是教育功能需求向教育结果转变的重要前提。以关系视角为起点，透视专业教育功能，其优势在于对教育与社会关系的静态研究过程，转向动态功能探索。阶段性满足了"从社会的功能需求的出现到指向教育；从教育功能行动目标的确立到功能结果的呈现；从功能关系的形成到使其制度化并拓展、演变、替代"❶。与此同时，从关系视角出发审视教育个体功能，可以摆脱教育万能论这种理想主义的教育观，而看到社会和教育之间、教育和个体之间的双向度，不仅存在正负向的关系，教育个体功能还具有动态性、历史性和多元性。

有学者认识到对于教育正负功能的研究，"当负向功能的压力增加时，变迁的压力也随之增加，当增加到某一点时，这一社会文化要素就可能发生变迁"❷。由此可以推论正功能虽然有助于一个教育体系的适应或顺应，负功能容易阻碍一个教育体系的适应或顺应，但这种正负矛盾之间的张力可带来教育功能推进的动力，也是教育革新突破的转折点。从关系视角出发看教育功能，虽然提供了一个切入口，但各专业教育领域的研究成果多数停留在具体教学案例而未生成教育功能规律，无利于专业功能的释放。各学科领域对于教育正负功能矛盾的研究尚不全面，依然存在认识模糊或片面的现象，在一定程度上制约了专业教育的进一步发展。因此，就本研究而言，则需要引入"专业教育对象"作为播音主持专业教育功能类型划分的必要条件。

（2）教育的显性功能与隐性功能。

传统功能主义混淆了"主观动机"和"客观后果"，因此诞生了"显性功能"和"隐性功能"的概念。显性功能的关键问题在于人们的行为方式或组织效果是否达到了原有设立的目标。教育作为一种有目的、有意识的活动，其隐性功能是在伴随显性目标产生的同时而随机出现的一种非预期的功

---

❶ 张行涛. 从关系的视角看教育功能的拓展 [J]. 教育评论，1999（1）：3-5.
❷ 黎君. 教育的负向功能与新教育理论分析框架的构建 [J]. 教育评论，1998（1）：3-5.

能结果，因而就其概念的界定可表述为："显性功能（Manifest Function）是主观目标与客观结果相符的情况；隐性功能（Latent Function）与显性功能相对，这种结果既非事先筹划，亦未被觉察到。"❶ 因此，"显性功能指为系统的参与者所筹划并觉察的客观结果。而隐性功能指既非事先筹划、亦未被察觉到的客观结果"❷。教育的显性和隐性功能可以理解为一个是主观愿望，一个是意外结果。不被预期的隐性结果不仅使某一时期的功能概念更准确，而且可以不断修正原有知识水平的品质。主要表现为"认知教育的显性功能与隐性功能；养成教育的显性功能与隐性功能；素质整合教育的显性功能与隐性功能"❸。

通过对三种教育主题范畴的比较，在认知教育方面，显性教育功能注重体现对专业知识体系的教导，而隐性功能侧重于促进知识内化意识、知识转化能力和个体素养提升等方面；在养成教育方面，显性教育功能注重对道德认知水准的体现，而隐性功能侧重于将道德素养、心理素养、审美情趣以及个人生活作风等个体系统内的养成要素，内化成为个体素质；在素质整合教育方面，更加强化了隐性功能易于弥补专业教育功能和非智力因素的缺陷，能够全面满足人才整体的教育素养。例如，播音主持专业学生群体可以通过丰富的文化生活、良好的人际关系、健康的生活态度，锻炼心智、感悟成长，并通过具有专业特色的教育方式培养学生的专业能力，包括思维能力、社交能力、组织能力和职业能力等，有益于播音主持专业教育社会化功能的释放。

教育的显性功能和隐性功能更像是一个事物的表层情况和里层情况的关系。截至2025年3月，中国知网（CNKI）的数据分析，关于"教育隐性功能"为主题的研究有346篇。从主要主题分布的数量来看，排在首位的研究是"隐性教育"（60篇），其次为"隐性教育功能"（52篇），排

---

❶ 张云霞. 教育功能的社会学研究 [M]. 武汉：武汉大学出版社，2011：72.
❷ 罗伯特·金·莫顿. 论理论社会学 [M]. 何凡兴，李卫红，王丽娟，译. 北京：华夏出版社，1990：106-144.
❸ 张云霞. 教育功能的社会学研究 [M]. 武汉：武汉大学出版社，2011：73.

在第三位的该领域主题为"隐性思想政治教育"（44篇）；关于"教育显性功能"为主题的研究篇数大大少于对于"教育隐性功能"的研究成果，共有107篇。从具体的研究内容来看，大部分显性功能研究都是伴随隐性功能主题的提出而展开的论述，可见多数学者对于教育隐性功能研究具有较强的兴趣，这也说明了隐性功能的重要性。

从文献研究的主题来看，大部分学者倾向于探讨显性负功能、隐性负功能以及显隐功能与正负功能的关系等问题。有学者引入"教育功能状态"和"教育功能预料"两个概念作为研究教育显性负功能的突破口，认为"端正教育者的教育思想；改革教育体制；优化教育实践环境；积极弥补教育负功能；加大对教育负功能的研究投入"❶才能持续释放教育的显性正功能，规避显性负功能，及时发现教育的隐性负功能，有机转化教育隐性正功能。

以播音主持专业教育所属学科及相关领域对"教育隐性功能"主题进行研究（1991—2025年），排在前三位的学科分别是：高等教育（44.26%）、教育理论与教育管理（12.61%）和中等教育（7.28%），而戏剧电影与电视艺术仅占1.68%，新闻传媒类仅占1.4%；涉及"教育显性功能"主题研究，新闻传媒类仅占2.73%。

通过对显性和隐性教育功能的分析可见，"高等教育新的功能类型的出现，并不是绝对地增加了某一功能类型，而是其隐性功能的显性化或进化；反之，某一显性功能类型的消失，其实就是功能系统中显性功能的隐性化和退化"❷。因此，教育的显隐功能在一定程度上决定了教育功能的分化与沉淀，显性功能和隐性功能的分层过程对于教育功能的理论化研究具有重要的意义。目前，播音主持专业教育对于显隐功能的转化及进化过程研究得极少，这在一定程度上不利于播音主持专业教育功能的类型化

---

❶ 姜明君. 教育的"显性负功能"及解决路径分析［J］. 长江丛刊，2017（35）：168.

❷ 陈伟. 高等教育显性功能类型的现实分化和历史积淀［J］. 广东教育学院学报，2005（1）：72-77.

释放。

（3）教育的期望功能与实效功能。

教育的期望功能与实效功能在一定程度上体现了教育的社会化功能，起到了培养人和塑造人的作用。"教育的期望功能指人们对教育活动所期待的价值追求与价值目标；教育的实效功能指在教育实践过程中实现了教育价值，通常表现在对人对社会的现实作用上。"[1] 教育的期望功能与实效功能具有一定的内部联系，但在属性上属于两种功能形态，具有较大的差别，表现为"主观性与客观性；超前性与滞后性；指导性与调节性；社会性与教育性；正面性与多面性；单层性与多层性"[2] 六个方面。

其中客观性主要体现在，教育实效功能是客观作用对象，且不以人的意志为转移的客观存在，或许是功能需求以外的一种功能结果，或许存在隐性负功能等多种复杂现象，但实现了的教育功能具有强烈的历史性和客观性，人们只能正视、接受和消化其带来的一系列影响；超前性伴随着教育工作者的假设性，某项教育活动的实施就意味着某种教育预期功能的具体展开。而教育的实效功能是在该活动进展后表现出来的；教育期望功能的超前性决定了其具有一定的指导意义。教育实效功能在一定程度上对教育的期望功能实现了检验，利于论证教育活动的合理性和科学性；教育的期望功能必然是社会化的，而教育的实效功能必然是教育化的；教育的正面性和多面性则印证了教育的正向、负向和零功能；教育的期望功能趋同于教育的显性功能，从作用内容的视角来看更倾向于专业教育个体功能的实现，而教育实效功能是多层次的，其功能结果在一定程度上可以基于社会环境、生活环境、人际沟通等因素对个体产生潜移默化的影响。

教育期望功能与实效功能研究的核心问题实则为教育的目标与教育的实践问题，集中体现在三大领域。三大领域以理论与实践相结合为出发点表现为：教育期望功能和实效功能产生的逻辑顺序问题，隶属于教育目标研究领域；教育期望功能和实效功能在转化过程中教育活动所释放的功能

---

[1] 杨斌. 教育的期望功能与实效功能 [J]. 教育评论，1991（4）：4-7.
[2] 杨斌. 教育的期望功能与实效功能 [J]. 教育评论，1991（4）：4-7.

价值问题，归属于教育质量研究领域；以及教育期望功能和实效功能的释放与阻滞问题，呈现在教育体制改革研究领域。（见图1-2）。

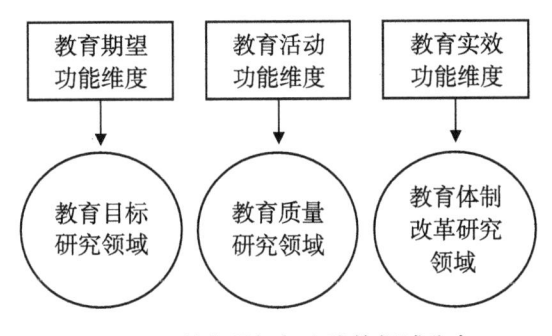

图 1-2 教育目标与实践的领域分布

首先，从转化逻辑来分析，期望功能的产生先于实效功能，并对实效功能起到一定的规范和指导作用。实效功能出现在后，是来自期望功能不同程度的转化。其次，教育实效功能在转化的过程中受到来自经济制度（生产力发展水平、宏观政策）、教育结构体系、文化传统、个人能力（知识结构、思维方式、价值取向和情感表达）、物质条件等因素的影响。最后，关于教育功能的释放与阻滞问题，实际上即为教育期望功能与实效功能在转化过程中衍生的价值平衡问题。

从宏观上看，教育功能的形成与释放分属两个不同的过程，在形成和释放过程中存在两种形态：一个是"凝固的形态"（"指教育功能形成之后，用以承载和储存教育功能的相对稳定的形式"❶），表现在人才的培养和精神文化产品的产出两大方面，凝固形态可谓教育期望功能的阶段性成果，也是实效功能释放的中介；另一个是"流动的形态"（"功能的形成和释放同时或接连发生，中间不存在明显的滞缓环节"❷），流动形态具有较强的连贯性，而凝固形态则具有一定程度的滞缓性，流动形态完全受教育期望功能目标的制约，例如影响教育期望功能中的社会因素，尤其

---

❶ 傅维利. 论教育功能的释放与阻滞 [J]. 教育科学, 1989 (1)：1-4.
❷ 傅维利. 论教育功能的释放与阻滞 [J]. 教育科学, 1989 (1)：1-4.

是经济制度、法令政策等，而凝固形态不仅受社会因素的制约，还受较为复杂的教育内部因素的制约。

教育内部结构带来的制约问题较大程度上影响了教育期望功能释放的程度，表现为两个方面：一方面为经费不足；另一方面主要为社会对教育的阻滞机制，如人才资源的浪费，这一现象直指人才的挤压和短缺问题。在西方，市场供求关系成为影响学校教育功能及个人教育选择的主要因素。在中国，直接表现出教育功能和价值的机制还尚未形成。有学者就此问题提出了中国教育功能释放效益的基本对策，这在一定程度上为实现教育期望功能打下了基础。首先，参考西方市场机制形成由中国市场引导教育和个人选择的人才培养与使用的社会机制；其次，宏观把控人才供需关系，避免造成人才的培养与社会对人才需求的不对等现象；再次，高等院校注重调整专业结构和专业内容与学生能力培养间的辩证关系；最后，学有所用，最大限度上释放其教育期望功能。

就教育期望功能和教育实效功能研究的数据资料来看，都大大少于前几种教育功能研究的成果，截至2022年（1月），对于教育期望功能研究的成果共有13项，学科分布仅包括：教育理论与教育管理、成人教育、特殊教育等6个领域；教育实效功能的研究成果共有56项，学科分布相较于教育期望功能研究来看较为广泛，包括：高等教育、教育理论与教育管理、中等教育等18个领域，其中新闻与传媒仅占1.61%。因此，从教育期望功能与实效功能为切入点分析播音主持专业教育功能问题具有极大的研究空间。

3. 教育功能的异化问题

古今中外诸多哲学家、伦理学家、经济学家、法学家、社会学家等领域学者，都对"异化"进行过思考，诸如"教育异化、科技异化、发展异化、消费异化等"❶。黑格尔曾将异化上升为一个哲学概念，"他用异化来描述绝对精神或绝对观念的外化，即绝对精神或绝对观念在自然和历史中

---

❶ 万思志. 大学基本功能异化问题研究［M］. 北京：科学出版社，2018：15.

把自身对象化，同自己相异化，最后通过在历史发展过程中完成自我认识过程来克服这种异化"[1]。教育功能异化研究对分析和解决专业教育问题找到了新的思维路径，与此同时，有助于在各专业教育领域的鲜活案例中，揭示每个历史阶段教育功能的内涵，探索专业教育的前瞻性。教育功能异化的主要因素如图 1-3 所示。

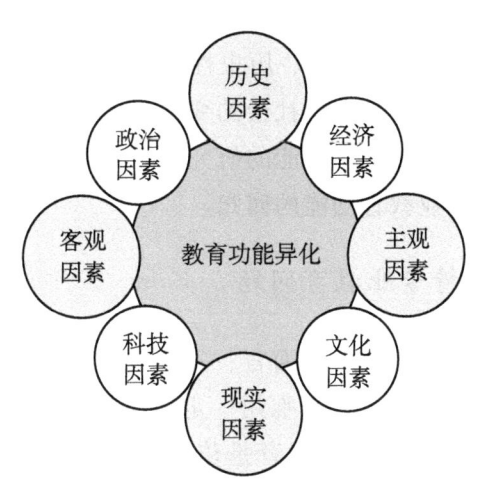

图 1-3 教育功能异化因素

综合对教育功能异化因素的分析来看，首先，人才培养功能的异化是人才培养目标、课程体系、教学方法、师生关系、管理制度的异化带来的；其次，探究异化的现实原因主要在于科学研究项目管理法律的缺失，管理制度的不健全，教师科研素质不高等因素；再次，社会服务功能异化主要源于大学理念的世俗性、工具性思想的错误引导，公共权力对大学的渗透以及大学对经济利益的过分追求等方面；最后，文化传承与创新功能产生异化现象，主要受历史办学传统与当下国内外办学经验融合以及社会其他环境因素的影响。

在人才培养方面，解决"各专业自身确定的人才培养目标异化"和"国家规定的大学人才培养目标异化"的判断标准和关系问题，将为科学

---

[1] 万思志. 大学基本功能异化问题研究 [M]. 北京：科学出版社，2018：1.

优化各院校人才培养目标起到积极的促进作用；规避科学研究功能异化的产生，主要在于对研究者、研究内容、研究过程和合作伙伴的规范管理；削弱偏重经济产生的商业性异化，有助于社会功能异化的消除；文化传承与创新功能的异化具有历史性、现实性和开放性等特征，关注其异化现象的发生过程，有助于消除院校文化传承与创新功能的同质化、功利化和片面化。

教育功能的异化具有社会性、历史性和双面性特征，关注教育功能异化现象的产生，在一定程度上给社会的变革、学科的发展带来一定影响的同时，也有助于拓宽专业教育功能的研究视野，丰富专业教学的研究内容和理论建设，促进专业教育功能的回归。

（三）播音主持专业教育问题

教育（Education）："从广义而言，凡足以影响人类身心之种种活动，俱可称为教育；就狭义而言，则唯用一定方法以实现一定之改善目的者，始可称为教育"。❶ 由此可见，教育是传递生产经验和社会生活经验，将知识转化为能力、行为或习惯的一种人类社会特有的社会现象。教育是一个复杂的系统，但它不是由系统内部各组织机械化构成的。"教育随社会的产生而产生，是个人与社会发展必不可少的手段，为一切社会所必需，又随社会的进步而发展。"❷ 教育在个人和社会发展中的功能日益凸显，对教育功能的深入探究，将有助于进一步实现教育终身化、信息化和全民化。

高等教育（Higher Education）是教育学的分支，是研究高等教育活动及其规律的学科。高等教育随着社会的发展和内在含义的深化而实现自身的升级。就广义的高等教育而言，其内部系统的"人、财、物、知识、信

---

❶ 中国教育辞典编纂委员会. 中国教育辞典 [M]. 6版. 北京：中华书局，1940：642-643.

❷ 夏征农. 辞海 [M]. 6版. 上海：上海辞书出版社，2010：913.

息等都是高等教育重要的构成要素"❶。狭义的高等教育是"以培养高级专门人才为目标的各种专业教育"❷，其目的在于"教授学生相应的科学知识与专业技能"❸。因此，"高等教育的本质是指高等教育区别于其他事物的特殊属性。高等教育具有'教育性'和'高等性'"❹。美国经济学家弗里德曼用经济学中"核心—边缘"理论研究高等教育，"在知识成为经济社会赖以存在和发展的基本资源与生产要素后，高等教育逐渐从游离于社会之外的'象牙塔'进入社会的边缘区，并逐次成为推动经济社会发展的中心要素，从而提出了著名的高等教育'从边缘走向中心'的发展趋势理论"❺。因此，作为对社会现实的影响以及对人类未来生活的前瞻与预设，高等教育不是独立于社会之外的系统，而是社会整体中重要的组成部分。

播音主持专业教育是高等教育领域一个重要的教育分支，播音主持专业教育的功能性成果，无论在学界还是业界都发挥着重要的作用。在教育学科体系中，各学科专业教育的关注视角、研究方向以及研究手段都存在较大的差异。关于播音主持专业教育的内涵，有学者认为"播音主持艺术教育是基于培养播音主持人才而开展的培养语言表达能力的教育工作"❻。从其人文内涵来看，播音主持专业教育是坚持"以事醒人、以理服人、以情感人、以美愉人"❼的育人导向，以提升融媒体吸引力和感召力的教育

---

❶ 周密，丁仕潮．开放式创新模式下的高校国际化渠道构成及管理 [J]．中国高校科技，2013（4）：27-30．

❷ 张焕庭．教育辞典 [M]．南京：江苏教育出版社，1989：700．

❸ 郑凯茹．中国高等教育与区域经济增长的实证研究：基于1990—2013年省级面板数据分析 [D]．南京：南京大学，2017：12．

❹ 周敬思，基俊．高等教育理论与实践 [M]．长春：东北师范大学出版社，1994：4．

❺ 张国强．失调与重构：高等教育功能的历史省思 [M]．武汉：华中师范大学出版社，2018：1．

❻ 孙畅，侯振江．播音主持教育提升高校学子语言能力的可能性探讨 [J]．新闻研究刊，2020（24）：210-211．

❼ 张颂．播音主持艺术论 [M]．北京：中国传媒大学出版社，2009：97．

事业。"教育是传媒提升、发展的根基和保证。没有教育，就没有传媒的吸引力、感召力。传媒是教育普及、显现的窗口和标志。没有传媒，就没有教育的拓展力、竞争力。"[1] 因此，播音主持专业教育培养的播音员与主持人，不仅肩负信息传播、话语示范和情感表达的工作，更重要的是在播音主持专业教育过程中强化学生个体的语言功力。

在中国知网（CNKI）中搜索主题词为"播音主持教育"的相关研究成果共有2245条，其中学术期刊论文1254篇，学位论文99篇（博士7篇，硕士92篇），主要的主题分布如图1-4所示。

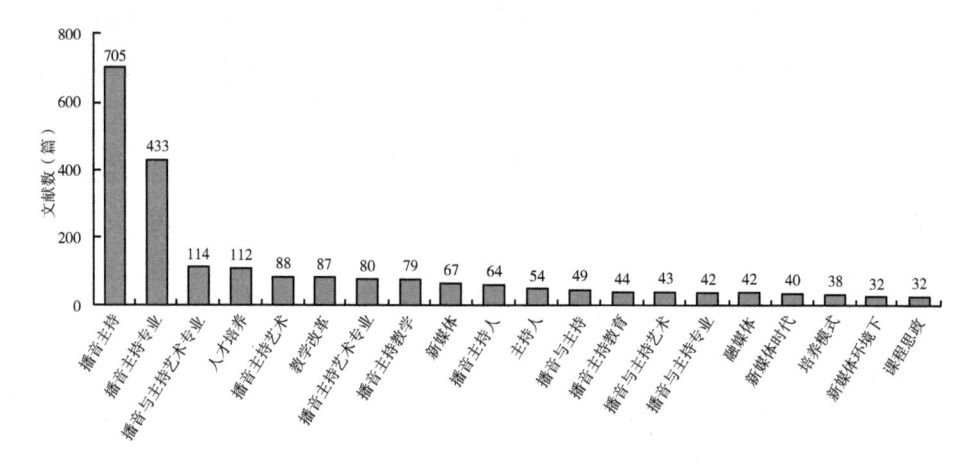

主题	文献数（篇）
播音主持	705
播音与主持专业	433
播音与主持艺术专业	114
人才培养	112
播音主持艺术	88
教学改革	87
播音主持艺术专业	80
播音主持教学	79
新媒体	67
播音主持人	64
主持人	54
播音与主持	49
播音主持教育	44
播音与主持艺术	43
播音与主持专业	42
融媒体	42
新媒体时代	40
培养模式	38
新媒体环境下	32
课程思政	32

图1-4 关于播音主持教育的主要主题研究分布（2001—2025年）

当前，播音主持专业教育的研究成果主要集中在播音主持教学改革、教学理论与教学法、人才培养理念、人才培养模式、人才培养机制、人才培养体系演变、播音主持研究生教育等主题，解读并挖掘了当代播音主持专业教育的核心研究内容。其中播音主持专业教育理论研究的主要成果有：杜守仁的博士学位论文《播音教学论——播音教学理论与教学法研究》[2]、王文艳的博士学位论文《播音主持人才培养模式探析——以中国

---

[1] 张颂. 播音主持艺术论 [M]. 北京：中国传媒大学出版社，2009：95.
[2] 杜守仁. 播音教学论：播音教学理论与教学法研究 [D]. 北京：中国传媒大学，2010.

传媒大学播音主持艺术学院为例》❶、陈卓的博士学位论文《播音主持人才培养理念研究——以中国传媒大学播音主持艺术学院为例》❷ 以及王泽华的博士学位论文《播音主持专业人才培养体系演变研究》❸ 等。

此外，围绕"播音主持教育"的研究，华东师范大学刘毅涛教授认为，"应融合通识教育理念，对已有的教育传统和教学体系进行改进和优化，并从学科建设、专业定位、课程体系、教学方法及师生关系等人才培养模式的各个方面进行全方位的教育教学改革，确立起播音主持学的独立学科地位"❹。除了对各阶段研究对象的教育路径和方法的探讨，部分院校的教改思路呈现出全方位开放办学的理念，"不仅要在国内对社会开放，使教学、科研等各项工作与社会的经济、科技、文化和广播电视一线间建立密切联系，还要尽快在全国范围内形成教学与学科群体，广泛开展国际、地区学术交流与人才培养的合作"❺。

部分学者还对教师的个体教学实践特征进行总结，反观播音主持专业教育问题，例如：对葛兰教师40年播音主持教育活动展开梳理，用"高、全、长、活"❻ 概括葛兰教师的教育观和播音主持专业教育实践活动的特征，启发播音主持专业人才培养方式。基于"教师即课程"的理念，提出"吴郁主持课程"❼ 的概念，从课程与教学论视域，对吴郁主持课程的构

---

❶ 王文艳．播音主持人才培养模式探析：以中国传媒大学播音主持艺术学院为例［D］．北京：中国传媒大学，2017．

❷ 陈卓．播音主持人才培养理念研究：以中国传媒大学播音主持艺术学院为例［D］．北京：中国传媒大学，2019．

❸ 王泽华．播音主持专业人才培养体系演变研究［D］．北京：中国传媒大学，2019．

❹ 刘毅涛．通识教育视域下播音主持艺术专业教育教学改革路径［J］．现代传播（中国传媒大学学报），2015，37（5）：144-148．

❺ 付程．21世纪对播音主持艺术专业教育的要求［J］．现代传播（北京广播学院学报），2001（1）：115-120．

❻ 彭远方，郭雪莲，姚晓莼．葛兰播音主持教育实践40年研究［J］．中国广播电视学刊，2019（5）：72-75．

❼ 高祥荣．教师即课程：吴郁播音主持教育艺术研究［J］．传媒，2020（15）：94-96．

建展开分析。栾洪金教授认为,播音主持人才供需呈现一种既过剩又紧缺的现象,正如何梓华教授所说:"新闻媒体需要的,高校供应不上;新闻媒体不怎么需要的,高校却在大量培养!"❶还有学者认为,部分播音主持专业院校的教学方式仍存在"单向式""灌输式"问题,教学的规格、要求、进度较统一,而针对性教学不够。

通过上述文献可见,社会人才需求与播音主持专业教育之间存在一定的矛盾现象,不利于学生个性培养和社会多元人才的需求,不利于个体功能社会化以及个性化发展。播音主持专业人力资源作为构建专业新发展格局的核心依托,播音主持专业教师群体需要意识到节目质量源于人才质量,无论是传统媒体还是新媒体,其生存和发展一定依靠广播电视人才,优秀的广电人才是传媒事业创新繁荣的根本保证。此外,关于播音主持专业教育的研究还涉及:播音主持专业教育思政问题、播音主持专业教育的社会服务功能问题、播音主持专业教育与行业关系等社会学视角的教育功效与影响等问题,这些研究为播音主持专业教育功能的系统化论证打下了一定的研究基础。

关于播音主持专业教育问题,我们要意识到面对差异化的知识生产力需求,大部分学者将研究重点放在播音主持专业教育的课程设置与教学方法等微观改革策略方面,却在一定程度上忽视了新科技革命、产业革命带来的媒介新环境与学科新生态,无法全面认识到播音主持专业教育功能的本质以及由此深化的播音主持专业教育的前瞻性问题。播音主持专业教育需要突破研究发展的桎梏,"探究传媒变局对播音主持人才培养模式的影响与要求,以更加清晰地领悟播音主持专业的人才培养与学科建设方向"❷。坚守播音主持专业教育功能的优势,优化专业教育功能的释放条件。

---

❶ 潘志贤,朱世欣,袁瑞清. 我国高校新闻专业激增质量缺保证供需严重脱节[EB/OL].(2005-10-27)[2025-05-06]. http://cn.chinagate.cn/news/2005-10/27/content_2339250.htm.

❷ 鲁景超. 传媒变局对播音主持人才培养的影响和要求:基于对中国传媒大学毕业生的问卷与访谈[J]. 现代传播(中国传媒大学学报),2016(4):149-152.

(四) 播音主持专业教育功能问题

社会和科技的变革给教育的发展创造了条件，给教育改革带来压力，当然也呈现了一个事实："科学发明和科学革新每向前推进一步，社会的教育期望、教育需求也就向更高阶段迈进一步，教育功能也就向更高境地和更复杂程度迈进一步，在教育功能旧格局中达到这个目标的前景也就变得愈益遥远了。"❶ 播音主持艺术学作为社会前沿学科，与社会经济、文化、科技以及传媒产业的发展同频共振，社会各圈层群体对其需求和期望值逐渐提高。面对一系列变革所带来的冲击，该领域的教育文本与教育活动都发生着跨越式的改变，媒介变革的不确定性和传媒产业的复杂性对播音主持专业教育功能提出了更高的发展要求。在对播音主持专业教育功能研究现状的分析和呈现的问题中发现，当前关于播音主持专业教育功能的认识尚不深入，甚至有些模糊。

1. 播音主持专业教育功能研究现状

截至 2025 年（3 月），在中国知网（CNKI）同时搜索主题词为"播音主持教育"和"功能"的相关研究成果共有 149 条，其中学术期刊论文 77 篇，学位论文 57 篇（博士 7 篇，硕士 50 篇），在这 7 篇博士论文中，南开大学刘子琦的《广播电视播音用语功能规划研究》（2013），未涉及播音主持专业教育功能问题；中国社会科学院张墨飞的《汉英双语播音主持人才素质研究》（2016），核心内容为汉英双语播音主持人才业务素质的构成与培养；另外两篇主要针对的是有声语言的艺术表达和主持人影响力的研究。这些文献并没有涉及播音主持专业教育功能的定义、特征、分类等相关内容。从研究的主要主题分布来看，没有从播音主持专业教育功能视角展开论证的研究成果（见图 1-5）。

搜索"播音主持专业教育""功能"的相关研究成果仅 5 条，其中学

---

❶ 联合国教科文组织国际教育发展委员会. 学会生存：教育世界的今天和明天 [M]. 北京：教育科学出版社，2003：2.

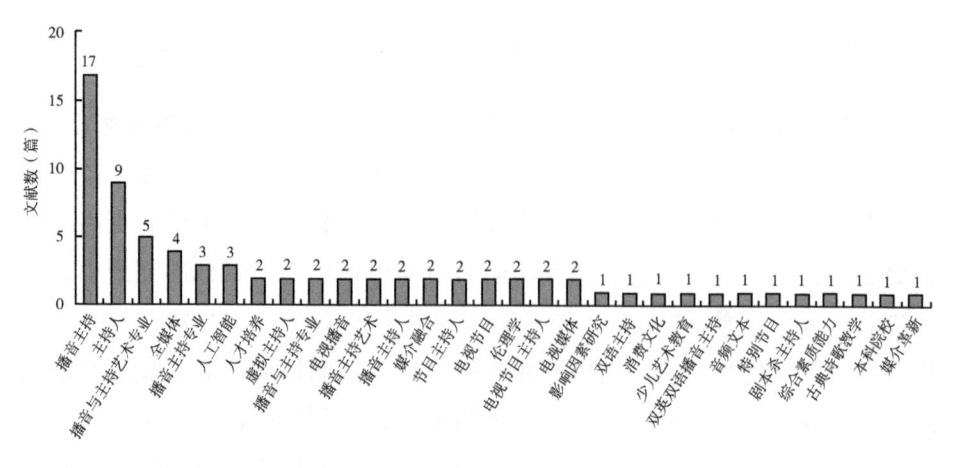

图 1-5　关于播音主持教育功能研究的主要主题分布（2001—2025 年）

术期刊论文 1 篇，学位论文 4 篇（博士 1 篇，硕士 3 篇），未涉及播音主持专业教育功能的研究。

综合"功能""教育功能""播音主持教育""播音主持专业教育"为主题词搜索的研究成果来看，可以归纳为以下四个研究方向：

第一，关于播音主持专业教育功能的社会化问题研究。20 世纪中叶，美国课程理论专家泰勒（Taylor）创立的"目标模式"成为课程研究的经典范式，他提出课程目标的三个维度是社会需要、学生需要和学科知识，其中排在首位的社会需求强调了教育过程的社会化。播音主持专业教育体系中主持人节目口语的语体目标也强调，"要汲取书面语的精粹口语、强调规范化的大众口语、讲究艺术性的宣传口语、富于个性的正式口语、应对得体的机智口语"❶。口语目标凸显了有声语言艺术的个性化和社会化，主要基于人际和团体沟通、组织和跨文化传播（主要包括人际沟通中的辩论场景，团体沟通中的企业沙龙，组织传播中的主题演讲，公共传播中的电台、电视台的节目传播，跨文化传播中的国际会议）等形式。播音主持专业教育功能的个性化与社会化问题，是播音主持专业教育教学的切入

---

❶ 吴郁. 主持人语言表达技巧 [M]. 修订版. 北京：中国广播电视出版社，2011：33-49.

点。不仅是人才培养的社会化，还有知识贡献的社会化，以业内在岗人员的继续教育问题为例，主要分布在岗位培训、在职进修、函授教育等领域。

第二，关于教师群体与学生群体的功能研究。在播音主持专业教育过程中，播音主持专业教师群体与学生群体间有着教学上的"亲密关系"，表现为以小组（多为5~15人）授课形式为主、授课效果及时跟踪、教学全程实现因材施教、教学方法灵活应用等方面。播音主持专业教师群体注重学生群体创新能力拓展、语言功力的提升和主体意识的培育，注重播音主持专业教育过程中学生个体能力的全新升级，集中表现为"完善对学生媒介素养的培养；强化思维发展；注重个性化培养"[1]，极大凸显了播音主持专业教师的主体作用。"美国课程论专家施瓦布（Schwab）的实践课程范式认为，教师即课程（The Teacher is the Curriculum），教师不是孤立于课程之外，而是课程的有机构成部分、课程的创造者、课程的主体。"[2]播音主持专业教师立足教师即课程的理念，整合重要的显隐性课程资源，其课程目标、教学文本和教学活动直接影响着课程的实际效果，改变着教学内容与社会实际的关系。教师即课程的观点强化了播音主持专业教育的个体功能，体现了教师队伍建设的重要性。

第三，在播音主持专业教育教学过程中，侧重挖掘意义深、价值高且有较强社会功能和文化功能的选题，实现共情。播音员主持人，其言行举止具有较强的影响力和感召力。因此有学者强调，在播音主持专业教育教学训练之初，就要注重扎根基层与观众共情，"关注国家发展，关注老百姓的衣食住行"[3]，在一定程度上体现了教育主体人文关怀意识和专业综合素养的重要性，需要教师群体注重思想引领和文化传承功能的

---

[1] 陆崇马. 探析多维传播语境下高校播音主持专业的教学策略 [J]. 新闻研究导刊, 2016 (22)：287.

[2] 高祥荣. 教师即课程：吴郁播音主持教育艺术研究 [J]. 传媒, 2020 (15)：94-96.

[3] 季峰. 从主持人大赛看播音主持教育新变化 [J]. 青年记者, 2020 (21)：106-107.

释放。

第四，基于技术变革对播音主持专业教育功能展开的思考。一方面体现在："树立口语传播理念，重构教学实践场景，同时重塑人文价值理性，促进知识交叉渗透，培养场景传播能力，以从理念、设施和人才三个维度与智媒时代的传播场景相匹配。"[1]另一方面体现在：适应融媒体环境教学，提升融媒体语境下的职业能力，激发学生群体的个体及社会化功能意识，在一定程度上提升学生群体适应社会的能力。以"场景匹配"下的口语传播为例，打造虚拟口语传播场景（使用5G、VR、AR、MR等技术）；打造个性口语传播场景（使用大数据、云计算、用户画像、算法推荐等技术）；打造移动口语传播场景（使用5G、GPS、传感器、自然语言处理等技术），为重新审视播音主持专业教育在技术实施与应用方面提出了宝贵的建议。以匹配场景的口传视角，启发人才素养体系建构、人才知识体系建构和人才能力体系建构。

2. 播音主持专业教育功能研究存在的问题

关于播音主持专业教育功能研究存在的问题，主要表现为相关研究成果比较匮乏。截至2025年（3月），以"播音主持教育功能""播音主持教育个体功能""播音主持教育社会功能""播音主持教育人文功能"等内容为关键词在中国知网进行CNKI指数检索，结果为0篇。通过对相关文献内容的梳理分析发现，这些论文中对播音主持专业教育功能的研究占比极少。但播音主持专业教育在促进人、社会以及他们之间的矛盾与协调的发展中释放着其独有的、其他专业所不可替代的功能。这种不可替代的功能转化是通过促进个体及活动的发展，来进一步促进社会及媒体产业的进步，具有极强的社会价值和理论研究价值。因此，结合教育社会学视野研究播音主持专业教育功能，将丰富播音主持专业教育功能理论体系，为播音主持专业教育的探索，提供新的研究视角。

有学者认为传媒业态的快速发展与人才培养之间呈现一定的失调现

---

[1] 陈虹，杨启飞. 基于场景匹配的口语传播：智媒时代之播音主持教育[J]. 现代传播（中国传媒大学学报），2020（6）：164-168.

象。当前，关于播音主持专业教育功能的失调现象，主要集中于对课程体系建设和人才培养理念及机制等问题的研究，而单纯从播音主持专业教育的育人视角出发，难以解决播音主持专业教育与社会发展间呈现的问题，更难以发挥专业教育的前瞻性和引领性。因此，立足播音主持艺术学，从高等教育社会学视野的中观层面分析播音主持专业教育问题，透过播音主持专业教育的个体功能和社会功能，思考播音主持专业教育与社会间存在的部分矛盾和冲突，具有较强的社会意义。

部分学者将个人研究视角转移到播音主持专业教育受智能有声语言带来的冲击问题上，以及移动互联时代"私媒体和IP消费的崛起、专业主持人主体影响力的消解、非广电播音主持的丰富业态"❶等方面，意识到了媒介变革带来的挑战，但对于播音主持专业教育功能与社会现实、社会文化的辩证关系并未做深入研究。

还有些学者试图在知识体系建构过程中增设各类实践课程，将知识传授与校园习得延伸至社会需求情境，助力隐性知识的积累，超越并引导媒体的发展，但在课程设置目标与专业教育功能目标的关系中，没有将播音主持专业教育功能的本质论证清楚，难以明确引领和求变的思想与播音主持专业教育功能的辩证关系。此外，播音主持专业教育的社会身份不清晰。社会赋予播音主持专业教育以特殊的专业身份和专业教育功能，并非仅仅依靠需求惯性来维系教育环节，而应是实现专业教育身份与专业教育功能的统一。

（五）中观及微观教育社会学视角下的播音主持专业教育功能问题

高等教育在社会生活中的功能和地位不断拓展。"教育的目标和功能必然反映出社会的需要和社会的属性，也就是说，教育与社会的关系既反

---

❶ 任勇，谈竹奎．"互联网+学会"的探索与实践［J］．电力大数据，2017（8）：81-84．

映在社会之中，也反映在教育之中。"❶ 对于高等教育的研究，集中在高等教育社会学中的社会功能、社会分层问题，高等教育机会及大众化实践问题，高等学校教学活动要素与教学模式问题，高等教育师生交往的价值重塑问题以及高等教育与社区服务、网络社会等问题。此外，也有众多学者认为高等教育发展现状和社会期望间的鸿沟在逐渐加深，主要与"高等教育大众化的进程加快及其与政府、市场、大学三者关系日益复杂，加之财政困难，高等教育商业化、官僚化、技术至上和教育质量下降等问题"❷ 相关，造成高等教育与社会发展之间的冲突不断加剧。

教育社会学（Educational Sociology）正是"从社会学角度研究各种教育活动，及其与整个社会之间相互关系的学科。是以教育学和社会学为主干形成的交叉学科。主要研究范围有：教育与社会结构的关系；教育与个体社会化的关系；教育与社会变迁；教育与社会问题；学校和班级的社会学分析等"❸。从学科属性来看，教育社会学属于一门综合性的学科。从研究对象来看，它是一个倾向于研究教育与社会及社会亚系统之间的关系和相互作用的学科。具体研究内容可划分为三个层面："宏观教育社会学研究，特指广义的教育社会学；中观教育社会学研究，特指学校教育社会学；微观教育社会学研究，指个体之间的互动及人的社会化等问题。"❹

因此，从教育社会学的视角分析教育功能问题，在更加宽广的社会大环境中，认识个体功能与生活、事务间的差序关系。著名高等教育学家约翰·S. 布鲁贝克（John S. Brubacher）专门从冲突论的视角，论述了高等教育在发展过程中认知论、自制与控制、学术自由与社会责任、精英教育与大众教育、普通教育与专才教育形成的五个方面的冲突。人们已愈来愈认识到，高等教育与社会的良性互动，不仅是国家稳定、经济繁荣、文化

---

❶ 钱民辉. 教育社会学概论［M］. 4 版. 北京：北京大学出版社，2017：4.
❷ 张国强. 失调与重构：高等教育功能的历史省思［M］. 武汉：华中师范大学出版社，2018：2.
❸ 夏征农. 辞海［M］. 6 版. 上海：上海辞书出版社，2010：914.
❹ 钱民辉. 教育社会学概论［M］. 4 版. 北京：北京大学出版社，2017：24.

创新、科技进步的重要前提，更是确保高等教育健康、高效运行的基本保障。

教育社会学方法论基础研究的代表人物，一个是科学实证主义的奠基人埃米尔·杜尔凯姆（Émile Durkheim），他的实证主义方法论："强调从社会环境，而不是从历史的角度说明社会现象，他认为社会环境具有的动力因果关系是科学社会学存在的条件"❶，也就是说，社会是一个与个人兴致截然不同的实在物；另一个是社会科学解释学派的创始人马克斯·韦伯（Max Weber），他的方法论学说以人类个体行动为研究视角，认为"在社会科学领域，人们或者试图仿效自然科学的方式建立某种可以从数量上来把握的合乎规则性，或者依照规律的设想通过历史归纳法从历史中寻找某些本质的东西，从而可以把其他事件都化简为这类基本的因素"❷。但这并不能提升对社会文化个体的认知。因此，韦伯将微观解释引入教育社会学，探究行动者的自我定义和情境定义。

播音主持专业教育作为高等教育中的特色专业，在智媒社会背景下，播音主持专业教育功能的研究，立足中国播音学，拓宽专业知识结构，突出专业实践特征，结合教育社会学的方法论框架，侧重于中观学校教育社会学和微观个体间互动及人的社会化研究层级，尤其是结合微观教育社会学研究内容。这是因为，播音主持专业教育课堂中的互动，甚至实践分组演播教学与实习实训都隐含着社会意识和某种规范，这与微观教育社会学研究个体之间互动及人的个性化与社会化问题相一致。对播音主持专业教育功能的研究，在一定程度上归属于教育主体自我定义和情境定义的延伸研究，对于专业发展空间的规划和专业理论建设具有重要的意义，充分挖掘播音主持专业教育的隐性正向潜在功能，又是社会传媒产业稳定发展的必要保证。

---

❶ 钱民辉．教育社会学概论［M］．4 版．北京：北京大学出版社，2017：32．
❷ 钱民辉．教育社会学概论［M］．4 版．北京：北京大学出版社，2017：32．

四、研究框架与研究方法

关于教育功能的研究，几乎每个教育学和社会学研究者都试图创建自己独特的研究范式来说明教育与社会之间的关系。教育功能对社会发展的影响以及各专业教育功能的形成与划分，形成了多种关于教育功能的社会学研究范式。

本书立足中国播音学，结合教育社会学中观及微观层面所研究的"个体间的互动"和"人的社会化"的主题，以播音主持专业教育功能为研究对象，以中国播音学研究范式为基础，结合具有代表性且适合于本研究主题的教育功能社会学范式：结构功能主义、个体功能社会化与个性化，展开论证。

通过结构功能主义，分析播音主持专业教育功能的构成及效能释放，通过教育功能个性化与社会化，分析播音主持专业教育对象与专业教育功能的关系等问题。最终建立播音主持专业教育与教育社会学相结合的教育功能研究范式：结构过程视角与冲突均衡视角下播音主持专业教育功能范式。应用该研究范式系统性分析播音主持专业教育功能的内涵、类型以及释放专业教育功能的具体路径。研究方法的确定是播音主持专业教育功能系统性论证得以深入开展的又一重要保障，而关于本书选取的具体研究方法也将在下文逐一说明。

（一）通过结构功能主义分析播音主持专业教育功能的构成

结构功能主义，即社会系统理论（Social System Theory）："一个社会实体，不论是一个组织还是整个社会，都是有机体（Organism）。和其他的有机体一样，一个社会系统是由不同部分组成的，对于整个系统的运作而言，每一部分都有功用。"[1] 因此，系统性分析教育系统内各部分功能

---

[1] 艾尔·巴比. 社会研究方法 [M]. 邱泽奇, 译. 北京: 华夏出版社, 2018: 38.

属性及特征尤为重要。

结构功能主义是社会学流派之一，形成于第二次世界大战以后。结构功能主义主要由帕森斯的"抽象结构功能主义"和默顿的"经验结构功能主义"组成。帕森斯认为："人类社会行动的大系统包含了文化、社会、人格和行为有机体四个子系统以及终极实在和有机物质世界两大环境要素。终极实在内含一系列最基本的生存意义，是行动的文化子系统的直接环境要素，同时受制于文化子系统，并通过它与其他子系统相联系。"[1] 其中文化子系统是知识、思想、价值观、信仰、规范、观念等抽象概念的综合。

教育作为文化子系统中的一个重要分支，同样与社会系统存在制约关系。那么，作为教育子系统中的任何一个专业类别亦是如此，播音主持专业教育功能的释放固然受到来自系统内部结构和各要素存在状态的影响，例如，播音主持专业知识结构、教育主体价值导向以及文化传播状态等。因此，专业教育系统内每一结构及相关要素的状态将直接影响专业教育功能的释放程度。

帕森斯的两个基本理论主张是"社会行动观点"和"结构功能观点"。结构功能主义，主张用功能分析法认识和说明整个社会体系与社会制度间的关系。其"最重要的理论是'均衡'模式，认为社会与生物体一样，有能力自动恢复被外力破坏了的均衡状态，维护社会秩序"[2]。该学派认为社会生活能够维持下去的主要原因，归结于社会找到了一种合理的结构，来满足人类的功能需求。因此，从"均衡"视角分析播音主持专业教育功能的客观性与主观效能的释放情况，将有助于认识播音主持专业教育功能的形成过程，有助于确立播音主持专业教育功能的划分依据，更有助于解答播音主持专业教育功能的本质以及对其进行系统化研究的理论价值与现实意义。

---

[1] 张云霞. 教育功能的社会学研究 [M]. 武汉：武汉大学出版社，2011：43.
[2] 夏征农. 辞海 [M]. 6版. 上海：上海辞书出版社，2010：920.

（二）通过教育功能个性化与社会化分析播音主持专业教育对象

人的双重性，即个性和社会性。关于个体社会化问题最早是从人与社会间关系的角度提出的。德国社会学家格奥尔格·齐美尔（Georg Simmel）在《社会学的问题》中正式以"社会化"一词来阐述关于群体形成问题，后来法国著名社会学家埃米尔·杜尔凯姆关于道德内化问题的思考，实则也是关于个体社会化问题的研究。

关于个体社会化研究，最重要的观点是，个体个性和人格形成与发展的过程是个体的社会化，社会化的个体是经过社会化形成的具有个性的人。代表人物是美国社会学家查尔斯·霍顿·库利（Charles Horton Cooley），他认为"理性是可塑本能的组织者"❶，而教育性是人类本性最基本的特点。因为个体可以意识到自我，并通过自我对环境所产生的作用进行知识、思想和行动的分化与综合，进而改变个体的思想价值、知识特征和个体的认知价值。此外，在社会环境中存在大量的他人（包括重要的他人和泛化的他人）。乔治·赫伯特·米德（George Herbert Mead）在《心灵、自我与社会》中提出"被概念化的他人"❷的思想，他认为人的社会行为是依靠行为者不断根据他人或社会标准来进行调节和控制的。综合而言，虽然每个个体受遗传和社会历史因素影响，但是每一个鲜活的生命在社会创造进程中都占有不可替代的位置，继而成为社会生活中新的整体，某一领域或专业教育的集体功能亦如此。

如果将"个体"限定为专业教育对象，个体的个性化与个体的社会化又是相对的，但并不是对立的。例如，专业教育对象的个性化必须经历家庭教育、学校教育、社会教育所带来的熏陶与影响，尤其受学校教育结构

---

❶ 查尔斯·霍顿·库利. 人类本性与社会秩序 [M]. 包凡一, 王湲, 译. 北京: 华夏出版社, 2020: 30-36.

❷ 乔治·H. 米德. 心灵、自我与社会 [M]. 赵月瑟, 译. 上海: 上海译文出版社, 2018: 33.

与价值体系的影响。教育本身就是一种培养专业人才的社会活动的总和，促进教育对象的社会化，进而实现具有专业教育特征的个体个性化。个体特征的发展又直接决定了社会总体的适应能力，因此个体社会化向专业知识特征个性化转变的个体发展功能具有重要的现实意义。可将这些具备独特功能的不同个体构成的生命整体称为"有机体"，一个专业教育的有机整体，既注重整体的功能，又注重构成整体的每个个体的价值。

就播音主持专业教育个体（教育对象）而言，播音主持专业教育对象的个性化更强调专业知识个性和专业选择性，教育对象的社会化更注重教育共性和社会因素的强制性，教师群体需要根据媒体社会发展需求和学生群体的身心发展状况，有目的、有计划地向学生群体释放影响因素，受其影响而产生的一系列效能终将回归至播音主持专业教育功能的本质中。播音主持专业教育对象知识个性的形成，实际上是在社会化教学实践过程中完成的，播音主持专业教育的个性化过程与社会化过程同时进行，共性寓于专业教育个性之中，体现了播音主持专业教育功能的独特性，也在一定程度上实现了播音主持专业教育功能个性化和社会化与播音主持专业教育功能本质的统一。因此，从功能社会化与个性化的视角分析播音主持专业教育对象的边界问题，是从教育功能研究的集体方面和个体方面作综合分析，遵循了人类本性与社会秩序的基本关系理念，这也将成为本研究的重要突破口之一。

（三）建立结构过程与冲突均衡视角下播音主持专业教育功能类型化研究范式

"在日常生活中应用功能主义范式时，人们有时候会错误地认为'功能'、稳定和整合是必需的，或者认为那是功能主义范式所假定的。"[1] 本书所探讨的播音主持专业教育功能不可忽视地渗入播音主持专业教育主体的方方面面，既存在时代必需的人才培养结构特征，也存在专业稳定的内

---

[1] 艾尔·巴比. 社会研究方法［M］. 邱泽奇，译. 北京：华夏出版社，2018：39.

生建构特征，需要辩证看待专业教育发展规律和客观功能的统一。因此，以"结构—过程"和"冲突—均衡"为方法视角，对客观认识播音主持专业教育功能，将在一定程度上推动播音主持专业教育事业和传媒生态内部结构的健康、稳定，具有重要的理论分析价值和现实意义。

1. 从结构过程视角论证播音主持专业教育功能

结构性发展是诸多教育活动的显性特征，结构性既包含了构成教育活动的各类要素，又体现了各结构间的相互联系。结构要素从属于某一教育活动，不仅要满足结构的稳定性，还需要发挥必要的功能作用，反之，则认为这一结构要素没有存在的必要。依据结构视角系统化研究播音主持专业教育功能，更注重播音主持专业教育的构成性因素对功能产生的影响，包括播音主持专业教育的理念发展、教育主体构成、教学活动组织、教育机制运行以及专业功能释放的类型化条件与状态趋势等构成性因素。

过程指事情或事物发展所经过的程序，有历程、进程之意。播音主持专业教育功能的释放具有一定的历时性，播音主持专业教育功能时刻处于阶段性的发展过程中。依据过程视角研究播音主持专业教育功能时，既要把握功能释放的逻辑基础，又要注重总结播音主持专业教育功能在高等教育发展演变进程中，制约和推动专业教育功能发展的核心要素。中国播音主持专业教育的发展史不仅为我们总结了播音主持专业教育在发展历程中的成功经验，也为我们客观呈现了播音主持专业教育功能（包括专业教育的个体功能和社会功能）的危机与跌宕，这是播音主持专业教育功能研究的材料基础，更是总结新时期播音主持专业教育功能类型的重要论据。同时，作为一项兼具社会性、文化性、教育性、审美性与批判性的专业教育功能研究，应该把播音主持专业教育功能研究置于过去及当前的社会结构发展过程中进行比较论证，获取更多的结构性因素，保证播音主持专业教育功能划分依据的合理性。

2. 从冲突均衡视角论证播音主持专业教育功能

在格奥尔格·齐美尔看来，"冲突是人类结合的一种方式，通过冲突，人与人之间开始建立联系，进而达成团结和凝聚"❶。这是一个关键的起点，而消除冲突则是人际关系和互动的终结。功能主义更擅长解释教育的共识和一致，而冲突主义更强调教育结构中专业教育功能的特殊性。

在本研究中，冲突视角更强调播音主持专业教育功能的动态性。教育变革中的播音主持专业教育功能是一种客观存在，在高等教育共性中具有专业教育的独特性。通过冲突视角分析播音主持专业教育功能可以发现，问题冲突是正常的、普遍的，也是不可避免的，更是过滤出播音主持专业教育鲜明教育功能的最佳视角。依据冲突视角看播音主持专业教育功能，可以触及来自教育对象个体特征驱动、高校制度、社会文化内容、国际文化交流等方面带来的复杂发展背景和多学科发展领域所呈现的教育功能问题。如同"从功能着眼找出社会内部失衡的原因，以求得保持社会有序的均衡发展"❷。

关于播音主持专业教育功能问题的研究，在于认清播音主持专业教育功能的释放条件和效力，进而引起对播音主持专业教育功能的重视，缩小专业教育功能所释放的应然与实然间的差距。遵循结构过程与冲突均衡的协调发展，着眼于播音主持专业教育活动结构及构成要素，探寻播音主持专业教育功能类型及专业教育功能的释放策略。

（四）具体方法与思路图

从研究目的来看，本研究属于探索性和解释性相结合的理论性研究，主要依据播音主持专业教师群体对学生群体的教育过程，分析播音主持专业教育功能的形成，系统化论证出播音主持专业教育功能的种类，由此解决播音主持专业教育核心功能是什么，各类型功能释放路径有哪些等问题；从时间维度来看，本研究属于纵贯研究，包括播音主持专业教育功能

---

❶ 安东尼·吉登斯，菲利普·萨顿. 社会学基本概念 [M]. 2版. 王修晓，译. 北京：北京大学出版社，2019：279.

❷ 张德祥，周润智. 高等教育社会学 [M]. 北京：高等教育出版社，2002：12.

的同期群研究和趋势研究两部分，便于探寻播音主持专业教育功能间的因果关系问题；从研究的性质来看，以基础研究为主，深入播音主持专业教育理论，认识新的传媒现象，揭示播音主持专业教育的规律，获取新知、新原理和新方法；本研究兼具应用研究的特征，从专业教育的个体功能和社会功能视角解决播音主持专业教育面临的现实发展问题和理论建设问题。本书依据研究的目的、维度和性质，综合运用统计调查法和文献研究法，具体包括文献研究法、比较分析法和无结构访谈法。

  首先，运用文献研究法，通过收集、整理和分析文献，形成对播音主持专业教育更全面的认识。从宏观意义来看，功能性的结构需求具有历史必然性和客观性，结合教育社会学，围绕播音主持专业教育文献以及播音主持专业教育功能相关的学术研究成果，进行系统研究，有助于分析播音主持专业教育功能的核心优势和功能种类。

  其次，进一步对获取的文献、数据进行历史比较分析、统计资料分析等多视角系统化研究，夯实论证基础，有效论证并解决播音主持专业教育功能理论建设问题，为适应高等教育的提质创新拓宽研究视角，积累重要理论资料，进一步实现播音主持专业教育个体功能与社会功能的统一。

  最后，运用无结构访谈法，发挥"半控制或无控制"访谈方式的优势，在访谈过程中力求与被访者就题目进行灵活且自由的交谈，充分发挥访谈双方的积极性，保证对播音主持专业教育功能的相关问题作广泛、细致且深入的交流，逐步挖掘播音主持专业教育功能的释放条件。在访谈过程中，访谈对象将涉及播音主持专业教育和教育社会学理论相关的教育工作者，通过无结构式访谈的方法可以更好地获得本书研究对象于访谈环境中，来自受访对象所提供的鲜活观点，进而获取丰富生动的统计结果。在无结构访谈过程中选择性使用"重点访问"和"深度访问"的方式集中、及时解决重点或个案问题，有助于在访谈过程中形成启发性的思考，开阔研究思路。

  开展无结构访谈相较于结构式访谈的劣势在于，无结构访谈更费时费力，观点零散且难以形成规模和定量的分析，但是这一方法非常契合本研究的性质,即探索性和解释性相结合的理论研究,有益于激发研究者的创新性思考。因为无结构访谈的过程不仅是对研究主体进行资料收集和汇总,与受访者共同评价解释资料的过程,也是探讨播音主持专业教育功能内涵、划分依据的过程,更是一次次与受访者印证播音主持专业教育功能类型化呈现的过程,有利于解决播音主持专业教育功能理论建设问题和专业发展趋势问题,逐步逼近研究真相。

综合研究框架与研究方法来看,作为具有鲜明教学特色及交叉应用型特色的播音主持专业,其专业教育功能的生成过程是教师群体效能向学生群体效能的转化,是社会期待向专业教育知识结构的转化,更是专业文化创造向社会文化创新的转化。

本研究在论证过程中所使用的研究方法在各章节中没有绝对的对应,关于播音主持专业教育功能研究的总思路图可用图1-6概括。

五、研究难点与创新性

(一) 研究难点及可行性

本书的研究难点主要体现在以下三个方面:

第一,就研究对象而言,定义什么是播音主持专业教育功能,如何划分播音主持专业教育功能比较有难度。现代组织理论的奠基者彼得·德鲁克曾提出:"身为社会一分子的我们无法看到社会的全貌,更难以周全地定义社会,也没有一条清晰的分水岭或一个点可以表明非社会向社会的转化,但是我们可以从功能的角度来理解社会。"[1] 这在一定程度上解释了研究难点的原因所在,但往往难点就是突破点,因此结合教育功能论视角来研究播音主持专业教育功能的一系列问题将成为突破研究难点的方向。

第二,结合多学科理论研究比较有难度。播音主持专业教育功能研

---

[1] 李醒民. 科学的社会功能与价值 [M]. 北京:商务印书馆,2014:Ⅻ.

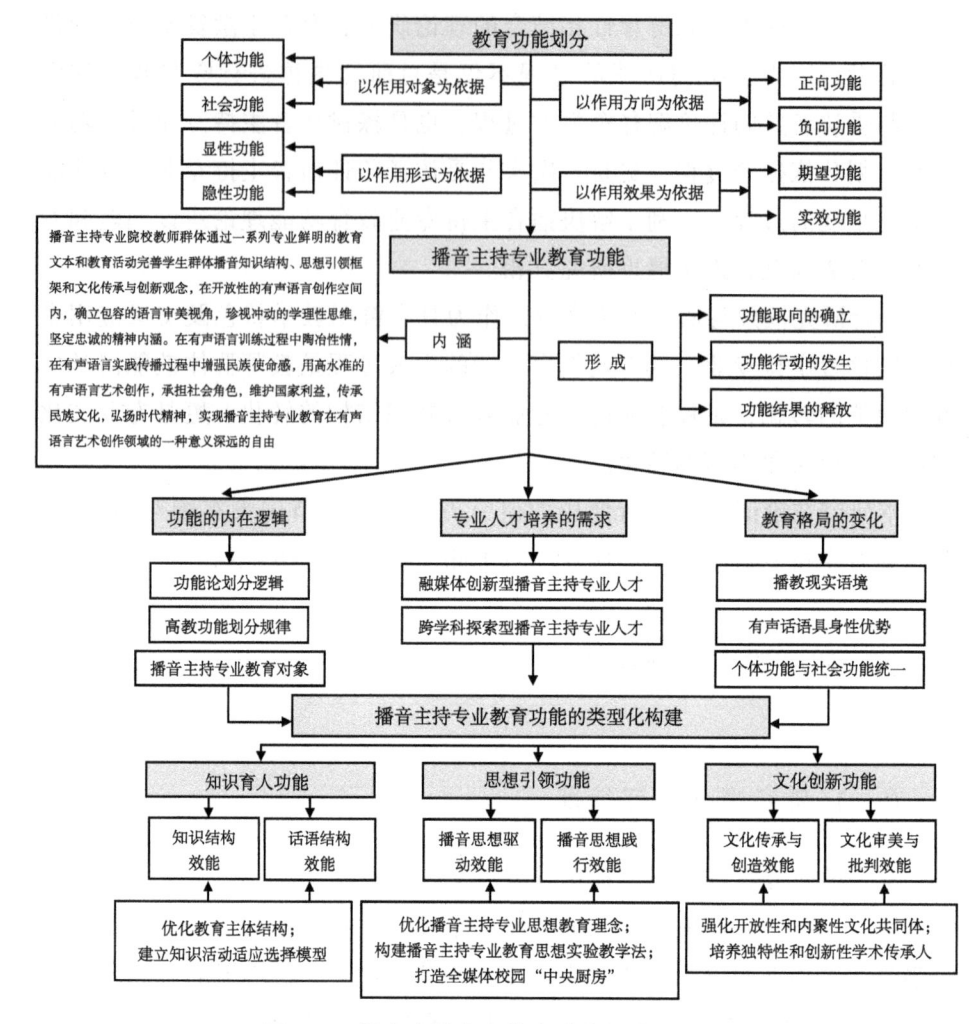

图 1-6 播音主持专业教育功能研究总思路

究，涉及中国播音学、社会学、教育社会学等多重学科的理论视角，难免会在多理论研究基础上出现认识不全面、理解不到位、视野受局限的可能性，因此对相关理论知识作系统、深刻的理解和消化是开展研究的必要基础。

第三，研究主体范围较广，工作量较大。自中国播音主持高等学历教育兴起以来，其教育功能的呈现是广大而精微的，无论是专业教育的个体功能还是社会功能都彰显了专业教育的教学特色。播音主持专业教育院校设置了类型丰富的专业基础课程、专业特色课程、专业实践等课程类型，开展了众多具有中国特色的播音主持专业教育活动，培养了大批播音主持专业人才。因此，在资料收集阶段需要通过大量的数据统计、案例分析以及针对性访谈等方式逐一深入各专业教育院校教学、科研过程的始终，探寻播音主持专业教育功能的类型化表现，进一步适应高等教育提质创新的改革目标，实现专业教育功能的充分释放。

本书的可行性主要体现在以下三个方面：

第一，基于社会环境需求的可行性。在经济全球化带来的国际传媒竞争面前，播音主持专业教育功能研究处于高等教育转型的关键历史时期，该研究既具有历史语境，也具备社会情境，社会强烈需求高等院校培养优质的专业型人才，强烈呼唤各专业领域充分释放专业教育功能，形成专业教育个体功能与社会功能的统一，不断激发正向显性与隐性专业教育功能的发展，催生交叉学科建设链条，实现专业文化创新，满足社会对专业型人才的需求。

第二，基于传媒环境优势的可行性。当前，传媒环境处在跨越式发展期，也正是相关学科内涵式创新发展、大胆尝试的关键转折期。学界需调整思路，重新思考传媒业态的新需求，融入专业性、艺术性、科技性和文化性的播音主持专业教育思想，实现全员、全程、全方位育人。让播音主持专业学生群体在专业学习过程中树立国家意识、大局意识和服务意识，充分释放播音主持专业教育功能的优势。借助传媒环境优势，以效能为切入点，对播音主持专业教育功能作分类研究，将成为突破播音主持专业教育功能论建设的理想阶段，具有极强的可行性。

第三，基于学科生态变革和大量经典案例资料的可行性。一方面，以一批国家级一流播音主持专业院校开展的教学实践成果和课程体系为例，分析播音主持专业教育功能的类型及类型化功能的释放路径；另一方面，以播音主持专业教育与新型专业人才需求之间的"脱节现象"为切入点，试图从教育功能的视角分析并解决问题。在看到播音主持专业教育显性功能的同时，不能忽视其显性背后的功能还有正负之别，在祛除其隐性功能负作用的同时，又不能忽略隐性正功能的潜在力量。播音主持专业教育功能的推进空间巨大，对国家级一流播音主持专业院校所体现的专业教育功能，作以系统的类型化研究，十分必要，且具有较强的可行性。

（二）研究创新性

依据研究对象的选取、研究理论的综合应用、研究范式的探索和模型体系的建立，可将本研究的创新性概述为：本研究立足中国播音学，倚重高等教育学，将研究视角延伸至教育社会学，遵循理论研究与实证研究相结合、问题导向与对策探析相结合的原则，以播音主持专业教育功能客观资料为基础，融合运用分析、综合等方法，发现问题、揭示成因、寻觅对策。在论证过程中避免从概念到概念、从理论到理论、从问题到问题的论证过程，增强问题导向与策略研究，以"专业教育功能类型化到如何进一步释放专业教育功能"为本书的具体论证思路，以播音主持专业教育功能内在逻辑、播音主持事业对专业型人才的培养需求、播音主持专业教育格局的变化为类型化功能研究的核心依据，构建中国特色播音主持专业教育功能类型化理论体系，解决播音主持专业教育的理论拓深与实践应用问题。

本研究的创新性具体表现为以下三个方面：

第一，本书的研究对象是兼具中国特色与教育社会学属性的播音主持专业教育功能。在新的历史发展阶段，高等教育的人才培养更应该重视教育功能的释放，也迫切需要系统的总结和论证。播音主持专业教育功能的系统性分类研究，既是高等教育功能的重要组成部分，又是实现专业教育社会功能与个体功能统一的重要保证。本书的研究对象强调立足中国国情来解决中国高等教育中播音主持专业教育实践和理论建设等现实问题，紧紧围绕播音主持专业教育 60 余年的发展历程，明确播音主持专业教育功能内涵，分析播音主持专业教育功能划分依据，论证播音主持专业教育功能类型，探索播音主持专业教育功能释放条件等问题，获得释放播音主专业教育功能的思维路径，为优化当前及未来播音主持专业教育功能的释放提供参考。

截至目前，通过对现有播音主持专业教育相关文献的梳理和分析发现，尚无针对"播音主持专业教育功能"展开系统性分类研究的专著或学位论文，本研究在一定程度上拓宽了播音主持专业教育理论的研究领域，丰富了播音主持专业教育功能的理论建设，开阔了播音主持专业教育的研究视角，也体现了本书在研究对象选择上的创新性。

第二，本书立足中国播音学，结合教育社会学理论研究视野，在研究过程中注重以中国播音学为主线，以教育社会学中的理论逻辑和部分研究方法为重要参考，综合运用播音主持艺术学、广播电视语言传播理论、功能主义理论、学科群落发展等相关理论。其中，功能主义理论对分析播音主持专业教育功能的特征和类型，发挥了教育社会学视角的科学性和准确性，不仅符合社会变革和高等教育面貌的新发展要求，更契合于对播音主持专业教育功能做独特且深刻的认识。因为，播音主持专业教育及类型化功能的表现具有精确性、多层性和广泛性，既分析专业教育功能的本质属性，努力论证播音主持专业教育功能同正负功能、显隐功能等维度的关系，也着力研究专业教育功能与经济、文化、体制同播音主持专业教育的关系，进一步明确播音主持专业教育功能的内在逻辑。

本书通过运用历史与逻辑统一的方法、批判与继承的方法研究播音主持专业教育功能、教育功能的类型化、教育个体功能的社会化与个性化以及教育主体之间和播音主持专业教育内部各要素之间的联系。突破一定的功能理论想象力，利用播音主持专业教育的新旧材料与综合的理论视角获得具有解释力的新概念，实现播音主持专业教育功能的理论创新。

第三，探索播音主持专业教育功能的研究范式并构建进一步释放播音主持专业教育功能的体系与模型。通过对播音主持专业教育功能类型的系统性分析，结合结构过程与冲突均衡视角下的教育功能研究范式，逐一呈现播音主持专业教育功能特色优势，有助于播音主持专业教育个体显性功能的总结以及个体正向隐性功能的挖掘。构建播音主持专业教育的"知识活动适应选择模型""全媒体校园'中央厨房'建设体系""播音主持专业教育的内聚性教学效能体系",丰富播音主持专业教育的理论建设,推动播音主持专业教育对理论探究型、专业实践型以及多元复合型等类别的人才培养。

第二章 播音主持专业教育功能的类型化构建

面对高等教育全面的提质创新，面对不断涌现的新教育内容、教学方法和学科群落化的发展理念，在推动播音主持专业教育主体自觉探索与深化认知播音主持专业教育与高等教育互育互动的同时，从"教育功能"语境出发，深入分析播音主持专业教育的功能内涵，构建播音主持专业教育功能类型的理论体系，不仅有助于引领播音主持专业人才服务社会生产、生活，更将成为激发播音主持专业教育生命活力的题中要义。

播音主持专业教育功能的类型化构建，以中国播音学理论为根基，结合教育社会学以及功能美学等理论研究方法，立足传媒技术新的发展阶段，坚持支撑与引领并重的构建理念，深入专业发展要害及未来发展趋势，分析学科生态的新发展格局，充分解析高等教育在高质发展进程中，这一隶属艺术学门类的播音主持专业教育功能的本质，释放播音主持专业教育功能，激发播音主持专业教育活力和发展潜力，进而培养高水平传媒创新人才，推动广播电视事业高质融合发展。

本章所探讨的"播音主持专业教育功能的类型化构建"问题，是本书主体思想逻辑的重要引领，以前三节构建依据为导向，对播音主持专业教育功能的划分展开论证。首先，以播音主持专业教育功能的内在逻辑为依据，播音主持专业教育功能的类型要符合功能论划分逻辑、高等教育功能划分规律以及播音主持专业教育对象的群体定位；其次，以播音主持事业对专业型人才的需求为依据，播音主持专业教育功能的类型要考虑中国特色播音主持事业对专业型人才培育的标准，保障融媒体创新型和跨学科探索型播音主持专业人才的输出；最后，以播音主持专业教育格局的变化为依据，播音主持专业教育功能的类型要突出全媒体时代有声话语的具身性优势，促进播音主持专业教育个体功能与社会功能的统一。本章第四节从知识育人、思想引领和文化创新的类型化视角，构建播音主持专业教育的前瞻性功能，挖掘播音主持专业教育的价值景观。

第一节 播音主持专业教育功能内在逻辑

专业教育的结构与功能是联系和组成高等教育的中心要素，在解决播音主持专业教育功能内涵及功能形成等问题基础上，确定对播音主持专业教育功能的类型化构建并非站在专业教育社会功能的单向性释放立场上，而是致力于播音主持专业教育功能的系统性理论拓展，这将成为丰富播音主持专业教育功能理论建设的新起点。关于播音主持专业教育功能类型化的分析过程和具体划分逻辑，将从播音主持专业教育最根本的个体功能出发，遵循人才培养与教育格局转变的现实语境，遵循从一般到个别的内在逻辑划分依据，包括功能论逻辑、高等教育功能内外规律、播音主持专业教育对象三个层面，对播音主持专业教育功能展开系统性的类型化构建。

一、功能论逻辑

"功能论逻辑"的系统化要求决定了播音主持专业教育功能的类型指向。播音主持专业教育功能内在要求的价值取向和立场决定了专业教育功能观。播音主持专业教育功能观的确立，决定了播音主持专业教育的凝聚力和生命力。通过中西方学者对教育功能内涵的解析，从教育功能作用对象、作用形式、作用方向以及作用效果四个方面，对教育功能类别予以梳理归纳。基于功能论逻辑，以结构功能论、正负功能论、需求结果论以及显隐功能论四个层面,作为播音主持专业教育功能类型的划分依据,最终以播音主持专业教育的个体功能社会化和个性化以及期望功能与实效功能两个层面为落脚点,明确播音主持专业教育功能的类型指向。

(一) 结构功能论是划分播音主持专业教育功能类型的基础

结构与功能密切相关。不同的结构方式,可以产生不同的美感效应和功能效果。关于功能和结构的研究,既可以根据播音主持专业教育的内部结构来推测研究对象的功能,也可以根据播音主持专业教育的功能来分析研究对象的结构,属于功能内在逻辑要求中的一对重要关系。这种功能和结构的关系要以教育的个体功能与教育的社会功能作用对象为依据。

其中,教育的社会功能(这里的社会功能专指以在校生群体为核心的校园微社会系统所生发的衍生性社会功能)是教育对社会发展的一种反作用。在教育史上非常具有影响力的学者杜威倡导学校即社会、教育即生活、教育即经验、教育即改造的教育功能观,而在教育社会功能的体现过程中"黑箱论"、"万能论"以及偏激的"唯人才适用论"在一定程度上忽视或夸大了教育的社会功能。教育的个体功能(也可以称为教育的本位功能或内生功能)是教育文本和教育活动内化的过程,是教育从个性化到社会化的过程,也是教育社会化回归教育个性化的过程。其中个体个性化与个体社会化在高等教育过程中是矛盾共生的关系,实际上教育个体的结构总是以不同的方式在适应社会的结构,又在适应社会的过程中体现专业教育圈层群体独特的功能。

播音主持专业教育功能同样具有客观性和独特性,决定播音主持专业教育功能释放的因素,是其系统内部结构和系统要素的存在状态;播音主持专业教育功能具有多向性,既指向其系统内部结构,又指向系统外部结构;播音主持专业教育功能具有兼容性,时刻体现个性化与社会化的兼容状态。

在结构功能论总的理论视角下,可以将播音主持专业教育的功能类型划分为:人才培养结构视角下的知识功能、智体功能、思想功能和素养功能；人才管理结构视角下的政策功能、引导功能和监督功能；人才输出结构视角下的经济功能、科技功能和文化功能等，这都是播音主持专业教育结构与功能相互作用的结果。

(二) 正负功能论是划分播音主持专业教育功能类型的核心

正负功能论是功能论内在逻辑的又一重要要求，功能论的说法源于功能中性论，功能中性论是指功能事项对功能承受单位作用所产生的可以观察到的客观后果，包括正向功能和负向功能。因此，以作用方向为依据，可以将播音主持专业教育功能类型划分为专业教育正向功能和负向功能两部分，这种正负向的功能主要作用于播音主持专业教育个体功能中的社会化领域，表现为个体正向功能、个体负向功能和个体兼具正向和负向功能。

如果将"层次"的概念引入教育个体功能社会化的研究过程中，可以看到播音主持专业教育的"初级社会化功能"；如果将"强度"的概念引入教育个体功能社会化的研究过程时，会产生播音主持专业教育的强正社会化功能、强负社会化功能、弱正社会化功能和弱负社会化功能。其中播音主持专业教育强正功能和弱负功能的体现属于教育兴旺期；强负功能和弱正功能的体现属于教育危机期；强正功能和强负功能的体现属于教育变革期；弱正功能和弱负功能的体现则属于教育平淡期。

播音主持专业教育从诞生之日起至今，在不同的历史时期和教育背景下，对于社会、团体、个体等对象所释放的功能效果存在较大差异。不同层次和强度的播音主持专业教育功能的体现，让我们倍加关注到前文中所提到的"功能助益单位"这个概念，也就是对不同类型学生群体所释放的差异性专业教育功能。根据功能助益单位呈现的具体功能特征，有助于科学规划播音主持专业课程体系、专业实践活动，并合理匹配教学方法，从根本上体现出播音主持专业教育功能类型化构建的理论价值。此外，还需要用辩证发展的眼光来看待播音主持专业教育功能的社会化问题，通过正负功能论认识播音主持专业教育的发展趋势。

（三）需求结果论是划分播音主持专业教育功能类型的关键

功能需求具有社会性、指向性和阶段性，而功能结果作为功能需求的一种或多种回应，具有极强的客观性和不确定性，需求结果论是功能论内在逻辑的重要现实依据。此外，"功能需求"与"功能结果"间存在不直接回应的关系，在一定程度上与西方社会学流派结构功能主义提倡的"均衡模式"理论相一致。

功能需求与结果间的升级转化，从理论层面明确了播音主持专业教育功能是遵循"需求与结果原则"适时释放的，具有多样性和变异性。具体来看，播音主持专业教育功能结果是由教育主体和客体共同实际运作所产生的，不论群体或个人是否愿意接受，它都存在。播音主持专业教育的功能结果可以参与到其他的社会事项中，作为其他社会事项的一部分，体现教育的个性化和社会化功能，间接回应某一功能需求，这一功能结果有可能是教育构成的生存必要条件，也存在与另一个教育构成条件相悖的情况。因此，播音主持专业教育功能的类型化构建有助于分析播音主持专业教育的功能需求与功能结果以及它们之间的关系问题。

功能需求与功能结果间的核心要求即以功能需求为代表的期望功能向以功能结果为代表的实效功能的转化问题。专业教育功能转化表现为三个基本方面：教育期望功能的产生过程、教育活动的开展过程、教育实效功能的释放过程。在播音主持专业教育过程中，期望功能的产生主要受个体和社会双重因素影响。个体因素包括教育主体的知识水平、业务能力、价值取向、个体素养、思维模式、人生态度和情感表达方式等。社会因素包括社会传媒业态、科技变革、经济制度和文化传统等。教育活动的开展过程主要受物质因素、制度因素、个体因素的影响。教育实效功能的释放过程主要受教育内部结构和教育与社会联结度双重因素的影响。教育内部结构包括专业结构、人才知识结构、社会服务意识和精神文化产品是否与社会实际及传媒业态需要相吻合等。教育与社会联结度包括用人制度、人才流动制度、精神文化产品输出渠道等。

因此，在播音主持专业教育过程中，无论是专业教育功能的个性化还是社会化，都需要注重需求功能理论中的多层转化条件，确保对播音主持专业教育功能的充分认识和释放。在需求结果功能论视角下，可以将播音主持专业教育功能类型划分为教学（行业）期望功能、教学（行业）实效功能和制度保障功能三个类型。

（四）显隐功能论是划分播音主持专业教育功能类型的突破口

"显性功能"和"隐性功能"的概念批评传统功能主义混淆了"主观动机"和"客观后果"，也就是说，个体或组织的行为方式是否达到了其预期的目标。伴随显性功能而产生的一系列非预期功能结果的正负性成为专业教育显隐功能问题研究的核心，也是功能内在逻辑的重要理论依据，包括隐性正功能的转化问题、及时制止显性负功能转化问题和预测隐性负功能释放等问题。这些问题的产生实则由应然与实然的比值大小决定。

在播音主持专业认知教育方面，显性教育功能注重专业知识体系的导入，在养成教育方面，注重道德认知水准的高低。而隐性教育功能侧重于将系统的道德知识内化为个体素质、心理素养、审美情趣以及个体价值。注重显性功能和隐性功能的体现与转化，将全面满足播音主持专业教育人才综合素质的培育。在显隐功能论视角下，可以将播音主持专业教育功能类型划分为智育功能、德育功能和美育功能。

综合结构功能论、正负功能论、需求结构论和显隐功能论为基础的功能论内在划分逻辑，可初步将播音主持专业教育功能类型划分为如表 2-1 所示的类型。

由此划分的播音主持专业教育功能类型，充分体现了功能论内在逻辑及共性特征，而就播音主持专业教育而言，还不具有鲜明的专业教育功能独特性，但为接下来更详细地划分播音主持专业教育功能的类型明确了基本方向。

表 2-1　功能论逻辑视角下的播音主持专业教育功能类型

功能理论基础	播音主持专业教育功能类型	
结构功能论	人才培养结构	知识功能、智体功能、素养功能
	人才管理结构	政策功能、引导功能、监督功能
	人才输出结构	经济功能、科技功能、文化功能
正负功能论	强正社会化功能、强负社会化功能、弱正社会化功能、弱负社会化功能	
需求结果论	教学（行业）期望功能、教学（行业）实效功能、制度保障功能	
显隐功能论	智育功能、德育功能、美育功能	

二、高等教育功能内外规律

高等教育功能（Function of Higher Education）可以说是一个国家发展水平和发展潜力的重要标志。"教育的第一条基本规律即教育的外部关系的规律，就是教育同社会的关系的规律。教育同社会存在必然性的关系，必然性关系就是规律。作为整个社会系统来说，这种关系存在于社会系统的内部，作为教育这个系统来说，它所指的是教育与社会的其它子系统之间的关系。"❶ 可将其概括为，教育必须与社会发展相适应。潘懋元教授认为，这里的"适应"包括两个方面：一方面是"受制约"，另一方面是"为之服务"。播音主持专业教育符合高等教育同社会关系的基本规律，那么播音主持专业教育受哪些社会因素的制约，又体现哪些服务功能呢？受制约因素主要体现在语言智能技术的发展进程、传媒经济发展水平和传媒业态格局三个方面；为之服务的功能主要体现在教学、科研、服务社会、文化传承与创新四个方面。因此，高等教育功能内外在规律是功能论逻辑

---

❶ 潘懋元.高等教育：历史、现实与未来［M］.北京：人民教育出版社，2004：127.

中更具象、深入的又一功能内在逻辑要求。

从内在规律来看，高等教育功能的含义尚无统一标准，但关于高等教育的功能类型大致可划分为四类：育人功能、社会功能、科研功能和文化传承与创新功能。在教育发展过程中，还需要以辩证的功能论视角看待高等教育功能类型所体现的正向功能与负向功能、显性功能与隐性功能、主要功能与次要功能、分化功能与整合功能、流动功能与冷却功能，甚至是功能的异化等其他现象。"播音主持建立之初，由于有紧急培养人才，满足电台、电视台需要的本意，直至现今，还有人认为这种应急性仍然是这个专业的培养特点。因此，许多人的视点往往放在'今天'，着眼于目前的现状和人才规格。事实上，这会极大地束缚教育改革的思路和举措，还容易造成人才培养规格的滞后。"❶ 从高等教育功能论视角来看，播音主持专业教育成立之初主要以育人功能和社会功能为核心，专业个体功能内部的知识结构和教育主体社会化要素的存在状态都决定了播音主持专业教育功能的呈现。

从外在规律来看，高等教育进入提质创新期。新一轮科技革命和产业变革方兴未艾，高等教育的新发展目标与加快转变经济发展战略决策历史性交汇，国家创新发展和产业升级对专业人才迫切需求，其中"'六个卓越一拔尖'计划2.0将全面拓展范围、增加数量、提高质量、创新模式，推动实现新工科到新医科、新农科、新文科的全面发展，人才培养的规模也将实现从'千人计划'到'万人计划'的巨变"❷。培养具有家国情怀、人文情怀、世界胸怀的全媒体复合型人才，呈现全媒体复合型人才与前沿技术和社会发展的紧密连接。在发展世界水平，中国特色的现代化传媒教育过程中，把握传媒教育的前瞻性和创新性，重视育人过程、人才质量俨然成为世界高等教育的共识。高等教育功能中的育人功能、科研功能、社会服务功能以及文化传承与创新功能越来越被重视，这也成为各专业教育

---

❶ 张颂. 播音主持艺术论 [M]. 北京：中国传媒大学出版社，2009：87.
❷ 新时代高等教育的变革与创新：专访教育部高教司司长吴岩 [J]. 中国新闻传播研究，2019（1）：67-75.

功能类型发展的着力点,体现了专业教育功能的独特性。

因此,承接功能论逻辑的内在系统化要求,依据高等教育功能内外在规律,将播音主持专业教育功能类型进一步划分为四个基本方向的 9 个功能种类(见表 2-2)。

表 2-2 根据高等教育功能内外规律划分的播音主持专业教育功能类型

高等教育功能理论基础		播音主持专业教育功能类型
内在规律	教学功能	知识育人功能、能力育人功能、思想育人功能
	科研功能	基础研究功能、跨学科研究功能
外在规律	服务社会功能	传媒经济功能、科技功能
	文化传承与创新功能	文化传承功能、文化创新功能

三、播音主持专业教育对象

明确播音主持专业教育对象,即明确了播音主持专业教育功能类型化构建的又一依据。当前,播音主持专业教育进入学科优化的关键期,其专业教育功能类型的划分决定了"专业教育功能状态"和"专业教育功能预料",二者兼存于教育功能内部,在一定程度上决定了播音主持专业教育功能的分化与沉淀。从学生群体这一教育对象出发,论证播音主持专业教育功能的类型,对于学科功能理论体系的建构以及促进播音主持专业教育个体功能与社会功能的统一具有重要的学术价值和社会意义。因此,以功能论逻辑、高等教育功能内外规律为播音主持专业教育功能类型构建的成果基础,明确播音主持专业教育对象边界,力求构建播音主持专业教育功能类型的准确性。

本节所探讨的教育对象是指播音主持专业教育对象所属院校,并非本书的研究对象(播音主持专业教育功能),特作以说明。

（一）关于教育对象的界定

第一，从教育对象的内涵界定：播音主持专业教育功能是播音主持专业教育的重要组成部分。播音主持专业教育对象从属于国内播音主持专业教育功能存在（理论形态的存在和实践形态的存在）以及教育系统功能与其他社会系统功能的关系性存在。

第二，从教育对象的属性界定：播音主持专业高等院校作为开展教育教学活动的主体，是实施理论和实践教学的高校，研究人的社会实践活动和社会现象。而其他具有高等教育资质的社会组织、民办类教育机构、企业及团体在一定程度上也发挥了高等教育活动的功能作用，但不作为本书研究范畴。更需要强调的是，本研究中的播音主持专业教育对象的主要群体为高等教育在校生群体，包括本科生和研究生两部分，对其释放的功能主要集中在教育过程中的直接功能，包括教育对象的个性化和社会化功能，但不对存在停滞期的教育功能结果（间接功能）也就是非在校生群体所释放的社会功能作重点研究。

第三，从教育对象所属专业的形成过程界定：播音主持专业教育功能的研究主体是播音主持，"播音主持专业"先后被划分于新闻学、广播电视艺术学、语言学及应用语言学、戏剧与影视学科，从中文播音、语言传播艺术、中国播音学到播音主持艺术学，这一发展过程体现了播音主持专业教育的内涵及功能指向，具有极强的专业发展特征和专业教育的功能转化意义，从专业的形成过程来看，凸显了播音主持专业的交叉属性与个体功能目的的同一性。

（二）关于教育对象的选取

本研究中所涉及的教育对象选取，主要以开设播音主持专业院校的专业发展史、院校属性以及专业级别认定标准来作为选取依据，选取的事实论据注重典型性、持续性和多元性。

第一，以专业发展史为依据。"北京广播学院的建立和发展，标志着我国广播电视高等教育进入了一个新的阶段。"[1] 北京广播学院成为中国最早开始培养广播电视专门人才的高等学校，逐渐形成特色鲜明、独树一帜的播音主持专业教育格局，在中国播音学理论体系和语言传播学理论体系建设上具有突出的贡献，成为中国广播电视语言传播研究的核心基地。因此，从专业发展史的角度来看，中国传媒大学播音主持艺术学院对在校生群体开展的专业教育教学工作，对于研究播音主持专业教育功能类型构建问题，具有较强的典型性、持续性和必要性。

第二，以播音主持专业所属院校属性及专业等级为依据。以2017年9月教育部公布的"一流建设高校和一流建设学科"（以下简称"双一流"）院校为参考标准。截至2025年，国家级一流播音与主持艺术本科专业建设院校如表2-3所示，其中包括直属教育部的中国传媒大学、重庆大学、中央戏剧学院、华东师范大学在内的共31所高校，其播音主持专业教育主体（包括教师群体和学生群体）在开展专业教育过程中所释放的专业教育功能均作为播音主持专业教育功能研究的重要组成部分。

表2-3　国家级一流播音与主持艺术专业本科建设院校（2025年）

属性	序号	办学类型	学校名称	院系名称
艺术类	1	部委院校	中国传媒大学	播音主持艺术学院
	2	部委院校	中央戏剧学院	电影电视系
	3	行业特色院校	浙江传媒学院	播音主持艺术学院
	4	行业特色院校	上海戏剧学院	电影电视学院
	5	行业特色院校	山西传媒学院	播音主持学院
	6	地方院校	安徽艺术学院	播音主持系
	7	民办院校	四川传媒学院	播音主持学院
	8	民办院校	四川电影电视学院	播音主持系
	9	民办院校	河北传媒学院	新闻传播学院

---

[1] 姚喜双. 播音主持概论［M］. 北京：高等教育出版社，2012：284.

续表

属性	序号	办学类型	学校名称	院系名称
综合类	10	部委院校	重庆大学	美视电影学院
	11	部委院校	吉林大学	文学院广播电视艺术系
	12	部委院校	暨南大学	新闻与传播学院
	13	部委院校	西南大学	新闻传媒学院
	14	地方院校	广州大学	新闻与传播学院
	15	地方院校	南昌大学	新闻与传播学院
	16	地方院校	广西大学	新闻传播学院
	17	地方院校	辽宁大学	广播影视学院
	18	省属重点院校	河北大学	新闻传播学院
师范类	19	部委院校	华东师范大学	传播学院
	20	部委院校	陕西师范大学	新闻与传播学院
	21	省属重点院校	湖南师范大学	新闻与传播学院
	22	省属重点院校	江西师范大学	音乐学院
	23	省属重点院校	四川师范大学	影视与传媒学院
	24	省属重点院校	江苏师范大学	语言科学与艺术学院
	25	省属重点院校	哈尔滨师范大学	传媒学院
工科类	26	省属重点院校	浙江工业大学	人文学院
语言类	27	地方院校	广东外语外贸大学	新闻与传播学院
其他重点院校	28	部委院校	中华女子学院	文化传播学院
	29	地方院校	平顶山学院	新闻与传播学院
	30	地方院校	山东青年政治学院	文化传播学院
	31	地方院校	贵州民族大学	传媒学院

（三）关于教育对象的特征

播音主持专业教育功能研究主体具有一定的历史性、广泛性和复杂性，在一定程度上为播音主持专业教育功能类型构建的理论存在和实践存在的探索，奠定了丰厚的研究基础。因此，明确教育对象群体，总结该类院校中播音主持专业教育功能体现的特征，在丰富播音主持专业教育内涵外延的同时，为划分播音主持专业教育功能类型提供依据。例如，哪些功能是播音主持专业教育过程中针对学生群体这一明确的教育对象所发挥的，哪些不是。因为随着教育对象的改变，其专业教育功能的种类也会发生巨大的变化。例如，播音主持专业教育对广电媒体等社会群体呈现的专业教育功能，完全不同于对在校生群体呈现的专业教育功能。

综合来看，播音主持专业教育功能结构复杂，丰富的社会化功能结果决定了专业教育功能类型的多样。本节依据图2-1播音主持专业教育对象及专业教育功能阶段的界定，结合前文中总结的表2-1功能论逻辑视角下的播音主持专业教育功能类型和表2-2高等教育功能内外规律划分的播音主持专业教育功能类型，可过滤掉如传媒经济功能、科技功能、行业期望功能、制度保障功能等功能类型，这些功能不属于教师群体直接作用于学生群体，而产生的具有直接关联的专业教育功能，由此更加明确播音主持专业教育功能类型的边界。

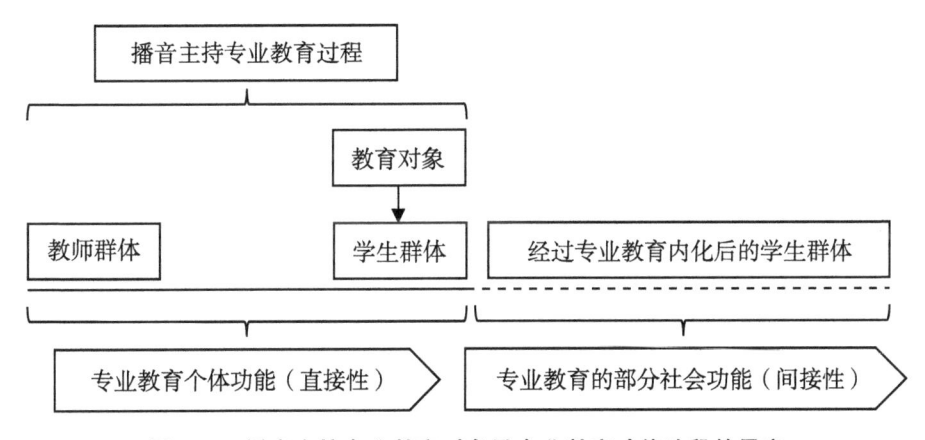

图2-1 播音主持专业教育对象及专业教育功能阶段的界定

但需要强调的是，这里的传媒经济功能和科技功能不等同于在专业教育开始前或专业教育过程中，教师群体个人内化的经济和科技等社会知识

（信息）因素。集合功能论逻辑、高等教育功能内外规律和播音主持专业教育对象三个具体的功能内在逻辑的系统化依据，结合播音主持专业教育特色和学科属性，论证出播音主持专业教育功能的种类，分别为知识育人功能、思想引领功能和文化创新功能三大类型，并分别由若干个具有专业教育属性特征的效能类型来保障播音主持专业教育功能的释放。

第二节　播音主持事业对专业型人才的需求

从高等教育不同发展阶段的人才培养目标演进来看，大致经历了三个重大阶段："精英教育阶段培养专门化人才向高素质人才的目标转变（1978—1999）；大众化教育阶段人才培养多样化与特色性的目标探索（2000—2016）；新时代人才高质量培养的目标追求（2017—）"。❶ 播音主持专业教育从"1959年9月，经国务院批准，北京广播专科学校扩建为北京广播学院"❷ 至今，全国播音主持专业教育的人才培养格局也在发生着历史性的更迭。以人才培养目标为例，其阶段性的变化与调整将直接决定教师群体在专业教育进程中的教学决策，进而影响专业教育个体功能和社会功能的形成与释放。在高等教育提质创新的教育背景下，播音主持专业教育以鲜明的专业培育特色和艺术类专业教育的培养优势为根基，注重高质量、创新型播音主持专业人才的培育与输出，主要以"融媒体创新型播音主持专业人才"和"跨学科探索型播音主持专业人才"为主要培育方向，满足中国特色播音主持事业对专业型人才的需求，成为播音主持专业教育功能类型化构建的重要依据。

---

❶ 刘六生，曹中汗.新时代高校本科人才高质量培养的思考［J］.云南师范大学学报（哲学社会科学版），2021，53（6）：112-122.

❷ 姚喜双.播音主持概论［M］.北京：高等教育出版社，2012：284.

一、融媒体创新型播音主持专业人才

"在新的媒介格局下,市场对人才的需求,已不再局限于专业型人才,而是泛市场化的复合人才。在泛市场化需求下,市场不仅需要人才的原有专业知识基础,也要求学生具备快速的适应能力。"❶ 播音主持专业人才,需适应复杂多变的全媒体市场环境,不仅培养语言传播型基础人才,更要注重培养具有高业务素养和创新能力的复合型、宽口径领袖和精英人才。

人才规格的确立离不开高等教育的根本任务,即育人功能。融媒体创新型播音主持专业人才是建立在播音主持专业教育知识体系、知识系列以及知识单元基础上,培养出的符合历史发展观和创作观的专业传媒人才,是播音主持专业教育过程中知识育人目标的升级。从知识育人辐射思想育人、实践育人,最终实现融媒体文化创新育人,注重"创新性思维对情感的疏通与印证的满足"❷,注重情感思维与话语实践能力相统一的播音主持专业人才的输出。

近年来,从国家级一流播音主持专业院校的课程体系建设、横向课题内容申报以及在校生实践活动的开展情况来看,融媒体创新性发展思路丰富,释放了一定的播音主持专业教育功能。以浙江传媒学院播音主持艺术专业的融合传媒产业化发展理念为例,该专业联合上海电竞公司培养电竞解说人才。以市场经济为背景,结合区域经济发展优势,联合好易购家庭购物有限公司打造"购物专家培育班",融合传媒经济内涵,综合运用"用户经济"与专业技能思维,培育市场经济内具有高业务素养的融合创新型人才,在一定程度上助力区域经济和传媒产业发展。

综合各院校培养经验来看,融媒体的发展层级具有一定的地方局限

---

❶ 栗兴维.媒体矩阵视角下的高校实践教学平台构建[J].新闻世界,2017(8):91-94.

❷ 曾志华.中国电视节目主持人文化影响力研究[M].北京:北京大学出版社,2009:86-87.

性，课程体系与实践活动间仍存在流于形式、内容不扎实、传播效能不稳定等现象。究其原因，主要在于专业效能的释放倾向于以传媒市场为主导，但是个别专业院校的教学安排在适应市场开发建设过程中认识并不全面，内容及形式融合被动，专业教育的引领功能体现得并不理想。虽然融媒体基础型人才的专业能力相对稳定，但创新性有待增强，需要专业教育院校从人才培养的规格上充分挖掘院校优势和教学特色。通过院校间的横向对比发现，各院校的融合发展处于独立探索期，尚未形成专业院校间的网络规模或健全的矩阵式发展态势，播音主持专业院校的融媒体创新型人才的培养仍处于摸索阶段，就当前传媒业态的创新发展势头而言，显露出一定的滞后性。

然而，融媒体创新型人才的培育既是市场经济时代所需，又是中国特色播音主持事业发展所需，人才规格的变化意味着播音主持专业教育主体与教育客体也要随其发生一定的转变，尤其体现在教师群体在知识育人、思想引领以及文化创新过程中的坚守与创造。因此，播音主持专业院校教师可以通过言传身教与科技赋能等教学方法，优化播音主持知识结构，改变知识与社会之间的传统关系，让学生群体获取知识的同时，拓展专业学习资源，锤炼专业能力，激发创新思维。注重正向隐性功能的激发与正向显性功能的知识转化，及时调整负向显隐功能带来的影响，坚持现代高等教育治理理念，综合交叉学科发展思想，继承和发扬专业使命，让播音主持教学成果在不言自明与自生自发的秩序中，将有声语言审美批判、文化疏导、传承历史使命以及适应融媒体传媒产业发展的思想贯彻始终，由此满足中国特色播音主持事业对专业型人才的需求。

二、跨学科探索型播音主持专业人才

全媒体时代不仅需要融媒体传播型播音主持专业基础人才和高业务素养的创新型人才，更需要兼具业务创新性与科研探索性的研究型播音主持专业人才。因此，打破学科壁垒，为学生群体提供优质的教学资源、良好的学习环境和充分的实践指导，注重培养具有扎实的专业知识、较高的业务水平、较强的科研能力和综合文化素养的跨学科探索型，具有代表国家立场，勇于发声的传媒创新型播音主持专业人才，有助于不断拓宽并深化专业理论研究领域，符合中国特色播音主持事业对专业人才的需求，凸显播音主持专业教育功能。

回溯高等教育人才培育重心的发展：20世纪50年代，教育家马叙伦正式提出综合性大学既应该是教学机构，又应该是科研机构。到70年代末，"两个中心"的思想正式明确了教育的科研功能；80年代初，世界高等教育处于轰轰烈烈的"评估运动"之中，除大学的办学水平、综合实力外，人才培养的质量、在校生学习效果和科研水平备受重视；到90年代末，伴随中国经济和第二次社会大转型的到来，高等教育逐渐卷入市场化改革的洪流，科研意义不再像以前那样纯粹。

因此，在高等教育转型的大背景下，各大播音主持院校丰富教育层次，坚持以知识育人为保障，力求培养出播音主持艺术学的研究型人才。以中国传媒大学为例，从1979年至今，播音主持专业研究生教育经过40多年的发展，"在经历了起步逐渐成形、跨步加速拓展、稳步内涵发展的'三步走'发展历程后，播音主持专业研究生教育实现了自主培养硕士、博士等高层次专业化人才的目标，逐渐形成了较为完备的学术型与专业型研究生培养体系"❶。通过播音主持相关专业硕士研究生招生院校情况来看，截至"2019年共有41所院校开设学术型和专业型全日制或非全日制硕士专业"❷。其中播音主持艺术的学术型国家级一流播音主持院校主要以中国传媒大学、中央戏剧学院、广州大学、暨南大学、吉林艺术学院等为代表。可以说在处于知识爆炸和知识转化为生产力愈演愈烈的环境下，播音主持专业教育科研工作不仅承担着传授事实与知识的任务，更肩负着

---

❶ 王航. 播音主持专业40年研究生教育发展研究（1979—2019）[D]. 北京：中国传媒大学，2020.

❷ 王航. 播音主持专业40年研究生教育发展研究（1979—2019）[D]. 北京：中国传媒大学，2020.

唤起一种统一性的科研意识，把多学科知识重点和语言创新实践转化成理论创新研究，这本身也孕育着知识的新生产力，迫切需要播音主持跨学科探索型人才不断挖掘属于专业自身的内生功能。

面对复杂的理论知识背景，跨学科探索型播音主持专业人才资源的培育与输出越来越受到全媒体环境、语言智能科技和创新思维体系的青睐。因此，提升播音主持专业人才交叉学科背景的胜任力是专业教育功能类型化构建的又一项重要指标。播音主持专业教育的跨学科联合创新将打破以往学科的分门别类，集问题推动、理论交融、方法借鉴、文化互渗等层次对真实而有挑战性的问题进行持续性的思维迁移与探究，强调学生群体的体验性和实践性，实现多学科融合教学、多学生群体深度协作、多教师群体整合性科研的教育教学全过程，培养融通性思维的创新型人才，实现对播音主持专业教育核心知识的再建构以及播音主持专业知识网络革新整体化和渗透化的重要价值。

播音主持专业教育功能的类型化构建，有助于播音主持专业教育主体夯实中国播音学的理论基础，掌握新闻学、传播学、传媒管理学等相关专业的基本知识，了解哲学、艺术学、文学、美学、经济学、社会学、法学、心理学等综合学科知识；掌握播音主持艺术的基本专业技能，具备全媒体多类型节目创意、新闻采访、新闻写作、视频编辑、包装制作、节目运营的基本能力和极强的胜任能力。不能忽视的是当前播音主持专业人才综合素质仍有待提升，播音主持专业教育在注重在校生群体及时学习新知、消化新知和应用新知的前提下，要承袭中国播音主持专业教育事业的优良传统，在培养人文素质的基础上，注重跨学科培育理念，兼顾学科教育功能的个性化和社会化知识视角。

播音主持专业教育功能的类型化构建，有助于系统化呈现专业教育功能，以专业实践的影响力、专业理论的生命力以及语言艺术文化的感染力，培育大批主流媒体和新互联网时代具有知识跨度、业务精度以及探索精神的传媒精英人才。

第三节　播音主持专业教育格局的变化

转型的时代是学术研究和社会公共关怀相互促进的难得机遇，"高等教育对社会及个人的影响力从来没有像今天这样巨大，社会变革对高等教育的影响也从来没有像今天这样深刻"❶。科学技术和中国高等教育互补互兴，智媒时代的全媒体矩阵发展模式成为互联网技术发展的时代产物，也必将成为一个不断深化壮大的宣传集合体。媒体类型的全覆盖、矩阵平台功能的深度融合以及有声语言作品传播形式的丰富多元，持续直接或间接地影响着播音主持专业教育的发展格局。作为能动性强、表达欲望高、思维活跃的青年互联网群体，"其学习生活方式、人际交往模式及网络素养等都与网络深度融合"❷。播音主持专业学生群体参与智能化学习的程度越深，播音主持专业教育在释放教育功能过程中，就越注重在智媒时代背景下学生群体的专业能力建设问题和融合思维能力培养问题。

播音主持专业教育格局发生的变化，既是播音主持专业教育现实语境所需，也是有声语言智能技术创新背景下，有声话语具身性优势所迫。播音主持专业教育格局的变化及影响也必将成为划分播音主持专业教育功能的重要现实依据。

一、突出播音主持专业教育现实语境中有声话语的具身性优势

播音主持专业教育对现代传媒的发展影响深远，责任重大。在秉持高

---

❶ 张国强.失调与重构：高等教育功能的历史省思［M］.武汉：华中师范大学出版社，2018：1.
❷ 王艺.高校全媒体矩阵发挥德育功能的路径研究［J］.改革与开放，2020（Z1）：60-63.

等教育探寻真理精神的基础上，肩负播音主持专业教育理念的传承与创新，培养了大批服务社会生活，传播国家形象，维护国家利益和捍卫文化安全的传媒人才。面对传媒业态快速发展，高等教育全面提质创新，播音主持专业教育进入调适发展的关键期，是突出有声话语具身性优势的关键阶段，这又成为播音主持专业教育功能类型构建的一个现实依据。基于播音主持专业教育现实语境划分播音主持专业教育功能，较大程度上突出了语言智能技术的探索价值和专业教育格局转变价值。

（一）播音主持专业教育现实语境所需

1. 传媒业态进入快速发展期

社会环境的优化和媒体氛围的转变，不仅使广电媒体及相关人才受到高度重视，有利于播音专业教育理念的转变，而且给播音主持艺术专业学生群体创造了更多传统媒体和新兴媒体的实习机会，大大提升了学生群体的业务素养和文化素养，并且在一定程度上拓宽了播音主持专业教育理论，转变了人才培育理念，为传媒业态发展注入新的内涵。

除媒体环境和社会氛围因素外，传媒新科技的发展成为媒体融合的强大助推器，内容与技术的精准融合助力主流媒体凸显专业优势，回归专业价值，创新传媒产业。越来越清晰稳定的传媒业态内在逻辑结构和日益求精的内容产业深度融合，为界定学界人才培养标准提供了有力依据。

一方面，业态结构内在逻辑的趋稳给传媒科技的进一步发展创造了条件。2020年3月发布的《2019：内容科技（Con Tech）元年》白皮书指出："媒体发展的驱动力从以内容为主转变为以内容和技术双轮驱动。"❶"内容×科技"将会催生新的生产力和生产关系。传感器的智能捕捉，媒体大脑的编辑制作，新的业态逻辑在挖掘内容价值的同时，稳定了传媒内容供给侧改革的发展逻辑，促使内容生产打破原有内容边界，并赋予传媒

---

❶ 2019：内容科技（Con Tech）元年白皮书[EB/OL].[2025-02-12]. http://media.people.com.cn/GB/22114/431528/index.html.

科技新的技术落脚点。

另一方面,内容产业深度融合的求精式发展,将成为传媒业态飞速发展的长远规划。"'内容科技'是结合当前科技变革的实际,为中国内容产业与其他各行各业的深度融合提供了可行的路径和方案。"❶ 例如,人民日报的人工智能媒体实验室、中央广播电视总台的人工智能处理平台、新华社智能化编辑部建设的资源聚合平台,三大主流媒体的智能生态带动智能行业生态全新激发内容产业效能。人民求精化的内容生产不局限于狭义的信息内容,在产业深度融合的同时增强了信息性、服务性以及艺术性,而这种深度融合包含了传媒业、制造业、服务业、文化产业等在内的内容核心生产源,将成为实现全媒体纵深化发展,传媒业态稳定创新的重要保障,为播音主持专业教育未来发展模式开辟了更多的可能性。

2. 学科生态进入调适关键期

自然界、社会生活充斥着"共同进化",进化是为了不断适应环境以满足自身需求,布兰德认为:"更全面的进化观点,就是不断适应环境以满足彼此的需求。"❷ 当前业态融合发展势头越发强劲,学科生态中的共生共栖现象也逐渐凸显。在坚守中国高等教育根本目标的同时,注重学科生态的健康性、多样性、竞争性,根据知识生产和多学科交叉融合协同育人规律,打造学科生态中的学术共同体,满足彼此需求,拥抱变化、拥抱技术、拥抱世界。

因此,在学科生态的共同进化过程中,构建新的发展理念、发展格局、发展体系尤为关键。面对瞬息万变的传媒生态,传媒教育需要明确新的时代方向,聚焦提质创新,落实一流学科、一流专业、一流课程、一流师资、一流制度、一流人才目标方案,凸显各播音主持专业院校办学优势和特色,释放播音主持专业支撑与引领并重的教育功能,以培养兼具业务

---

❶ 黄楚新,曹曦予.内容科技助推新时代传媒业内容供给侧改革[J].青年记者,2020(24):11-12.

❷ 凯文·凯利.失控[M].张行舟,陈新武,王钦,等译.北京:电子工业出版社,2016:116.

创新型与科研探索型，能代表国家立场，勇于发声的传媒创新型人才。在播音主持专业与其他专业的共生关系中，播音主持专业教育功能的类型将以学科群落化发展为基础，调适播音主持专业教育格局功能，逐渐构建起适应社会发展需求，坚定专业使命不动摇，体现播音主持艺术学科的生命力、创造力、竞争力、服务力、发展力和持续力的良性学科生态循环。

（二）语言智能技术受有声话语具身性优势所迫

情绪商数（EQ）和智力商数（IQ）的探索是全球科技业对人工智能关注的焦点。融媒体、大数据、云计算、人工智能等新名词掀起媒介发展的一波新浪潮，成为传媒产业融合发展的核心技术力量。从小而美、专而全的内容生产力，到个性化、定制性创作的形式吸引力，再到科技化生命主体从单向度走向多向度的传播力，科技越来越与生命同频共振。语言智能技术重塑了播音主持艺术行业新的产业格局，提升了生命的科技属性和生产效能，但是在一定程度上也削弱了生命主体的自然属性。播音主持专业教育结合新现象、新理论、新方法，坚持播音主持专业教育动态发展理念，拓宽中国特色播音主持专业教育的研究对象，丰富理论研究体系，在看到语言智能技术的创新优势以及生命主体能力被削弱的同时，要意识到有声话语的具身性优势将成为推动智媒时代播音主持专业教育格局性转变的重要影响因素。

首先，自科技革命以来，"新媒体以网络传播、电脑传播、手机传播、电子书传播等多种方式，从传统的报纸、广播、电视等大众传播领域，彻底颠覆了传统的信息传播方式、传授关系、传播理念、传播规律"❶。由此而带来的媒介科技赋能在有声话语生产方面取得了一个又一个的突破性成果：短视频智能生产、AI 主播、语音助手、声音复刻技术以及智媒实验室打造的各种有声落地场景，让语言智能的生命属性越来越强烈。微软将人工智能情绪商数和智力商数的均衡发展视为重心，并先于整个人工智能研究领域提出"人工智能创造"（AI Creation）概念。截至 2025 年年初，

---

❶ 克劳斯·布鲁恩·延森. 媒介融合：网络传播、大众传播和人际传播的三重维度 [M]. 刘君，译. 上海：复旦大学出版社，2012：1.

以依托强大社交娱乐生态、实现多场景虚拟形象深度互动为突出特点的腾讯云；以超拟人数字人技术、在多领域助力工作流程简化与效率提升为突出特点的科大讯飞；以 2D 超写实生成式技术、基于大模型 + RAG 问答系统实现高度拟人交互为突出特点的深声科技，在数字人技术领域各展所长。2021 年 5 月全球首位新华社数字记者开启火星报道任务，进一步实现了 5G、边缘计算、云技术深度融合，以实时的渲染技术快速生成新闻报道。值得关注的是，人工智能赋予了它强大的生命属性，情绪饱满的声音和超写实的外形，再加上航天知识达人的头衔，全球首位数字航天员标志着智能性有声语言创作在突破具身性问题时取得的阶段成果。2025 年 3 月，包括羊城派 AI 记者、现代快报数字人记者团和紫金山新闻两会智能体在内的多家媒体智能报道新力量，通过运用前沿 AI 技术，在两会报道中实现了创新变革，分别推出"AI 记者跑两会"融媒体产品及启用的羊城派智能体；打造两会报道新"同事"，第一时间播报两会会场焦点，数字人记者还能收集民意、"连麦"代表委员；打造聚焦全国两会的智能体，基于 AI 技术和 DeepSeek 大语言模型，具备资讯集纳、政策解析等功能，提升两会报道深度与专业性。至此，语言智能技术的无限探索，让我们看到播音主持专业教育的科技变局正悄然来临，技术迭代将为播音主持专业教育带来全新的可能性和驱动力。

其次，在承受科技属性带来的行业竞争压力，看到全新可能性的有声话语内容生产的同时，有声话语创作主体具身性问题越来越凸显出播音主持专业教育的优势性、重要性和必要性。根据德雷福斯无表征智能思想的说法，有声话语创作过程存在无法表征的现象。尤其在有声话语创作的"审美空间"❶范畴内，有声话语创作的作品是神经网络下的最直接的身体映射，是身体与社会的一种关联，这种关联即为无表征的"意向弧思想"❷，它不仅大量存在于播音主持专业教育过程的训练及创作中，而且

---

❶ 张颂. 播音创作基础［M］. 3 版. 北京：中国传媒大学出版社，2011：153.
❷ 丹尼尔·托马斯·普里莫兹克. 伟大的思想家：梅洛-庞蒂［M］. 关群德，译. 北京：清华大学出版社，2019：24.

是有声话语创作作品的高境界追求，具有绝对的具身属性。德雷福斯的无表征主义给人工智能的表征主义带来巨大挑战的同时，极大程度说明了以有声话语艺术创作为核心教学内容的播音主持专业教育的优势和无可替代的空间潜力。这一独有的优势属性也对播音主持专业教育知识体系和文化审美提出了更高的要求，在适应语言智能技术发展的同时，实现播音主持专业教育功能前瞻性的发展目标。关于有声话语创作主体的具身性问题研究既属于播音主持专业教育的正向隐性功能问题，又是一种正向异化的专业教育功能挖掘过程，例如，"播音主持专业教育+智能语音测评"的机辅测试问题，"播音主持专业教育+智能语言生产"的行业标准问题，智能语音合成的场景应用（个性化音色合成、人性化情感合成）等专业问题的突破，将成为推动智媒时代播音主持专业教育格局性转变的重要组成部分。

最后，从播音主持专业教育创作主体视角来看新技术和专业优势融合所体现的专业教育功能。最核心的问题是：什么样的创作主体（尤其指学生群体）才能创造出具有较高艺术涵养，且有别于智能主体所生产的播音主持艺术作品呢？客观美学往往始于"感觉"和"形式"两种媒介因素，这里的"'感觉'因素指的是对象能引起人们愉悦感的质地、颜色、声响等等，'形式'因素指的是大小、快慢、强弱的结构和组织等等"❶。就有声语言艺术而言，不仅与播音主持发声系统中口腔控制的吐字归音、声音共鸣、声音弹性相关，也与外部表达技巧的停连、重音、语气、节奏等播音主持创作理论及有声语言艺术创作技巧具有极强的共通性。

播音主持专业教育在注重技巧因素外，需要设立一个"无目的的，目的性标准"：播音主持艺术学的审美创新侧重从意识、思维到思想的人性美，这种美的发扬与创新具有较高的艺术性、独特性和无法表征性；从播音主持专业教育接受主体视角来看，主观美学强调美是观者的体验。美国艺术哲学家"门罗·比尔斯莱（Monroe Beardsley）就曾列举过这样五种具

---

❶ 徐贲. 文化批评往何处去：八十年代末后的中国文化讨论 [M]. 长春：吉林出版集团有限责任公司，2011：142.

有审美特征的艺术体验：对审美对象本身的关注、感受到自由、超然的感觉、积极的发现、完整的感觉（即感觉到人的完整性）"❶。而有声语言的创作过程可以简单概括为："心理—生理—物理—生理—心理"❷；也可以从传播学的视角理解为：传播者—传播过程—受众，受众的生理过程具有自然属性，受众的心理过程具有社会属性。因此，有声语言创作过程中所进行的一切表达创作都具有开放性，是一种潜在审美特征的艺术体验。主观审美说规定了播音主持艺术创作审美经验的独特性，但并不能回避客观审美所带来的一切创造性技巧的可能。

综合分析播音主持专业教育现实语境中有声话语的创作过程，其具身性优势对于语言智能技术的突破，确实为推动播音主持专业教育新格局提供了理论建设思路和专业自信。播音主持专业教育功能不能忽视拓宽播音主持专业教育有声语言"具身性"优势的释放与边界的探索，这也将成为释放播音主持专业教育功能，影响教育格局转变的关键发展因素之一。

二、促进播音主持专业教育个体功能与社会功能的统一

教育的个体功能与教育的社会功能之间既存在主次关系问题，又存在一个辩证的关系问题。第一，围绕主次关系问题，争论最多的就是教育的根本功能是主要围绕教育的个体功能而展开，还是围绕教育的社会功能而发展。实际上，教育社会功能的实然性在一定程度上一步步完善了教育个体功能应然性的规划，这也是为何认为"社会导进"影响播音主持专业"教育导进"以及智媒时代播音主持专业教育格局性转变的原因所在。第二，关于二者的辩证关系问题，教育的个体功能与教育的社会功能可否区分或者统一。被誉为社会学之父的孔德认为，教育的任务在于协调社会，教育的体系在于联系和组成社会的核心要素，教育的普及程度决定了社会

---

❶ 徐贲．文化批评往何处去：八十年代末后的中国文化讨论［M］．长春：吉林出版集团有限责任公司，2011：142．

❷ 姚喜双．播音导论教程［M］．北京：中国广播电视出版社，2001：72．

稳定指数。[1]

播音主持专业教育功能的释放,在一定程度上是以社会变革、科技生产、媒体开发以及人民文化生活所需为前提,思考专业教育个体功能与社会进步之间的关系,激发专业教育教学扩容升级。播音主持专业教育功能的释放过程和创新理念,与美国系统社会学创始人之一沃德,从社会学视角论述教育与社会之间关系的观念相一致。沃德使用"教育社会学"这一概念,讨论教育与社会进步之间的关系,通过"社会导进"强调"教育导进"功能,验证了教育是改变社会的重要方法之一,教育的良性开展可达到改革社会的目的。另外一位教育社会学创始人之一杜尔凯姆将教育当作一种社会事实进行研究,他认为专业化的分工是社会形成过程中的重要因素之一,而教育的部分功能就在于帮助人们适应自己必将面对的某一特定领域而提前做的准备。

播音主持专业教育功能的类型化构建,在一定程度上认同"社会导进"强调"教育导进",认为播音主持专业教育的个体功能会影响甚至改变教育的社会功能,促进播音主持专业教育功能持续与稳定,契合学科生态和各阶段对播音主持专业人才的培育与输出,这一观念成为播音主持专业教育个体功能与社会功能相统一的重要成因。因此,基于播音主持专业教育个体功能与社会功能的关系,播音主持专业教育社会功能的"强度"分析和"层面"分析,成为当前播音主持专业教育功能研究的必要前提,以保证其专业教育功能研究成果,尤其是各历史阶段专业教育功能类型划分的准确性。

第一,关于播音主持专业教育社会功能"强度"的分析。在专业教育社会功能的构成方面需要引入"强度"(强弱两级)这一标准,作为专业教育功能类型划分的重要性思考条件,可将教育的社会功能划分为:强负功能、强正功能、弱负功能、弱正功能。这四种功能划分视角解释了不同教育时期形成的差异性教育功能特征和教育格局转变的缘由(见图2-2)。

---

[1] C. Auguste. Cours de Philosophie Positive, Tome IV [M]. Paris: Bachelier, 1839: 177-208.

第二章 播音主持专业教育功能的类型化构建

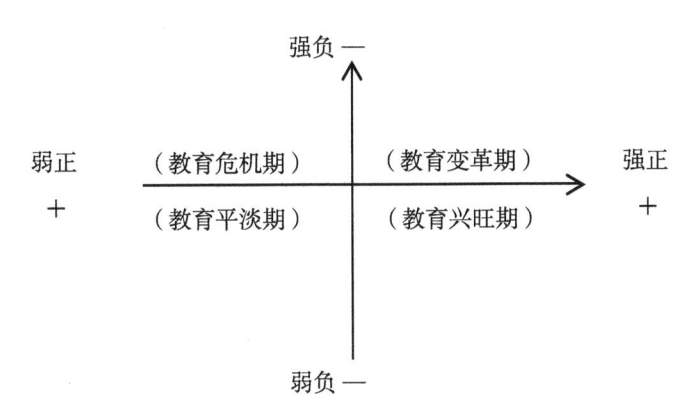

```
                    强负 —
                      ↑
弱正  （教育危机期） │ （教育变革期）  强正
 +   ───────────────┼───────────────→  +
     （教育平淡期） │ （教育兴旺期）
                      │
                    弱负 —
```

图 2-2　不同教育时期教育功能总体状况的基本格局

资料来源：吴康宁. 教育的社会功能新论 [J]. 高等教育研究，1996（3）：13-23.

当前，在社会发展的宏观背景和科技革命、高等教育变革的中观背景下，播音主持专业在格局性转变的过程中，需要认识到教育功能基本格局的特征。例如，教育变革期的教育功能主要呈现为，具有鲜明的专业属性特征带来的强正功能和现实语境中各种不确定因素造成的强负功能两种状态，这两种状态的形成与教育主体和教育客体密不可分。各种现实因素影响着播音主持专业教育主体和客体的发展，教育主体与客体所体现的个体功能也影响着播音主持专业教育社会功能的释放，尤其影响播音主持专业教育的格局。由此我们可以明确播音主持专业教育与学科生态和社会宏观背景的内部辩证关系，这将直接作用于播音主持专业教育对象，进一步影响播音主持专业教育主体的社会化，进而直接影响播音主持专业教育功能类型。

第二，关于播音主持专业教育社会功能"层面"的分析。本书主要以播音主持专业教育功能研究为核心，换言之为播音主持专业教师群体作用于学生群体的一系列播音主持教学活动，在此教学过程中所体现的直接功能。而非在校学生群体所释放的间接功能，属于次级社会功能中的一种，虽参与社会运作过程，是专业教育功能的指向因素，但不属于专业教育过程阶段内所发挥的社会功能作用，不作为本书的研究重点。有学者认为：教育的初级社会功能是教育的"本原性社会功能"，而教育的次级社会功

87

能则可视为这种本原性社会功能的"衍生性社会功能"❶。这在一定程度上肯定了教育个体功能的核心地位，当然这种衍生性社会功能直接影响着社会某一系统的发展，而社会系统不是各子系统单纯的相加，它们之间有着互生共融的复杂关系。在一定程度上而言，这种次级社会功能直接决定了教育个体功能的类型与发展重心。

以上观点和范式研究为认识播音主持专业教育功能的种类及发展趋势提供了重要的理论依据。例如，媒介变革的条件、语言智能与技术的发展、学科生态等变革对播音主持次级社会功能的需求决定了播音主持专业教育个体功能的释放，符合"社会导进"影响播音主持专业"教育导进"的发展逻辑，推动了播音主持专业教育功能的格局性转变，促进了播音主持专业教育社会功能发展与个体功能统一的系统性和科学性。

第四节　播音主持专业教育功能的基本类型

播音主持专业教育功能既体现了教育主体知识的融通性和思想的开放性，又体现了教育主体专业能力的迁移性和素养的教化性。播音主持专业教育功能类型的研究，是以专业教育发展的现实语境为依托，播音主持专业教育对象为论证条件，基于中国播音学、艺术学以及高等教育社会学等相关理论，划分出播音主持专业教育功能的三个基本类型。其目的在于使教育主体深入理解播音主持专业教育功能的内涵，便于观察和分析播音主持专业教育功能的个性化和社会化过程。根据教育功能内在逻辑、人才需求情况和教育格局变化三个主要划分依据，最终将播音主持专业教育功能的类型确定为：影响个体特征形成的知识育人功能、影响个体意识发展的思想引领功能、影响个体价值实现的文化创新功能。播音主持专业教育功能的类型化研究有助于继承和发扬播音主持专业教育传统，拥抱社会、科

---

❶ 吴康宁．教育的社会功能新论［J］．高等教育研究，1996（3）：13-23．

技和文化,用发展的眼光看待专业教育及教育主体、教育客体同社会发展体系间的功能关系。

一、影响个体特征形成的知识育人功能

影响个体特征形成的知识育人功能是播音主持专业教育的首要功能,是人才培养过程中发挥的一种潜移默化的专业效能,是从知识向能力进行空间转化的过程。

英国牛津大学的著名学者纽曼(Newman)认为大学是传授普遍知识的场所。"知识是人们在改造世界的实践中所获得认识和经验的总和。从信息论的角度来看,知识乃是'同种信息的积聚',是'为有助于实现某种特定目的而抽象化和一般化了的信息'。"[1] 播音主持专业教育的一切相关问题也都是围绕播音主持的"知识"而展开的。知识育人功能可以说是播音主持专业教育的本体功能,其重要性不言而喻。关于"育人",《说文解字》释义:"教,上所施,下所效也","育,养子使作善也"。在更多情况下,"教"是指传授生活的方式或技能,"育"是指培养个体的品性和修养。播音主持专业教育的知识育人功能随着教育环境、媒体环境和文化环境的规范与开放,释放育人功能价值。播音主持专业教育在原有知识结构特征的基础上,呈现新的功能类型化研究方向,体现了播音主持专业教育知识育人功能的隐性功能价值。

知识既是运动的,又是具有一定结构的。结构是物质存在的基本属性,系统结构决定功能呈现。知识结构的差异性,决定结构主体释放不同程度的效能,当然也可以完成不同性质的任务。播音主持专业教育知识结构的构成及其功能的呈现,既是播音主持知识结构的综合体现,又直接影响个体特征的形成。然而,知识育人功能仅仅是播音主持专业教育功能类型研究的开端。

---

[1] 王通讯. 论知识结构 [M]. 北京:北京出版社,1986:1.

二、影响个体意识发展的思想引领功能

影响个体意识发展的思想引领功能是播音主持专业教育的重要功能之一。其中思想引领的内涵包括具有个性化的独立思想、具有艺术性的创新思想、具有学术性的探索思想和具有思辨性的全局思想。

就播音主持专业教育的教育对象而言，这些青年在校生群体正处于生理和心理发育的关键阶段。活跃的思维，促使他们对新事物、新思想充满好奇，其道德修养尚处于完善期，缺乏辨别和判断能力，很容易受到不良思想的影响，特别是受到从众或模仿等社会心理的支配，以至于产生思想上的盲目、行动上的盲从。因此，只注重知识的灌输和教学形式上创新播音主持专业教育是远远不够的，还要充分意识到受教育群体思想认识的广度、高度，以及与校园和社会思想的融合程度。

诺贝尔经济学奖获得者罗纳德·哈里·科斯（Ronald Harry Coase）就思想前瞻性坦言，"一个繁荣的'思想市场'恐怕是推动社会进步的关键力量，而大学应该是'思想市场'中的最重要组成部分"❶。高等教育作为思想市场的核心，要想实现教育引领社会的进步与发展，就要注重思想的高度，注重学科思想对于独立精神和学科自由的追求。1940年12月30日，伴随着"延安新华广播电台，现在开始播音！"的呼号，"一代代播音工作者恪守职责，不辱使命，用声音传播真理，记录历史，讴歌时代，服务大众"❷。一声声呼号，刻录了中国播音主持事业的时代精神，凝结了中国播音主持专业教育思想引领功能的历史必然性，成就了播音主持专业教育独立的思想内核及衍生价值。

播音主持专业教育的思想引领功能不仅深化了高等教育立德树人的根本任务，决定了播音主持专业教育主体的行动方向，更是对专业思想引领价值的充分估计。无论是对播音主持专业的艺术类院校而言，还是对播音

---

❶ 李培根．认识大学［M］．北京：商务印书馆，2015：46.
❷ 鲁景超．播音主持艺术11［M］．北京：中国传媒大学出版社，2011：1.

主持专业的综合类院校而言,通过充分理解播音主持专业教育的思想内涵,进一步挖掘学生群体意识,有助于激发专业教育潜力,培养具有思想内涵的播音主持专业人才。因此,论证播音主持专业教育的思想引领功能,具有重要的现实意义和理论研究价值。

三、影响个体价值实现的文化创新功能

影响个体价值实现的文化创新功能是个体行为价值的一种实现形式,是播音主持专业教育的又一重要功能。就其本质而言,是专业文化的传播、传承和创新,促进受教育主体个性化、社会化和文明化,实现学生群体德育、智育和美育的全面塑造。

社会的转型、生产力的进步、文化的创新发展都是伴随教育个体行为价值的释放而形成的。高等教育崇尚探索和争鸣,新的社会观念与新的技术尝试为社会文化的创新发展作出了重要的贡献。赵沁平教授曾提到,"引领文化是大学的第四功能"❶,而且是大学与生俱来的、独有的、影响深远的功能。播音主持专业教育的文化创新功能有助于推动民族文化的传承和先进文化的发展。因为,播音主持专业教育不仅注重中国播音主持事业的薪火相传,同时注重播音主持艺术语言的兼容并蓄,更加注重有声语言创作个体审美习惯的熏陶与养成。播音主持专业教师群体在处理好播音主持专业教育个体与文化双重关系与作用的同时,推动文化传承效能、文化创造效能和文化审美效能的持续革新与创新性发展。

在高等教育发展进程中,专业教育逐渐成为引领文化创新功能载体的同时,我们也看到了大学文化传播过程中产生的种种趋同问题。趋同现象不易满足社会对多样性文化及人才的需求,也不利于实现个体行为价值向文化创新成果的转化。此外,在互联网时代,多种文化冲突与融合的机会不断增多,不管是主动还是被动,任何一个国家都将面临多元文化共存状

---

❶ 赵沁平.发挥大学第四功能作用引领社会创新文化发展[J].中国高等教育,2006(Z3):9-11.

态下的伦理品性问题。因为，共时态的文化多元与历时态的价值冲突并存，这一状态在增加文化创新的冲突性和复杂性的同时，由此而来的伦理品性问题也逐渐成为高等教育人才培养过程中不可小觑的问题。

综上来看，对播音主持专业教育功能的类型化分析，具有深厚的理论基础和重要的现实意义。不仅在认识层面，有助于确立播音主持专业教育的价值取向；在理论层面，有助于播音主持专业教育理论对教育主体做行动的指引；在实践层面，有助于深化教育活动和政策改革，而且为播音主持专业效能的释放和专业教育功能类型的优化提供了新的研究视角。

本章小结

本章重点围绕播音主持专业教育功能的类型化构建问题展开论证，确定了播音主持专业教育功能的三个主要划分依据是：第一，以播音主持专业教育功能内在逻辑为依据，既包括功能论逻辑，也包括高等教育功能内外规律和播音主持专业教育对象三个方面；第二，以人才培养需求为依据，注重解决播音主持人才需求问题，培育融媒体创新型播音主持专业人才和跨学科探索型播音主持专业人才，满足中国特色播音主持事业对专业型人才的需求；第三，以教育格局变化为依据，突出播音主持专业教育现实语境中有声话语的具身性优势，促进播音主持专业教育个体功能与社会功能的统一，推动全媒体时代播音主持专业教育格局的转变。

本章以播音主持专业教育的基本规律和播音主持专业教育的理论逻辑为基础，立足中国播音学，结合教育社会学视角，将播音主持专业教育功能划分为：影响个体特征形成的知识育人功能、影响个体意识发展的思想引领功能和影响个体价值实现的文化创新功能，由此构成了播音主持专业教育功能的三个基本类型。其中知识育人功能是播音主持专业教育功能的核心功能也是首要功能，思想引领功能和文化创新功能都是播音主持专业教育功能中的重点研究功能，三个基本功能类型体现了较强的专业理论建设价值和社会文化传播价值。

播音主持专业教育功能的类型化构建，将有助于分析播音主持专业教育功能内涵、结构以及它们之间的关系问题，体现播音主持专业教育的本质，更有助于科学确立播音主持专业人才培养目标，全方位规划播音主持专业课程体系，匹配合理可行的教学方法，深入开展专业实践活动，实现播音主持专业教育个体功能与社会功能的统一。

第三章 知识育人功能：构建中国特色播音主持知识与话语能力体系

在知识育人的复杂过程中，唯一不变的是一切的变化都饱含在"知识"这颗种子里。知识是人们在改造社会的实践中所获得的认识和经验的综合。长期以来，学者和科学家们倾向于对这四件事情展开讨论："保存知识和观念、解释知识和观念、追求真理、训练学生以'继承事业'。"❶知识是高等教育内部各专业教育的基础，各专业教育所体现的知识功能具有较强的专业属性，体现了各专业教育的功能内涵。

基于第一章对播音主持专业教育功能内涵、形成、教育对象等相关内容的明确，以及对播音主持专业教育功能类型的构建，将知识育人功能视为播音主持专业教育功能中影响教育个体特征形成的首要功能。首要功能中的"中国特色播音主持知识与话语能力体系"成为播音主持专业教育主体对播音主持专业知识认识及实践创作的综合体现，更是播音主持专业人才培育的关键。这一体系经历了一个相当长的认识及实践过程，凝结了播音主持专业教育主体的心血，是播音主持专业教育的核心功能。

播音主持专业教育的知识育人功能主要通过知识结构效能和话语结构效能两部分呈现，这两种效能的释放决定了播音主持专业教育的知识育人功能，有别于其他专业教育的知识育人功能，突出了播音主持专业教育知识育人功能的独特性。其独特性主要通过优化播音主持专业教育主体知识

---

❶ 李冲. 知识效能与评价：制度分析师视角下的大学教师绩效研究[M]. 北京：科学出版社，2015：42.

第三章　知识育人功能：构建中国特色播音主持知识与话语能力体系

结构，促进播音主持专业教育的知识性与技术创新性相统一，建立播音主持专业教育知识活动适应选择模型，促进播音主持专业教育的实践性与知识转化性相统一来体现。与此同时，面对信息技术的升级、传媒行业的多元发展趋势、教育理念和教学方式的融合创新，分析并总结播音主持专业教育知识结构效能和话语结构效能，在一定程度上对优化播音主持专业教育的知识结构，适应不同学科间知识的相互渗透和知识的高度分化与综合，优化播音主持专业教育方法等方面具有难以替代的专业理论研究价值和实践指导价值。

第一节　播音主持专业教育的知识结构效能

知识的分化与综合从来就不能孤立而谈，知识经过不断地分化和综合逐渐形成相对稳定的知识结构，虽然个体知识结构的内化存在差异性，但知识体系在分化与综合的过程中仍相对固定，这种稳定性是由知识体系的突出特征和最优属性所决定的，这也是知识本身发展过程的内在逻辑。多年来，播音主持专业教育知识体系在高度分化的同时，也因其独有的知识特征和最优属性而相对恒定。播音主持专业知识体系的分化过程为阶段性的知识体系综合提供了必要条件。同样，综合又为分化提供了新的高度与理论视角。因此，逐渐形成了播音主持专业知识结构的基础理论知识和应用理论知识两大模块体系，成为播音主持专业教育与业态、艺术与技术、思想与表达平衡的关键，在最大限度上释放了播音主持专业教育的知识育人功能。

一、播音主持专业教育知识内在结构

任何一门知识都有它的内在结构，但结构不等同于成分，重点在于结构本身具有的多层含义。任何一门知识结构都有构成它的基本元素，诸元

素间的配合方式存在差异，且基本元素本身又存在质与量的差别。在探讨播音主持专业教育知识育人功能之前，需要准确分析其知识结构效能，从充分论证播音主持专业知识内在结构入手，包括构成知识结构的播音主持专业教育知识体系、知识系列和知识单元三个方面。

播音主持专业知识结构与知识体系。本书所探讨的播音主持专业知识结构，是指播音主持专业知识体系在学生群体头脑中的内化过程，可以理解为客观知识世界经过学生群体的主观输入、筛选储存、组合加工和组织创作，在学生群体头脑中由智力和创作能力联系起来而形成的多结构要素、多系列排序、多内容层次的动态综合体。"智力结构包括知识结构，没有知识存在的智力结构，与没有智力维系其间的知识结构都是不可思议的。"❶ 播音主持专业教育主体的知识及智力构成，在极大程度上影响了知识效能的释放，播音主持智力结构主要包括有声语言的先天创作能力（天赋）以及智力因子的类别、质量、数量和功能；俄罗斯教育心理学奠基人乌申斯基认为，"智慧不是别的，而是一种组织得很好的知识体系"❷。从结构功能视角来看，育人功能是播音主持专业教育个体功能结构中的核心部分，而知识效能（Knowledge Effectiveness）"体现在两个层面：一是从事知识活动潜在的、尚未发挥出的能力；二是已经取得的成效或效果"❸。知识效能是育人功能的根本逻辑起点。播音主持专业育人功能的知识结构是按照播音主持专业知识的逻辑组织起来的一种特殊的知识系统。作为一个具有特色知识结构的专业，播音主持专业知识体系是播音主持专业教育过程中最抽象的范畴，是整个专业体系的根基，是揭示研究对象最本质的内涵。

播音主持专业知识系列与知识单元。在客观存在的播音主持专业知识体系当中囊括了由若干知识单元构成的知识系列。播音主持知识单元是指

---

❶ 王通讯. 论知识结构 [M]. 北京：北京出版社，1986：24.

❷ 康·德·乌申斯基. 人是教育的对象：教育人类学初探（上）[M]. 郑文樾，译. 北京：人民教育出版社，2007：122.

❸ 李冲. 知识效能与评价：制度分析师视角下的大学教师绩效研究 [M]. 北京：科学出版社，2015：42.

第三章 知识育人功能：构建中国特色播音主持知识与话语能力体系

播音主持专业知识理论及基本概念。知识系列的形成与进化主要体现在有别于其他专业，抑或相同专业间不同系列的知识单元上。不同的知识系列（例如，语音与发声、创作与表达以及播音主持业务等知识系列）也可能存在相同的知识单元，维系并组织相关知识单元的参与。因此，播音主持知识单元间不仅存在一定的联系，还存在知识单元间"囊括与衬囊括"❶的关系（例如，"气候"囊括气候因素、气候要素、气候特征、气候类型等；气候要素又囊括气温、降水、气压等），呈现出知识单元间的层次性。

因此，可以将播音主持专业知识系列及单元间的层次性视作播音主持专业人才的综合能力值。然而，任何两个播音主持专业学生群体的综合能力值都存在差异，因为播音主持专业教育主体的知识结构经过一系列知识单元的组合，不能内化出完全相同的知识效能，这便是知识结构的差异性，而这种差异逐渐形成知识育人功能的一种特殊属性，即"复杂自适应性"。对于播音主持专业知识体系而言，"智能复杂自适应性"是知识育人功能的最优属性，为构建科学的播音主持专业知识体系，释放播音主持专业教育的知识育人功能起到巨大作用。"智能复杂自适应性"的具体表现将在本节"知识体系最优属性"部分做详细论述。关于大学教师知识效能评价指标体系的构建流程可参见附录1。

二、播音主持专业教育知识体系特征

知识体系的特征即前文提到的个体知识体系差异性的特征与共同特征。在此重点探讨的是播音主持专业教育共同特征所呈现的知识育人功能，播音主持专业知识体系的属性则主要指其最优属性。之所以将共同特征和最优属性作为知识分化与综合效能的论证重点，是因为知识效能是育人功能的逻辑起点，这一逻辑起点与它所反映的研究对象在历史的起点上相一致。因此，从共同特征和最优属性深入播音主持专业教育知识体系展

---

❶ 王通讯. 论知识结构 [M]. 北京：北京出版社，1986：23.

开研究。

播音主持专业知识在分化与综合过程中,其知识体系呈现出三个最显著的共同特征。

第一,具有经验知识形态上的转化特征。"经验的知识是建立在许多特殊情形下的特殊经验基础上的。"❶ 播音主持专业知识的初级形态是典型的经验性知识,高级形态是形成中国播音学、广播电视语言传播理论、朗读美学、播音心理学等理论性知识,实现较高的理论价值,指导实践创作与训练,综合知识与技能规律,逐渐走向新的分化,衍生出多形态的有声语言创作模式和表现方式,例如,有声书模式、广播剧模式、电竞解说模式、直播模式等新经验形态的知识,再从形态上转化成更丰富或更高级别以及理论视角更开阔的知识形态。从播音主持专业教育内容视角来看,该知识体系是以研究有声语言、副语言的发生和发展规律为核心,其研究过程和表现范畴覆盖经济、文化、外交、法律、科技等各圈层领域,强调从多元化的知识体系回归有声语言本体的创作与表达。因此,播音主持知识体系的范畴是广大而精微的,其知识生产过程与知识传播过程具有鲜明的专业价值渗透性。

第二,具有实践知识本质上的力量特征。知识在特定环境内,在一定程度上确实具有一种无形的力量,以某种方式或状态在发生变化。播音主持专业知识体系形成了一种超越文本理论的实践性的专业力量,播音理论建设由延安新华广播电台的"十天工作总结"发展到今天的中国播音学,无论对播音主持理论知识的总结、播音业务的研究,还是对播音人才的培养、播音队伍的建设都发挥了重要价值。具有实践性力量的专业知识还体现在播音主持创作主体的一种"求知意志",在知识消化与训练过程中,用专业知识结构和专业知识内涵塑造专业教育群体的品格。

第三,具有理论知识数量上的膨胀特征。就知识膨胀这一点而言,可

---

❶ Gezinus Hidding, Shireen M. Catterall. Anatomy of a Learning Organization: Turning Knowledge into Capital at Andersen Consulting [J]. Knowledge and Process Management, 1988, 5 (1): 3-13.

以总结出知识膨胀的五种基本模式，如图3-1所示。

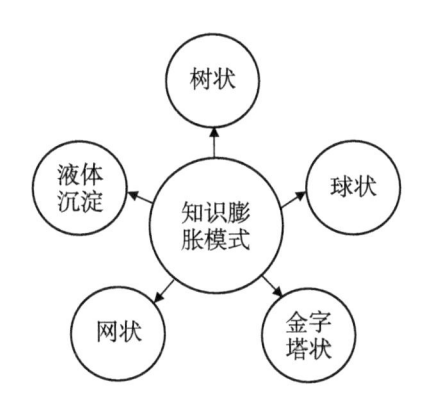

图3-1 知识膨胀的五种基本模式

其中网状和金字塔状都基本是从静止的形态，描述知识的积累与膨胀的特征；而液体沉淀模式，将知识比作实践经验大海中越积越厚的沉淀物；球状模式，将知识比作越滚越大的雪球，可直观感受到知识的膨胀状态；树状模式，则强调知识结构的稳定性且具有较强的生长力。这几种知识膨胀模式生动表现了知识膨胀过程的动态性特征。

播音主持专业知识体系的形成背景复杂，从知识价值、思想价值和知识数量的分化来看，播音主持专业知识体系根基牢固，思想高度坚定，面对媒体新潮流、业态新发展，注重在知识起点上发挥专业知识效能。播音主持专业知识体系犹如一棵树干笔挺、树枝繁茂，翠叶、新芽连年生发的树木。播音主持专业教育主体的经验积累越来越丰富，这种经验知识的日积月累，有助于体现播音主持专业教育的显性功能。当然，随着社会媒介化趋势的发展，播音主持专业知识也开始呈现纵横交错的"网状知识模式"发展趋势，知识范畴不断扩大，知识体系也面临更新与重组的紧迫局面。

近年来，播音主持专业教育事业取得的成就，也印证了播音主持知识体系绝非局限于新闻播音、主持等单一训练内容，也绝非局限于播音文体或有稿无稿等外在技巧和形式，更绝非局限于广播和电视节目等传统传播形态。播音主持专业教育知识体系需要新的规划与思考，用发展的眼光引领知识育人功能的思想，既不能忽视社会需求在专业知识整体化中的地位，又不能迎合阶段性的社会传媒现象、职业需求去培养特殊人才。

"每一个单独的知识门类只是为了让我们能够在一个更加广泛的意义上来理解知识的统一性与整体性的含义。"❶ 附加新内涵的播音主持专业知识体系分化与综合是呈现知识育人功能的首要条件。正如德国物理学家马克思·普朗克（Max Planck）所认为的，"科学是内在的整体，它被分解为单独的部门不是取决于事物的本质，而是取决于人类认识能力的局限性"❷。因此，播音主持专业教育知识体系既是育人功能的逻辑起点，又是"知识特征"及内容发展趋势"渗透化"和"整体化"的需求，也符合逻辑起点论中知识是抽象的、是揭示研究对象本质以及与历史起点相统一的规定。

三、播音主持专业教育知识体系最优属性

如果说播音主持专业教育知识体系是知识育人功能的逻辑起点，那么前文中所提到的"智能复杂自适应性"即为知识育人功能的最优属性。关于知识，柏拉图认为，知识的公式就是"真实的信念加差异的解释"。智能复杂自适应性在播音主持专业教育过程中充分体现了"复杂自适应系统"（Complex Adaptive System，CAS）的优势，CAS 的核心思想是适应性和造就复杂性，其"适应性的主体"（Adaptive Agent）是进一步实现"真实的信念和差异化"解释的主要力量。而智能复杂自适应系统（Intelligent Complex Adaptive System，ICAS）是美国知识管理研究学者本涅特（Bennett）夫妇在 CAS 理论基础上所提出的。在 ICAS 理论体系中，"系统的成员是拥有专业技能与知识的具有智能适应性的人。系统中的主要过程由创造活动、问题求解、决策、实施四个子系统构成，成为组织从事创造性智力活动、解决实际

---

❶ 卡尔·雅斯贝尔斯. 大学之理念 [M]. 邱立波，译. 上海：上海人民出版社，2007：122.

❷ Max Planck. The Unity of the Physical World-Views and Ideas on Physics and Philosophy [M]. Moscow：Nauka，1996：180.

第三章 知识育人功能：构建中国特色播音主持知识与话语能力体系

问题、做出管理决策、实施具体业务行动的系统模块"❶。

在借鉴 ICAS 中四个子系统类别的作用的情况下，可以将播音主持专业教育的知识体系作系统化分析，以该系统主体属性的核心优势为突破口，强化播音主持专业教育特色技能及知识效能。通过运用比较分析法得出播音主持专业教育的复杂自适应性，如表 3-1 所示。

表 3-1　播音主持专业教育复杂自适应性

ICAS 系统过程		播音主持专业教育的复杂自适应性	
创造活动系统	组织从事创造性活动模块	知识转化系统	专业知识向专业技能转化模块
问题求解系统	解决实际问题模块	问题转化系统	解决实际问题模块
决策系统	做出管理决策模块	模拟系统	初级模拟形态模块
实施系统	实施具体业务行动模块	实训系统	中级实训形态模块
		实习系统	高级胜任形态模块

该系统的功能属性在一定程度上实现了播音主持专业教育知识效能的升级。一方面，从 ICAS 创作主体来看，播音主持专业教育主体也是有声语言创作主体，既是知识体系的传播者又是知识体系形态转化的践行者。从知识生产、知识传播到产生社会效应，多重的角色身份在多元的传媒环境中进行知识体系的分化与综合，从知识体系消化到知识活动呈现，再到突出专业技能，在一定程度上激发出创作主体从知识转化系统—问题转化系统—模拟系统—实训系统—实习系统这一过程所贡献的各部分知识形态简单相加所无法具备的整体性特征。倘若将其分解，这些突出的特征又不复存在，进一步体现出播音主持专业教育知识体系的复杂自适应性。

另一方面，从 ICAS 所体现的功能来看，播音主持专业教育知识体系具有不同于一般专业系统的复杂自适应性，主要表现为五个系统（知识转化、问题转化、模拟、实训、实习）所呈现的复杂选择和互动异化。

---

❶ 李冲. 知识效能与评价：制度分析师视角下的大学教师绩效研究 [M]. 北京：科学出版社，2015：44-45.

系统复杂的程度主要受限于结构层次，层次越高，复杂程度越高。结构层次越多，复杂程度也越高。播音主持专业教育的知识体系，包含经济、科技、文化等各知识领域，虽然教育对象为在校生群体，但其涉及社会系统因素多，知识结构层次复杂，这些问题尤其体现在知识转化系统和问题转化系统中，其复杂的自适应性则通过兼具引导性的知识育人功能进行选择与消化，甚至某些异化现象也将成为化解复杂问题的解决方式，经知识转化系统和问题转化系统而形成的创作成果将通过模拟、实训和实习系统阶梯式技能转化。而在这一知识生产、传播的过程中，播音主持专业教育的知识体系以及各知识体系的知识系列和知识单元，符合学生群体各学习阶段的理解能力、判断能力和知识转化能力。

播音主持知识体系自身输出的效能紧密契合社会传媒业态，教育主体在知识与问题转化的过程中，将大量的非专业知识、数据和信息等内容通过音声化的解读链接社会，转变智能自适应性，成为互动与选择的隐性动力。因此，丰富播音主持专业教育知识单元、内化知识体系、优化知识结构、捕捉每一环节的最优属性与前瞻性的知识交叉点，转变思想观念、探索新方法、摒弃他者消失、与新知互动，构建中国特色播音主持专业教育的知识体系，将成为放大最优知识属性，释放知识育人功能的关键。

四、构建中国特色播音主持专业教育知识体系

若干知识单元构成一个知识系列，知识体系内容的构成不具有唯一性。关于知识体系内容的具体划分，较常见的如："钱学森提出的科学知识层次划分方法，由应用技术、技术科学以及基础科学三部分组成。严强认为知识体系由理论知识、方法知识以及应用知识构成。毛海峰认为知识体系由基础知识、通用知识及专门领域知识组成。李龙认为知识体系的理论框架由本体论、核心论、过程论、资源论和绩效论五个部分组成。"[1]

---

[1] 杨雅芬. 电子政务知识体系框架研究 [J]. 中国图书馆学报, 2015, 41 (2): 29-40.

第三章　知识育人功能：构建中国特色播音主持知识与话语能力体系

中国特色播音主持专业教育知识体系的构成，在附加播音主持艺术专业知识分化与综合的新内涵基础上，从一般专业理论体系的研究思路和方法论出发，以"逻辑起点论"和"问题系统论"为基础，采取强调逻辑起点、逻辑主线和逻辑终点的逻辑起点论研究方法，对播音主持专业教育知识体系进行划分，界定各组成部分间的理论关系。确立播音主持专业教育知识体系的逻辑起点为基础理论知识模块与应用理论知识模块；逻辑主线为理论知识系列的基本概念、理论、原理和规律；将播音主持专业教育对象对一级理论知识单元在媒体实践中释放的知识效能视为逻辑终点。关于播音主持专业教育知识体系基础与应用理论知识模块的具体划分如表3-2所示。

表3-2　播音主持专业教育知识体系基础与应用理论知识模块的划分

知识体系划分	理论基础	研究方法	理论知识系列 内容	理论知识系列 划分	播音主持专业教育一级理论知识单元
基础理论知识模块	本体论	逻辑起点 / 逻辑主线	中国播音学、中国播音史学、播音主持专业教育、广播电视语言传播理论与应用等领域❶	基本概念	播音主持艺术，有声语言艺术，播音员主持人，播音主持文体，播音主持传媒介，播音主持事业发展等
基础理论知识模块	本体论	逻辑起点 / 逻辑主线	中国播音学、中国播音史学、播音主持专业教育、广播电视语言传播理论与应用等领域❶	基本理论	播音本质论，语音与发声论，创作与表达论，播音心理学，播音风格论，语言传播观念论，朗读美学，口语传播学等
基础理论知识模块	本质论	逻辑起点 / 逻辑主线	中国播音学、中国播音史学、播音主持专业教育、广播电视语言传播理论与应用等领域❶	基本原理	口腔控制与吐字归音，呼吸原理与气息控制，制声原理与喉部控制，播音共鸣控制，声音弹性，嗓音保护等
基础理论知识模块	本质论	逻辑起点 / 逻辑主线	中国播音学、中国播音史学、播音主持专业教育、广播电视语言传播理论与应用等领域❶	基本规律	播音创作原则，播音表达规律，播音语言特点，备稿方法，创作表达技巧等
应用理论知识模块	实践论	逻辑终点		实践成效	播音员主持人的传播力，播音员主持人的影响力，与AI智能的协同创新力等

---

❶ 张颂. 中国播音学 [M]. 2版. 北京：北京广播学院出版社，2003：2-36.

由表 3-2 可见，基本概念包括播音主持艺术、有声语言艺术、播音员主持人、播音主持传播媒介等；基本理论包括播音本质论、发音与发声论、创作与表达论等；基本原理包括口腔控制与吐字归音、呼吸原理与气息控制等；基本规律包括播音创作原则、播音表达规律、播音语言特点等。将播音主持专业教育对象对一级理论知识单元在媒体实践中释放的知识效能视为逻辑终点，其实践成效包括播音员主持人的传播力、影响力以及与 AI 智能的协同创新力，可以说是应用理论知识模块下实践论的逻辑终点。知识单元的层次划分与分组以及各单元间的组织关系，均对播音主持专业教育对象在知识内化过程中产生不同的影响，发挥差异性的知识效能。

此外，截至 2025 年年初，构成播音主持专业教育理论知识系列的知识单元，其研究的方向主要包括：播音主持艺术专业发展问题；人才培养问题（理念、模式、机制、播音员主持人、高能人才、创新人才、技术人才、主持人应变能力、语言功力）；播音主持专业教育的时代性问题（新媒体时代、媒介融合时代、全媒体时代）；播音主持教学问题（教学观、教学法、课程体系、教学模式、教学改革）；播音主持的通识教育问题；内容生产和节目创作问题（新闻传播、新闻播音、电视播音主持、口语传播策略、主持语言、主持思维、广播节目、电视节目、短视频创作）；人工智能协同创作等问题。从知识系列到知识单元的研究方向来看，凸显了播音主持专业教育理论与实践的双重育人属性，鲜明的专业特性成为知识特征形态转化的优质条件，多学科交融的艺术语言属性进一步实现了播音主持专业教育对象个体知识内化的个性化，进而形成了有声语言艺术创作的差异性特色。

在播音主持专业教育知识体系中，基础与应用理论知识模块的划分，厘清了播音主持专业教育知识体系的研究方法、理论知识系列和知识单元的构成，接下来将具体研究播音主持专业教育基础理论知识和应用理论知识单元的一、二级研究内容，详如表 3-3 所示。

第三章　知识育人功能：构建中国特色播音主持知识与话语能力体系

表3-3　播音主持专业教育知识系列与一、二级理论知识单元的划分

知识体系划分	理论知识系列	播音主持专业教育一级知识理论单元	播音主持专业教育二级理论知识单元
基础理论知识模块	基本概念	播音主持艺术	播音主持；播音主持艺术专业划分；播音主持教育；播音主持业务拓展等
		有声语言艺术	有声语言文化；有声语言传播；"有声语言传播的生命活力"；广播电视语言；诵读；口语传播等
		播音员主持人	播音员；主持人；演播员（演播者）；解说员；AI主播；网络主持人等
		播音主持文体	广播播音与主持（新闻消息播音、通讯播音、评论播音主持、文艺播音、节目主持艺术、谈话节目主持、广播采访、广告等）；电视播音与主持（电视新闻节目主持、财经节目主持、法治节目主持、社教节目主持、综艺节目主持、晚会节目主持、真人秀、出镜记者现场报道、影视配音、纪录片解说、体育播音与解说、健康类节目主持、气象节目主持、电视广告等）；融媒体播音与主持（直播、人物访谈、有声书）等
		播音主持传播媒介	广播节目、电视节目、融媒体节目
		播音主持事业发展	人民广播播音的发展；解放区的播音；新中国成立以后的播音；"十年动乱"期的播音；"拨乱反正"期的播音；改革发展期的播音；快速发展期的播音；新世纪的播音主持等
	基本理论	播音本质论	播音主持的性质、特征、地位、作用；融媒体播音主持的性质、特征、地位、作用等
		发音与发声论	发音的生理基础；发音的心理过程；语音的物理分析；播音的发音特点；声母、韵母、声调、音变；口腔控制与吐字归音；普通话
		创作与表达论	正确创作道路；"创作感受"；创作情感；创作想象；话筒前状态；即兴口语表达等
		播音主持心理学	广播电视语言传播受众心理研究；播音主持创作主体心理状态调整；播音主持创作主体心理素质培养；播音主持创作主体个性心理结构；创作主体的想象功能；创作主体的情感功能等
		播音风格论	广播电视语言传播风格的多样化
		"朗读美学"	朗读美学的民族性、风格化意境美、韵律美；朗读语感、语气；朗读再创作与文本作品；"朗读功能"；经典诵读与传统文化传承等
		语言传播观念论	话语传播；语言传播规划；语言传播的文化品位；语言传播的审美趋势；人文精神的传承；语言传播的大众化；媒介文化形象；创新性语言传播等
		口语传播学	话语及思维；口语表达内容设计；口语表达策略等

105

续表

知识体系划分	理论知识系列	播音主持专业教育一级知识理论单元	播音主持专业教育二级理论知识单元
基础理论知识模块	基本原理	呼吸原理与气息控制	呼吸器官与呼吸原理；使用要领等
		制声原理与喉部控制	喉部结构；嗓音产生机理；使用要领等
		播音共鸣控制	共鸣器官及作用；播音共鸣特点与调节；呼吸控制；共鸣控制；喉头声带控制；口腔控制；相关使用要领等
		声音弹性	声音弹性的分类、作用、获取；使用要领等
		嗓音保护	嗓音保护；常见发声器官疾病防治等
	基本规律	播音创作原则	坚持创造性原则；坚持正确的播音创作道路等
		播音表达规律	思维反应律；词语感受律；对比推进律；情声和谐律；呼吸自如律；自我调检律等
		播音语言特点	三性三感
		备稿方法	备稿六步
		创作表达技巧	语言思维；语言活动；语言功力；内三外四；语境；话语场；表达策略等
应用理论知识模块	实践成效	广播电视业务	广播电视采访；广播电视写作；广播电视评论；广播电视技术应用等
		播音员主持人传播力	播音员主持人的文化素养；播音员主持人的形象；播音员主持人的语用特点；播音员主持人的主持风格；播音员主持人的主持功能、"语言审美素养"等
		播音员主持人影响力	社会影响力；文化影响力；专业影响力；播音员主持人品牌等
		与 AI 智能的协同创新力	实践训练操作等
		广播电视融媒体节目	广播电视、融媒体节目创意、策划、编辑、制作等

（一）基本概念知识系列

从播音主持专业教育研究重点来看，其中播音主持、播音主持艺术专业划分、播音主持教育和业务拓展问题成为播音主持专业教育知识育人的前提，决定知识育人工作的发展方向；有声语言文化、有声语言传播、

第三章　知识育人功能：构建中国特色播音主持知识与话语能力体系

"有声语言传播的生命活力"❶、广播电视语言以及口语传播和诵读艺术逐渐成为教育主体对有声语言艺术研究的核心内容；播音员、主持人、主播、演播员（演播者）和解说员新的角色定位以及 AI 主播与网络主持人等相关角色的出现，成为各院校逐渐拓宽知识育人边界的主因；长期以来，广播节目、电视节目、融媒体节目的创新问题，成为播音主持专业教育学界和业界关注的焦点，更是教育对象知识系列中的核心单元；播音主持专业教育事业的历史与发展问题是每一个播音主持专业教育主体所必须沉淀与思考的重要知识单元。

（二）基本理论知识系列

播音主持专业教育的本质论研究，包括播音主持的性质、特征、地位和作用以及新媒介环境下对播音主持专业教育问题的重新解读，是播音主持专业教育主体着重学习与思考的本质问题；发音的生理基础、心理过程、语音的物理分析、播音的发音特点以及声母、韵母、声调、音变和口腔控制与吐字归音等问题是语音与发声基本理论研究的核心知识单元；正确的创作道路、"创作感受"❷、创作情感、创作想象以及话筒前的状态和即兴口语表达等问题是创作与表达基本理论单元的研究重点；广播电视语言传播受众心理、播音主持创作主体心理状态调整、心理素质培养、个性心理结构以及播音主持创作主体的想象功能和情感功能等，成为播音主持心理学理论知识单元的研究落脚点；播音风格论致力于播音主持创作主体语言传播风格的多样化；"朗读美学"❸致力于语言文化研究中，民族语言的音声美、意境美、韵律美、情绪美以及"朗读功能"❹、朗读与文学作品的关系；语言传播观念论，集中解决的是关于语言传播的文化品位、

---

❶ 金重建．播音思辨集［M］．杭州：浙江大学出版社，2009：141-144.
❷ 付程．播音创作观念论［M］．北京：北京广播学院出版社，2000：10-34.
❸ 张颂．朗读美学（修订版）［M］．北京：中国传媒大学出版社，2009：31-53.
❹ 高原．朗读教育功能论［M］．北京：中国传媒大学出版社，2018：64-85.

审美趋势、人文精神传承以及创新性语言传播等问题；口语传播学致力于话语及思维、口语表达策略等方面的研究，对于提升学生群体日常及专业口语表达起到了重要的指导作用。基本理论知识单元的内容综合，将成为播音主持专业教育知识分化综合的新起点。

（三）基本原理知识系列

呼吸原理与气息控制研究单元包括呼吸器官与呼吸原理、使用要领等；制声原理与喉部控制研究单元包括喉部结构、嗓音产生机理等；播音共鸣控制研究单元包括共鸣器官及作用、播音共鸣特点与调节和共鸣与呼吸控制等；声音弹性研究单元包括声音弹性的分类、作用、获取等；嗓音保护研究单元包括常见发声器官疾病防治等。这些知识单元构成了播音主持专业教育过程中非常重要的基本原理研究。

（四）基本规律知识系列

基本规律知识系列是播音主持专业教育主体在知识分化与综合过程中进化的精华，从知识本质而言，符合有声语言创作主体和语言艺术的最高级别特征，更是有声语言创作主体升华实践经验向理论知识形态转化的成果。其中播音创作原则单元、播音表达规律单元和播音语言的特点（三性三感）、备稿方法（备稿六步）以及创作表达技巧中的语言思维、语言活动、语言功力和内三外四等方面，是基础理论知识模块中播音主持专业教育一级知识理论单元的重中之重。

（五）实践成效知识系列

在应用理论知识模块中，实践成效知识系列是一级和二级播音主持理论知识单元内容设置的目标，对于在校生而言，其中播音员主持人教育主体的传播力（播音员主持人的文化素养、个体形象、语用特点、主持风

第三章　知识育人功能：构建中国特色播音主持知识与话语能力体系

格、主持功能、"语言审美素养"❶等）；播音员主持人的影响力（社会、文化、专业影响力以及播音员主持人品牌）❷；与智能 AI 系统的协同创新力以及对广播电视、融媒体节目的创意、策划、编辑、制作等知识能力的培育极为关键。

综上可见，无论是播音主持专业教育知识体系中的基础理论知识模块还是应用理论知识模块，其知识系列的研究视角和育人方向，调动了播音主持专业知识的分化与综合，释放了播音主持专业知识结构效能，并在实践过程中不断推进新的知识形态的转化，挖掘落脚点与创新点，尤其体现在应用理论知识模块下，关于融媒体主持人节目创作与 AI 协同创新的实训过程中，为构建前瞻性的播音主持专业人才培养模式，打下了坚实的理论知识基础。

第二节　播音主持专业教育的话语结构效能

前文对播音主持专业教育知识分化与综合而形成的知识结构效能进行了探讨，其理论知识效能和实践知识效能的释放将成为播音主持专业教育话语结构效能的重要逻辑支撑。话语结构效能中呈现的"知识加工与反馈效能"同知识分化与综合效能一样，看似两个环节，实则共生共荣。播音主持专业教育释放知识加工与反馈效能是对知识分化与综合的再生产与再创造，极具播音主持专业教育的语言艺术创作属性。在播音主持专业教育过程中，知识加工与反馈效能的释放离不开创作主体有声话语结构和话语能力体系的构建。播音主持专业教育主体话语能力的加工方式以及知识结构的同化程度决定其功能的呈现。播音主持专业知识的加工与反馈遵循核心功能、整体相关和动态调节三个原则，在此基础上，通过对有声话语的思维选择和能力组合的分析，构建播音主持专业教育话语能力体系，释放

---

❶ 肖建华. 主持人审美修养 [M]. 武汉：华中科技大学出版社，2005：173-184.
❷ 张颂. 语言和谐艺术论 [M]. 北京：中国传媒大学出版社，2009：71-94.

话语结构效能。

在构建播音主持专业话语结构效能之前，先明确有声语言、言语和话语三个概念之间的区别，再来看话语结构遵循的原则、属性及构建问题。"索绪尔在其语言学理论中区分了'语言'（Langue）和'言语'（Parole）两个概念。视前者为潜在于语言表达中的深层规则，后者为语言规则的实际应用。"❶ 而话语则更接近于言语式的实际表达。托多罗夫（Todorov）认为，语言一旦被实际应用，就会在一定的社会语境中被赋予意义，此时，语言就变成了话语。对于话语的具体概念大致可以概括为以下七种表达方式："话语是指实际应用的言语活动，由说话的主体承担的语言，形成语言的书面或口头的一种现实化交流；话语是指一种大于句子的语言单位，它是一种相对完整的以交谈为目的的文本叙述；话语以说者和听者的共同存在为前提，在相互作用的维度中所面对的所有叙述，不同于叙事；话语就是指对话；话语是显示自身产生机制的叙述，它把注意力引向叙述产生的条件；话语是受制于意识形态的叙述；话语指符号的一种系统性存在，即系统性的符号就是话语，它可以是非语言的。"❷

由此可见，话语具有一定的复杂性和多义性。在话语系统中，如果说"词句"是有声话语活动的起点，这些词句经差异性的有声语言创作主体的输出，变成言语事实，而此刻在一定语境下做话语陈述的语言主体即为话语主体。他们更强调话语的叙述性和交流性，体现出极强的个性价值和建构价值，更符合播音主持专业教育在言语创作过程中对创作主体的能力要求。因此，有声话语则比有声语言更精准地体现出言语创作艺术方面的特征。

---

❶ 赵宪章，王汶成. 艺术与语言的关系研究［M］. 北京：人民出版社，2013：223-224.

❷ 乔治-埃利亚·萨尔法蒂. 话语分析基础知识［M］. 曲辰，译. 天津：天津人民出版社，2006：7-8.

第三章 知识育人功能：构建中国特色播音主持知识与话语能力体系

一、播音主持专业话语结构遵循的原则

明确了有声话语的准确内涵，再分析话语结构及话语结构所遵循的原则。有声话语是思想的表征，思想是对现实的反映。就播音主持专业教育对象而言，播音主持专业知识育人功能在释放话语效能的过程中，贯穿始终的是"思维"或若干个"思维活动"的组合。话语效能的释放承接了知识效能释放过程中知识的分化与综合，是"知识加工与反馈"的结果。那么，何为播音主持专业知识加工与反馈效能？可将其理解为一种从播音主持专业教育知识体系向知识活动的现实转化，是若干播音主持知识活动转化过程中话语能力对知识同化的选择。如果知识加工对应的是有声话语的创作思维，与知识反馈相对应的则为有声话语的能力结构。在如此微妙的加工与反馈过程中，首先需要遵循的是播音主持专业知识加工的三原则：核心功能原则、整体相关原则和动态调节原则。

第一，核心功能原则。所谓核心功能即围绕重点的、价值极高的专业性知识展开学习，当然也不能忽视相关知识的汲取。对播音主持专业教育主体而言，播音主持专业核心知识功能强，外围知识量不足，或者外围知识杂，核心知识功能欠专，都将影响有声语言创作主体话语和思维起步级别、知识加工进程和知识育人功能的显性效果，更不利于隐性正功能向显性正功能的转化，也无法进行高级别的播音主持专业知识体系的综合。

第二，整体相关原则。整体性是指整个知识系统大于组成知识系统各部分的总和，而相关性即是系统各部分间的相交与适应。例如，在播音主持专业教育过程中各知识系列间相同的知识单元，或与核心知识单元相关联的知识元素，对于相关知识的掌握，在一定程度上有机会进行知识再创造，对于有声话语教育对象而言，容易产生独到的见解，增强传播力。因此，遵循播音主持专业知识结构的整体相关原则，关键在于提高知识单元的组合能力，重视有声话语和思维选择能力。

第三，动态调节原则。所谓动态调节主要是指对专业知识方向（这里

的"方向"适用于宏观的专业规划，也适用于场景化的有声语言创作情境）的一种调节，也就是教育对象确立播音主持专业知识结构的较佳状态（无法预测知识结构的最佳状态），主动调节知识结构（包括专业知识和非专业知识）中知识体系的选择与运用，并赋予方向性的调节，及早进入知识结构向知识活动转化的动态环节中去。切忌创作主体专业基础知识结构尚不完善，尤其表现在实践性知识训练不足，依赖创作技巧，而急于进入动态调节状态，盲目进行播音主持专业知识加工，势必影响有声话语创作的稳定性。

在播音主持专业教育过程中，知识加工的三原则是播音主持专业教育体现知识育人功能的基本保障之一，在这一知识加工过程中有声话语的反馈和预测能力，反作用于知识加工所遵循的原则，影响播音主持专业教育主体知识结构功能的释放，因而成为播音主持专业话语能力体系建立的重要前提。

二、播音主持专业话语结构的双重属性

在播音主持专业教育过程中，知识加工与反馈效能主要表现在有声语言创作主体的话语创作能力上，有声话语创作能力具有"社会性"和"建构性"两个重要属性，也就是知识加工与反馈的双重属性：一个是有声话语主体能力的社会性提升了知识加工与反馈的"个体个性化效能"；另一个是有声话语主体能力的建构性丰富了知识加工与反馈的"个体社会化效能"。

（一）有声话语主体能力的社会性，提升知识加工与反馈的"个体个性化效能"

播音主持专业教育功能，从功能的作用对象来看，由个体功能与社会功能构成。其个体功能主要包括个体个性化功能和个体社会化功能。播音主持专业教育主体即一个个鲜活的公共有声话语主体。之所以认为有声话

第三章 知识育人功能：构建中国特色播音主持知识与话语能力体系

语主体能力的社会性提升了播音主持专业知识加工与反馈的个体个性化效能，主要是因为有声话语主体能力的社会性是个体功能的依附属性，是一种个体社会实践的价值转化。但需要强调的是，这一过程并非纯粹的个性化行为。

从有声话语创作维度来看，有声话语实现了从有声语言的词汇、语法和语言结构的"知识阶段"过渡到有声话语的内涵、意义和体现话语能力的"价值阶段"。结合菲尔克拉夫（Fairclough）对话语分析的三个维度（文本维度、话语实践维度、社会实践维度）可以发现，有声话语在创作过程中，通过文本维度和实践维度确立了个体社会化到个体个性化的内在目标，实现了知识加工与反馈的效能终落点，具体分析如表3-4所示。

表3-4　有声话语创作的两个维度及效能终落点

维度	表现	专业领域	目标	落点
文本维度	内容文本	有声话语与社会认知	内容分析	说什么
	形式文本			
实践维度	话语实践	有声话语与现实语境	过程分析	怎么说
	社会实践	有声话语与思想意识	思想分析	为什么这么说

其中文本维度主要侧重于话语内容文本和形式文本的分析教学，表现为有声话语与社会认知的关系，有声话语在文本维度解决的是"说什么"的问题，探究具有社会性的文本内容如何准确实现播音主持专业教育个性化表达的目的。实践维度主要侧重于话语实践和社会实践的功能体现，一方面体现的是有声话语与现实语境的关系，有声话语结合具体语境作出解释，解决的是"怎么说"的问题，体现个体价值较强的社会性；另一方面，有声话语最终呈现在社会实践层面，是对思想意识的表现，侧重于从有声话语实践向有声话语事件的转化过程，呈现的是"为什么这么说"的问题，回归于个性化的个体反馈效能。

由此可见，从内容文本、形式文本到话语实践和社会实践，有声话语在创作过程中的各个环节都在不断社会化，无论是对播音主持专业知识图谱的认识,对现实语境的辨析判断,还是对意识形态的考量,都在一定程度上体现了有声话语创作维度的社会性,这一潜在属性特征与专业属性同频共振,是最终实现播音主持专业教育知识育人功能个体个性化所无法回避的因素。

(二)有声话语主体能力的建构性,丰富知识加工与反馈的"个体社会化效能"

从广义范围看,知识育人功能的个体价值是个体个性化向社会化的发展,是从自然生物个体到社会活动主体,接受社会教化,然后转化成较为稳定的个体人格特征和个体行为反应模式的过程。"社会文本不仅反映预先存在于社会世界和自然世界中的物体、事件和范畴,而且他们积极地建构这些事物的面貌。他们不仅仅是描述事情,他们还做事情。由于他们是积极的,因而它们富有社会和政治意涵。"❶

从狭义范围看,有声话语的建构性是建立在语言作为社会性文本的条件基础上的,更准确地来说,是语言转化成话语之时,其建构性才得以显现。播音主持创作主体在实现基本创作目标的社会价值时,同样强调个体个性化价值的自主选择性,这一隐性且多样化的价值选择,诠释了"话语行为取向"符合知识加工与反馈的动态调节原则,利于有声话语主体能力的提升以及知识效能的释放。以播音主持专业知识育人环节中多重实践教学手段为例,有声话语创作主体获取新闻信息、采访、撰稿,并进行一系列非文本话语创作,实现有声话语传播,客观反映现实存在,建构有声话语内容、有声话语样态,选择有声话语媒介,丰富播音主持专业知识加工与反馈的个体社会化效能。其构建思路主要包括话语主体知识体系构建、话语主体价值观体系构建以及话语主体社会关系构建三个方面。在释放知识育人功能的过程中,有声话语不仅传递社会与个体的关系,还建构着社会与个体的关系,有声话语构建的分化与沉淀途径也具有多样性,具体构

---

❶ 乔纳森·波特,玛格丽特·韦斯雷尔. 话语和社会心理学·前言 [M]. 肖文明,吴新利,张擎,译. 北京:中国人民大学出版社,2006:9.

建思路如图 3-2 所示。

```
        ┌─────────────────────┐
        │  有声话语主体能力的构建  │
        └─────────────────────┘
          │        │        │
    ┌─────▼───┐ ┌──▼─────┐ ┌▼────────┐
    │话语主体   │ │话语主体  │ │话语主体   │
    │知识体系   │ │价值观体系│ │社会关系   │
    └─────────┘ └────────┘ └─────────┘
          │        │        │
    ┌─────▼───┐ ┌──▼─────┐ ┌▼────────┐
    │知识加工   │ │知识同化  │ │知识反馈   │
    │程度      │ │程度     │ │程度      │
    └─────────┘ └────────┘ └─────────┘
          │        │        │
        ┌─▼────────▼────────▼─┐
        │  释放个体社会化效能的前提 │
        └─────────────────────┘
```

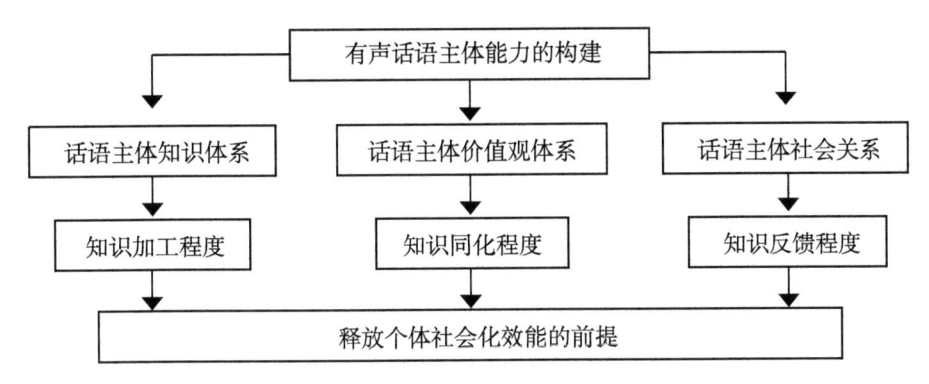

图 3-2　有声话语主体能力建构思路

第一条构建路径，有利于播音主持专业教育知识体系传授的准确性及有效性；第二条路径，取决于有声话语主体思维的分化与整合，将话语文本与话语实践有机结合；第三条路径，通过确定社会关系缩小传播结构中的有声话语受众范围。当然，这三条路径不是割裂的，在这一建构过程中，有声话语创作主体能力所释放的社会化间接效能，存在正负性和强弱性。产生正强、正弱、负强、负弱效能的根本原因主要源于有声话语主体的建构思路，这将影响有声话语主体能力的建构性，进而影响知识加工与反馈的个体社会化效能。

三、构建中国特色播音主持专业教育话语能力体系

中国特色播音主持专业教育话语能力体系主要包括两部分：一部分是有声话语的思维选择，主要指向思维意向和语言功力的关系；另一部分是有声话语能力的组合，主要包含语感通悟能力和话语反馈能力的应用。

（一）有声话语的思维选择

有声话语的思维选择是知识迁移能力和话语表达能力的前提保障，也是有声话语典范的思维导向。树立辩证的有声话语创作观念，需要厘清思

维意向中会聚性思维功能、发散性思维功能、批判性思维功能、创造性思维功能与语言功力的关系。其中会聚性思维功能的产生让话语输出主体集中于话题核心,深入揭示话语内涵和意义;发散性思维功能的产生让话语输出主体克服思维定式,持续发挥想象力;批判性思维功能在于"揭示和查验左右我们的思维和决定我们行动的假设,以便从多个角度审视我们的观念和决定,采取明智的行动"❶,主要表现在话语输出主体的思维逻辑上,例如对有声艺术创作的描述、解释以及评价;创造性思维功能是基于前几种思维的综合应用,而激发出的一种没有预期性的思维选择。

通过对比分析发现,有声话语主体的会聚性思维,旨在挖掘有声话语创作的逻辑必然性,而发散性思维旨在挖掘有声话语创作的逻辑可能性,二者的综合是有声话语主体创造性输出的思想保障。与此同时,会聚性思维功能与发散性思维功能是参与创造性话语输出的智力功能,也可理解为两种重要的思维选择形式。而创造性输出一般经历四个阶段:"准备阶段(积累知识,收集情报);孕育阶段(反复思考,渐趋成熟);明了阶段(顿有所悟,豁然开朗);检验阶段(实践检验,决定取舍)"。❷播音主持专业教育中的创造性输出凝结为有声话语创作主体的语言功力。

锤炼语言功力的四个阶段是有声话语创作主体能力体系构建的重要基础。语言功力,"是说'功底'和'能力'。功底包括天赋,包括可塑性。而能力,包括潜力,包括表现力"❸。语言功力并非狭隘的语言的功力,它讲求语言表达扎实深刻,具有感染力、传播力和生命力。精密的语感通悟与扎实的语言功力是话语效能释放的能力保障,而在有声话语创作过程中话语意向则成为释放思想效能的丰厚养分,夯实语言功力。语言功力注重有声话语创作主体的天赋和悟性,但更强调创作主体后天的专业学习与锤炼。在播音主持基本理论模块的创作与表达研究中,语言功力被划分为

---

❶ 斯蒂芬·D.布鲁克菲尔德.批判性思维教与学:帮助学生质疑假设的方法和工具[M].钮跃增,译.北京:中国人民大学出版社,2017:1.
❷ 王通讯.论知识结构[M].北京:北京出版社,1986:154.
❸ 张颂.播音创作基础[M].3版.北京:中国传媒大学出版社,2011:153.

第三章　知识育人功能：构建中国特色播音主持知识与话语能力体系

八种类型（观察力、理解力、思辨力、感受力、表现力、鉴赏力、调检力和回馈力），在此不对八种功力作详细的解读，而是论证播音主持专业教育在训练和培养这八种能力过程中是如何通过思维选择释放话语效能的。关于思维迁移产生的创造力可参见附录2。

在一般情况下，思维意向决定话语取向，话语效能是语言功力的音声化。有声话语的创造性输出一般经历四个阶段，结合有声话语创作特征和中国特色播音主持知识体系的最优属性来看，可将锤炼语言功力分为四个阶段，而思维意向是在哪些阶段夯实语言功力的，具体如图3-3所示。

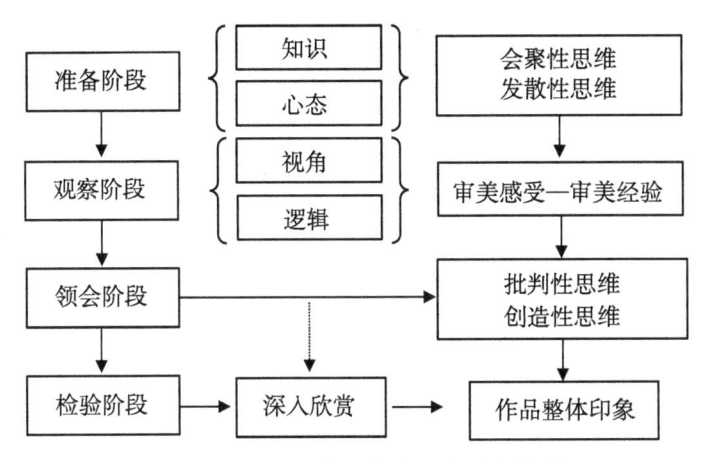

图3-3　语言功力与思维意向的阶段性关系

在有声话语创作的准备阶段，思维意向的两个重要的影响因素是知识和心态。这一阶段的知识主要指知识加工过程中遵循动态调节原则前的基础知识，包括专业基础理论知识、专业基础技能知识以及外围储备知识，构成话语输出主体心态稳定的知识保障，在一定程度上会左右有声话语在创作观察阶段的观察视角和逻辑表达；在观察阶段，有声话语创作主体的审美感受和审美经验的综合，在一定程度上会刺激有声话语创作主体的语言功力，将有声话语创作带入领会阶段；进入领会阶段，创作主体思维变得活跃，通过运用批判性思维和创造性思维，将释放话语效能的影响力和创造力；最终进入检验阶段，创作主体的思维意向将进行深入欣赏，知识综合、逻辑基础、情境变量等重要因素将影响创作主体的价值取向和语言艺术创作方式,形成作品的整体印象。从准备阶段到检验阶段,有声话语创作主体时刻有机会释放会聚性思维功能和发散性思维功能,在深厚语言功力的基础上,随着思维功能的持续内化,最终将会形成更契合作品内涵的批判性和创造性思维。创造性思维在会聚性和分散性思维的组合选择中经过批判性思维的检验,创造新知或呈现新的创作印象。

四个阶段的语言功力锤炼把话语意向、多元思维和无表征的思想意志结合起来,将成为广义的有声话语创作能力所释放的思想效能,可以给播音主持专业教育在有声话语功能的释放方面打开一个新的研究视野,更好地解决播音主持专业教育的实践教学问题以及社会语言学中的语言思维等问题。

(二) 有声话语能力的组合

有声话语能力的组合,或称为"话语效能",是播音主持专业教育过程中重点培育的专业能力,释放话语效能的关键:一是注重培养语感通悟。语感通悟,"是一种通感中的悟性,表现为举一反三、触类旁通"❶。语感通悟讲求丰富精密,具有生发力、辐射力和升华力。二是注重利用好话语反馈能力。话语反馈,具有对教育对象产生及时教育、启示并推动话语进程的作用,可分为肯定性反馈、存疑性反馈、补充性反馈、启发性反馈四种主要类型。语感通悟的培养和话语反馈能力的综合运用对播音主持专业知识结构的完善具有重要意义。

1. 培养语感通悟的四重要素

语言能力并非单纯指听说读写的能力,这一传统的语言能力观也无法解决播音主持专业教学与社会语言学中更多的现实问题。"语感"作为有声语言表达与创作过程中的一个重要因素,从语言的结构与功能视角给有

---

❶ 张颂. 播音语言通论:危机与对策 [M]. 3版. 北京:中国传媒大学出版社,2012:111.

声话语的创作带来了新的突破。与语感有关的表达术语如图3-4所示。

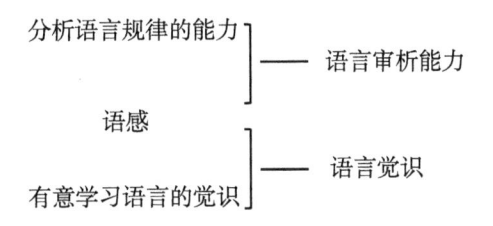

```
分析语言规律的能力 ┐
                  ├── 语言审析能力
语感
                  ├── 语言觉识
有意学习语言的觉识 ┘
```

图3-4 与语感有关的表达术语

资料来源：王培光．语感与语言能力［M］．北京：北京大学出版社，2005：19.

在有声话语创作过程中，"一个有较强语感的人，既有较高的鉴赏力，也有较高的表现力，他能发现语言本身和语言背后的'起承转合'及'悲欢离合'，他能既见舆薪也能明察秋毫之末"❶。因此，播音主持专业教育主体侧重对语言感受的培养，也可理解为对语感通悟的挖掘。关于语感通悟问题，它范存于文本内容、表达方式、场景变更等各类影响因素中，并随着有声话语的创作进程而发生改变。因此，创作主体丰富的、有层次的、精密的语感通悟能力格外重要。

播音主持知识育人功能中的思想效能生长于具有强烈专业属性的话语效能中，话语效能的综合正是思想效能传播的可能，而这种话语效能的原始功能源于有声话语的语感敏锐力，即培养语感通悟的四重要素：语义感、语音感、语调感和语法感。首先，语义感表现为有声话语创作主体对稿件中词句意义和感情色彩的敏感度，可以清晰快速地分辨出表达内容的准确性；其次，语音感表现为有声话语创作主体普通话的标准程度，尤其体现在一些对语音准确程度无意识的学生群体身上，这就需要教师群体通过培养语音敏感性来提高其语音发声的准确度；再次，语调感表现为有声话语创作主体对于语调的敏感性，与语音类似，语调同样存在无意识的语调错误或者控制困难等现象，因此，通过对语音、语调的敏锐程度的教学与考核，可以大大提升有声话语创作主体及时修订自身的表现方式或表达

---

❶ 张颂．播音语言通论：危机与对策［M］．3版．北京：中国传媒大学出版社，2012：109.

情绪的能力；最后，语法感是考核有声话语创作主体在处理大型复杂句式、段落、篇章等内容过程中对于语法的敏感程度。关于语法感的训练有助于精准定位存在问题的内容，及时进行修正，语法感的训练更是即兴口语表达过程中思维链条得以顺利音声化的重要保障。因此，注重培养语感通悟的四重要素是有声话语能力组合的重要一环。

2. 话语反馈能力的四种类型

播音主持专业教育过程中的话语反馈，主要产生于话语事件的输出阶段，基本类型有肯定性反馈、存疑性反馈、补充性反馈和启发性反馈四种主要类型。

第一，肯定性反馈即话语客体对话语主体（教育对象）的主观内容输出的一种肯定，一定程度上激发知识输出主体的话语欲望和表达信心，丰富有声话语主体的内心情感。肯定性反馈属于有声话语创作过程中的显性功能反馈，将持续激发话语主体产生创作动力，最终使创作主体表述内容更完整，表达方式更多元，创作出整体印象深刻的艺术作品。需要注意的是，话语输出主体（教育对象）也有知识体系、语感通悟、语言功力等层次的区别。因此，不同学生群体话语反馈的结构也不尽相同，甚至会产生截然相反的反馈效果。

第二，存疑性反馈也属于有声话语创作过程中的显性功能反馈，与肯定性反馈不同的是，话语输出主体（教育对象）在表达过程中或完成有声话语输出的艺术性创作后，所得到的反馈内容大多数具有存疑色彩，甚至包含否定性的反馈信息。存疑性反馈也会产生正向和负向的反馈效果，负向大多情况下是话语输出主体的消极心态占了上风，有意识的不接受，或者无意识的无法对反馈信息彻底消化造成的。但是对于播音主持专业教育而言，存疑性反馈往往是有声话语艺术作品进入深度审美，升华艺术创作的有利条件，同时也利于学生个体知识体系的调节和完善，更符合有声话语艺术创作的客观实际。

第三，补充性反馈对于有声话语输出主体而言具有一定隐性功能色彩，任何一个社会个体都不会穷尽世间真理。对于学生群体而言，知识误

第三章　知识育人功能：构建中国特色播音主持知识与话语能力体系

解、知识盲区的存在都再正常不过，补充性知识反馈弥补了话语输出主体存在无法理解客观知识，或理解不到位，或因话语表达能力不足而输出错误或不准确的内容、情绪的信息，那么此刻的补充性反馈即为一种隐性的功能反馈。相反，话语输出主体及时准确吸收反馈信息，即为一种显性的正反馈。补充性反馈从横向丰富话语输出内容，在纵向上深入话语输出深度，从整体提高有声话语创作水平。

第四，启发性反馈好似一串钥匙，在学生群体接收到反馈内容后，不断激发出话语主体的表达思路，成功打开了一个个新的表达视角，并持续与话语输出个体的知识体系综合，释放更精彩的话语效能。当然，启发性反馈的形态不拘一格，一个字、一句话、一个故事甚至一个动作都可以启发话语输出主体（教育对象），非常利于生成新的观点，形成更深层次的思考，进而提升有声艺术作品的创作水平。

综合以上四种话语反馈能力，除可以应用于常规体系的教学外，对于具有极强社会意义的实践性教学活动而言，将体现更突出的实践效能。以中国传媒大学播音主持艺术学院开展的"辩与论公开课"为例，进一步分析话语效能对于释放知识育人功能的重要性。"辩与论公开课"将全国政协每年重点提案带进课堂，深入实地调研，了解真实问题，感受真实生活，记录真实情况。让学生群体在这样的专业实践教学过程中发现问题、形成思考、提供对策，提升学生群体的思辨能力，回归专业型人才培养的初衷。

课程的过程体验释放了有声话语的反馈效能，符合客观事物发展规律，解决实际问题。对于教育对象而言，学生群体间以及教师群体带来的肯定性反馈都体现了重要的显性正功能，激励在校生群体不畏困难，深入实际调研，获取真实数据，应用各知识系列，找到解决问题的办法。其中存疑性反馈有助于问题的讨论和思想的交换，对学生群体的成长也产生了积极的作用。在开展实情调研，指出对方观点不足与自我观点的捍卫过程中，优化了个体的知识结构，提升了有声话语的艺术创造力，扩大教育对象的知识输出体量，丰富教育对象的个性化知识输入途径。这一系列课程的开展不仅是专业技能的展示，更是一种社会化的学术交流。对于该课程的参与者而言，话语输出的补充性和启发性反馈，不仅丰富教育对象的知识体系，提高话语输出质量，还具有极高的思想价值和艺术价值，极大程度上提升了有声话语艺术创作的思辨性。这类课程所发挥的专业效能，验证了话语及思维选择和话语能力组合的重要性，从思想效能和话语效能两个方面彰显了播音主持专业知识加工与反馈效能的专业价值和社会价值。

第三节 促进播音主持专业教育知识育人功能的释放

播音主持专业教育主体的知识性与创新性相统一，播音主持专业教育主体的实践性与知识转化性相统一是释放知识育人功能的关键。一方面取决于播音主持专业知识分化与综合效能（知识结构效能）的释放，另一方面取决于播音主持知识加工与反馈效能（话语结构效能）的释放。在论及功能与效能的关系时，功能具有较强的客观性，播音主持专业教育的知识育人功能同样具有较强的客观性，但支撑其发挥作用的效能，则具有极强的主观规划性和创造性。播音主持专业知识体现了专业教育资源的独特性，突出了播音主持专业教育的核心能力与专业特色，而"核心能力是组织中积累性学识"[1]，所以如何使专业教育核心能力建立在专业独特的知识结构之上，注重深化播音主持专业教育的知识结构效能和话语结构效能，优化中国特色播音主持专业知识体系和话语能力体系，将为进一步释放播音主持专业教育的知识育人功能提供新的突破口。

立足中国播音学，依据结构功能论研究方法，本节重点从"优化播音主持专业教育主体与客体结构"和"建立播音主持专业教育知识活动适应选择模型"两个方面，论证如何进一步释放播音主持专业教育的知识育人

---

[1] C. K. Prahalad, Grarg Hamel. The Core Competence of the Corporation [J]. Havard Besiness Rerieue, 1990 (5-6): 79-90.

第三章　知识育人功能：构建中国特色播音主持知识与话语能力体系

功能。其中知识分化与综合效能，主要通过基础理论知识模块和应用理论知识模块确立播音主持专业教育知识体系，体现具有中国特色的播音主持专业教育知识结构。根据知识育人功能的最优属性（智能复杂自适应性）运用智能复杂自适应系统（ICAS），进一步分析知识宏观活动和知识微观活动，建立播音主持知识活动模型。通过播音主持专业教育主体的思维结构，释放知识加工与反馈效能，其根本目的在于最大限度体现播音主持专业教育的知识育人功能，实现播音主持专业人才培育与输出的优势。

此外，本节所探讨的相关课程设置理念，主要以中国传媒发展语境为主导，以播音主持专业教育的课程体系发展理念为依托，融合斯滕豪斯（Stenhouse）的课程过程理论、泰勒（Taylor）的课程目标理论以及施瓦布（Schwab）的实践课程理论的特色优势。

一、优化播音主持专业教育主体与客体结构

"高等教育结构包括三层含义：一是高等教育系统的基本构成要素、类别和量，二是要素之间的排列方式或联系，三是各要素之间的互补性。"❶ 播音主持专业教育是一个以"以事醒人、以理服人、以情感人、以美愉人"❷ 为目的，使广播电视更具吸引力和感召力的具有中国特色的高等教育类型，具有极强的实践性、探索性、审美性、社会性、包容性和前瞻性。从教育结构要素的视角出发，"如果把教育过程同劳动过程类比，其简单要素当包括：教育者的有目的的活动、教育对象（受教育者）、作为教育者与教育对象联系中介的'教育资料'（相当于'劳动资料'，不相当于'生产资料'）"❸。

播音主持专业教育要素是教育活动的基础，具有鲜明的专业特征，其

---

❶ 齐亮祖，刘敬发．高等教育结构学 [M]．哈尔滨：黑龙江教育出版社，1986：40.
❷ 张颂．播音创作基础 [M]．北京：中国传媒大学出版社，2011：31-38.
❸ 陈桂生．教育原理 [M]．2版．上海：华东师范大学出版社，2000：11.

核心主体结构包括播音主持专业教育主体（包括教师群体和学生群体）和教育客体（教育资源与教育工具）。用发展的眼光看待当前及未来的播音主持专业教育结构，是播音主持专业知识体系与知识活动自我协调和个性优化的重心，对正确认识播音主持专业教育现象，精准把握播音主持教育规律，发挥播音主持教育优势具有重要意义。因此，优化播音主持专业教育主体与客体结构，注重播音主持专业教育主体推崇求知意志、播音主持专业教育客体强调差异创新两个方面，将成为释放播音主持专业教育知识育人功能的重要组成部分。

（一）播音主持专业教育主体推崇求知意志

播音主持专业教育主体主要包括教育者和受教育者，主要指从事知识构建，能力培养及人格塑造的个人或团体（教师、学生、科研团队、学生组织等），在整个播音主持专业教育活动中处于中心地位，是推崇求知意志的主动构建者、实施者以及参与者。

播音主持专业教育致力于培养哪种求知意志的学生，在一定程度上决定了体现什么样的知识育人功能，构建什么样的主体结构。首先，从大学培养目标来看，是培养全心全意以真理探索为志业的学生；其次，从专业目标来看，是造就某一特定类型人才，鼓励某一特定类型人才的出现；最后，从播音主持专业教育目标来看，是在科技化时代推崇思想鲜活，具有敏锐的判断力、较高的领悟力、深入的表达力以及适应变化能力的整全的人（the whole man）。"大学里面对真理的追求需要那种整全的人的认真投入，塑造整全的人，是实现一种最宽泛意义上的教育。这种统一性和整体性正是人类求知意志的精髓所在。"❶ 以下将以构成播音主持专业教育过程的两大教育主体为核心展开论证。

第一，播音主持专业教育的学生群体。

对于那些具备特定才能、天分和个性的学生群体而言，学习和研究该

---

❶ 卡尔·雅斯贝尔斯. 大学之理念 [M]. 邱立波，译. 上海：上海人民出版社，2007：21-22.

第三章 知识育人功能：构建中国特色播音主持知识与话语能力体系

领域的知识并不是一项苦差，而是未来职业规划中的最佳选择，是坚定不移的求知意志，属于一种与生俱来的优势。"不是所有的知识在人脑里获得等量齐观的处理。"[1] 具有一定专业天赋的学生群体在教师群体的引导下，更乐于探索播音主持专业的知识边际，扩大专业知识研究领域，是一个懂得反躬自省、充满专业知识活力的教育主体。

对于不具备特殊天分或者专业个性不鲜明的学生群体而言，其智识、兴趣同样可以释放专业价值，体现专业效能，虽然专业个性的独立可以成就一种意义深远的专业自由，但只要经历过完整的播音主持专业教育的个体，同样具备了一定的将知识体系内涵转化成知识活动的能力。因为在大多数情况下，常人都是潜在的艺术创作者，都有"艺术需要"并具备用艺术表达"生存体验"的冲动，因此"需要在对现实事物的想像性再构造中表达生存情感"[2]。卡尔·雅斯贝尔斯在论及大学的理念时表明"统一性（Oneness）与整体性（Wholeness）是人类求知意志的精髓所在"。而统一性与整体性的根基正是通过学生群体的多样性和包容性达到整体统一的。

因此，从学生群体（受教育者）的整体性视角来看，立足区域和院校特色，强化开放协同的知识育人理念，科学规划面向专业领域的产学研育人模式，注重艺术类院校学生群体多元性知识结构的合理应用与创新发展，充分调动播音主持专业学生群体丰富的主观能动性，保障学生群体求知意志的坚定，这将成为进一步释放播音主持专业教育知识育人功能的重要影响因素。

第二，播音主持专业教育的教师群体。

如果说播音主持专业学生群体的知识构成和他们对真理知识的探求精神将影响知识育人功能的广度，那么播音主持专业教师群体对真理知识的传播，将决定知识育人功能的深度。播音主持专业教师群体不仅承担着知识传授、信息输入、科学研究等任务，同时又是检验学生群体是否具有专

---

[1] John Anderson. Congnitive Psychology and Its Application [M]. New York: W. H. Freeman and Company, 1995: 136-166.

[2] 王德峰. 艺术哲学 [M]. 上海：复旦大学出版社，2015: 125.

业天分（具有极强的判断力、领悟力或特殊才能）的判断者。在某些时刻，一些看起来没有播音主持专业艺术领域潜力的人会在某个特殊的场境内表现出可观的智识水平。那么所谓的特殊天分和一般智力应该倾向哪个？这样的问题并无定论，但专业教师群体该如何引导学生生成专业气质，发挥专业特长，融合个性与专业属性，这将成为充分发挥播音主持专业教育精髓的意义所在。此外，播音主持专业作为实践性极强的专业，实践教学是播音主持专业教育体系中不容忽视的重要环节。因此，教师群体还要注重"身教为先、知行合一"，在身体力行的教学过程中培养学生群体的观察力、判断力和思辨力。

面对高等教育的提质创新，专业教育的科研探索需要更多独树一帜的教育主体，将自我的生命体与真我的智识取向有机统一，生成社会媒介化过程中具有责任感、使命感，具备鲜活的有声话语领悟力、判断力和不断适应科技变化的专业能力。毕竟，在全媒体时代的背景下，"我们必将面对一个事实，媒体环境越被智能化，有声语言创作主体的感知力就被截取得越多"❶。科技在增强某一领域的生产及创造能力的同时，也在不断削弱人体的某些技能，而有着非智能化生命体的"求知意志"是如此的宝贵。因此，就教师群体而言，制定明确的教学目标、坚持集体教研、养成良好教风，保持教育主体求知意志与价值体系的同一性，将成为播音主持专业教育主体释放知识育人功能的重中之重。

（二）播音主持专业教育客体强调差异创新

"教育资源"和"教育工具"是构成播音主持专业教育客体的核心要素。"教育资源即教育领域通过社会总资源配置所取得的所有人力资源、物力资源及财力资源的总和。"❷ 夯实播音主持专业教育资源基础地位，增加教育资源供给，扩大传媒优质资源覆盖范围，有助于推进优质资源增

---

❶ 夏晓晨. 论智媒时代有声语言创作主体意向弧思想 [J]. 东北大学学报（社会科学版），2022（2）：145-150.

❷ 王善迈. 教育经济学简明教程 [M]. 北京：高等教育出版社，2000：122.

量提质，释放知识育人功能的资源优势。教育工具则侧重于教育进程中采用的行动策略。播音主持专业教育工具的选择，在一定程度上决定了知识育人功能的呈现，强调差异性、创新性、多样性、匹配性以及有效性的教育工具，往往成为增强播音主持专业教育成效的重要因素。因此，构成播音主持专业结构的教育客体，通过物质工具、思维工具、交流工具等客观存在，强调差异创新，优化教育资源配置，完善播音主持专业教育主体结构。

未来，播音主持专业教育主体需要在长期的变革中，巧妙利用播音主持专业教育的资源优势和教育工具优势，通过以下三个方面将求知意志贯彻始终。第一，充分释放平台基地和政策效能，实现教育资源和手段的差异创新，夯实播音主持专业教育资源的基础地位，全方位升级播音主持专业教育资源供给、资源配置、资源整合以及资源使用效率；第二，播音主持专业教育客体的设计须符合教育主体灵活性、自主性及实践性的特点，而非依据自上而下的短期行政命令进行资源分配，避免压制其他教育工具发挥功效，着眼于播音主持专业教育现代化发展的长期规划；第三，随之改变的还有播音主持专业教育教学评价，明确教学文化存在的专业性、艺术性、技术性和必要性，实现全程跟踪，动态监测的综合性评估效果。有别于以往部分专业的传统评价办法，突出播音主持专业教育强感官成果认定的必要性。

此外，播音主持专业教育是一种高度个性化的教育活动。强调差异性，一方面，意味着承认并尊重播音主持专业教育主体间本质上的差别，是对他者的认可；另一方面，意味着强调播音主持专业教育客体的差异，是对丰富教育资源和教育工具的追求。教育客体的差异给播音主持专业教育知识育人功能的释放，带来巨大的有声艺术创作的上升空间。特别在智媒时代，大数据、深度学习以及各类资源纵横交织，智能化水平大幅提升，对播音主持专业教育产生一定程度的冲击。然而"机无我有"的创新型高素质播音主持专业效能，必然依托全新的教育客体应用方式；从灌输知识、反复训练的传统教学方法向注重提升学生综合应用能力和专业技能的数字化、智能化教学手段转变。增强学生群体的学习主动性和创新性，延伸并提升播音主持专业教育主体独特的教学力量，为知识体系向知识活动转化蓄能。

二、建立播音主持专业教育知识活动适应选择模型

播音主持专业教育主体的求知意志和教育客体的差异化创新，优化了教师群体完善知识结构，提升学生群体组合知识单元的能力，同时多通道知识流入量给知识体系向知识活动转化提供条件，这一转化过程可以概括为"志趣—流量"。播音主持专业教育志趣存在显性志趣、自觉志趣和隐性志趣三种类型。三种情态下的志趣类型影响知识流入量在应用理论知识模块引导下，形成完整的知识活动。"大学教师的个体知识活动具有依赖于大学宏观整体知识活动的'适应—选择'性。"❶

透过播音主持专业教育过程所体现的微观与宏观知识活动的辩证关系，以播音主持专业教育过程中显隐知识转化为前提，应用微观与宏观知识活动模型，构建问题系统，发现并解决播音主持专业教育知识育人功能呈现的问题，建立播音主持专业教育知识活动适应选择模型，促进知识育人功能的释放。

（一）以播音主持专业教育中显隐知识转化为前提

播音主持微观与宏观知识活动，是指由构成播音主持知识理论体系的教师群体所进行的以创作、传播和应用知识为核心目的的各类活动集合，随着传媒业态变革和新技术的开发利用，学科生态和专业知识体系不断分化，显隐知识与知识活动间也实现着从"志趣"到"流量"的转化，这是一个由专业知识模块向专业活动模块转化的过程。在这一转化过程中，

---

❶ 李冲. 知识效能与评价：制度分析师视角下的大学教师绩效研究 [M]. 北京：科学出版社，2015：47.

虽然现代文化是高度言述性与技术性相统一的，但仍有一部分知识是不能独立转化和表达的，可将这部分知识称为"默会知识"（Action-Inherent Knowledge）❶或内在于行动中的知识。因此，言述总是不完全的，这与人的经历、状态以及客观自然因素等方面都密切相关，而这些悟出来的专业知识（主要包括专业技巧或方法）也是知识活动转化的一部分，进行智力的内隐运作，多形成隐性知识。

"隐性知识是与特定环境相关、难以形式化的知识，主要以个体经验、诀窍、心智模式等形式存在，难以直接传授。显性知识是指'明确的、定义、直说'的知识，以语言、文字等形式传递。"❷ 由野中郁次郎（Nonaka）等人提出的 SECI 模型很好地展现了显性与隐性知识间的转化问题。在这一供应循环过程中，存在不可计数的显隐知识转化。威杰塔特（P. Wijetunge）等人提出的"大学教师知识活动静态模型"❸，将大学教师的知识活动分为四类，如图 3-5 所示。

外部隐性知识	内部隐性知识
外部显性知识	内部显性知识

图 3-5　大学教师知识活动类型

资料来源：李冲．知识效能与评价：制度分析师视角下的大学教师绩效研究[M]．北京：科学出版社，2015：48．

野中郁次郎将显隐知识转化过程分为"社会化（Socialization）、外显化（Externalization）、结合化（Combination）和内在化（Internalization）4

---

❶ 迈克尔·波兰尼．个人知识：迈向后批判哲学[M]．许泽民，译．贵阳：贵州人民出版社，2017：122-129．

❷ 竹内弘高，野中郁次郎．知识创造的螺旋：知识管理理论与案例研究[M]．李萌，译．高飞，校译．北京：水利水电出版社，2006：52-63．

❸ Wijetunge Pradeepa. Adoption of Knowledge Management by the Sri Lankan University Librarians in the Light of the National Policy on University Education [J]. International Journal of Educational Development, 2002, 22 (1): 90.

个阶段"[1]，分别对应原始场、对话场、系统场和练习场四种动态情境，如图 3-6 所示。

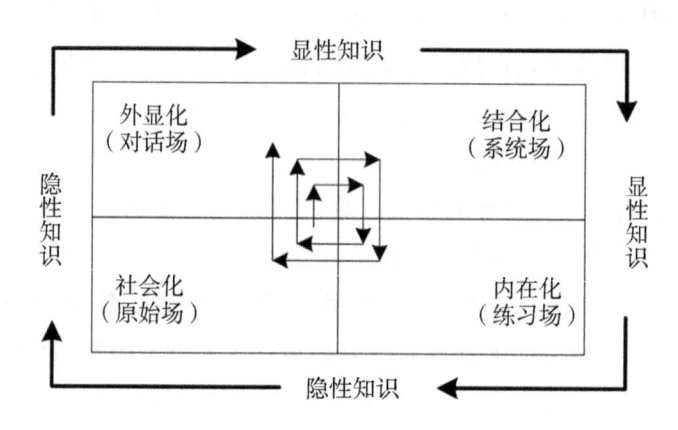

```
                        显性知识
        ┌─────────────────┬─────────────────┐
        │   外显化         │   结合化         │
   隐    │  （对话场）      │  （系统场）      │  显
   性    │                 │                 │  性
   知    ├─────────────────┼─────────────────┤  知
   识    │   社会化         │   内在化         │  识
        │  （原始场）      │  （练习场）      │
        └─────────────────┴─────────────────┘
                        隐性知识
```

图 3-6　SECI 螺旋型知识转换生成模型

其中社会化是隐性知识向隐性知识的转化过程，播音主持专业教育主体在获取隐性知识的成果转化过程中，一方面是通过个体学习或参加各类学术活动提高个人教研水平，激发新的教学思考；另一方面是在指导学生从事播音主持专业实践教学的过程中，其思维模式和价值取向在小班授课的潜移默化中，影响学生形成新的隐性知识。外显化则是一种外部明示的显化过程，播音主持专业教育主体在这一转化过程中，将播音主持专业知识体系中的理论、规律、原理等内容归纳整理进而形成显性的教学素材、教案或论文等专业知识。结合化是显性知识向显性知识的一种汇总组合，在这一转化过程中，教师群体将播音主持专业教育知识体系中直接相关却分散的知识碎片，例如视频、照片、文字稿件等素材，通过使用各种媒介载体进行分析、整理后，再传授给学生群体，这个过程更利于显性知识的分享和传播，有利于播音主持专业知识的综合和知识体系的完善。内在化更加强调知识主体的思考力与顿悟力，这是知识升华的过程，更是新知产

---

[1] 郭达，申文缙．现代学徒制师徒互动中知识传递与转化的机制解析：基于野中郁次郎 SECI 理论模型的分析［J］．职教通讯，2020（4）：12-18．

生的起点，在一定程度上激发了知识主体的创造性。通过对 SECI 螺旋型知识转换生成模型的分析可见，将一系列显隐知识转化成知识活动，充分释放显隐知识转化各阶段的效能，将最大化释放播音主持专业教育的知识育人功能。

（二）应用播音主持专业教育知识活动适应选择模型

播音主持专业教育显隐知识源头的供应和循环，将为如何进一步释放播音主持专业教育知识育人功能打开新的视角。从播音主持宏观知识活动的知识供应与循环模型来看，外部知识资源和内部知识资源构成了播音主持专业教育的宏观知识资源。其中外部知识资源主要来自两个领域：一个是现实社会中与播音主持、有声语言创作、广播电视语言等传媒产业相关的知识、信息和技术等行业，例如，传统广电媒体、传媒公司、各种社会活动等，这一部分知识资源具有行业知识获取的复杂性、知识内化的直接性以及知识外化的便捷性；另一个是来自互联网和各类移动终端所呈现的，以播音主持专业知识为核心的资源系统或社交平台，例如，播音主持专业相关信息的线上资源共享，或者以有声语言、广播电视语言作为传播载体而生产的作品、产品以及以学习和传播有声语言知识为核心的各类社交平台等，如图 3-7 所示。

内部知识资源的组成主要包括以校园为核心的集体（教学组织）和以个人知识内外化为核心的个体构成，这一部分知识资源具有较强的系统性、专业性以及易获性。显然，这是播音主持专业教育知识效能的核心资源区，其在知识的获取、选择、生成、内化以及外化的过程中，通过对播音主持专业知识的不断挖掘、组织和存储，转化为具有宏观和微观色彩的整体知识活动和个体知识活动，在播音主持专业教育的显隐知识循环转化过程中产生新知，进而达到有声话语创作主体的传播力和影响力，再通过组织传播、人际传播等传播形态融入宏观知识资源。

综合 SECI 螺旋型知识转换生成模型和播音主持专业教育的知识活动供应与循环模型，应用"逻辑起点论"和"问题系统论"两大研究方法，

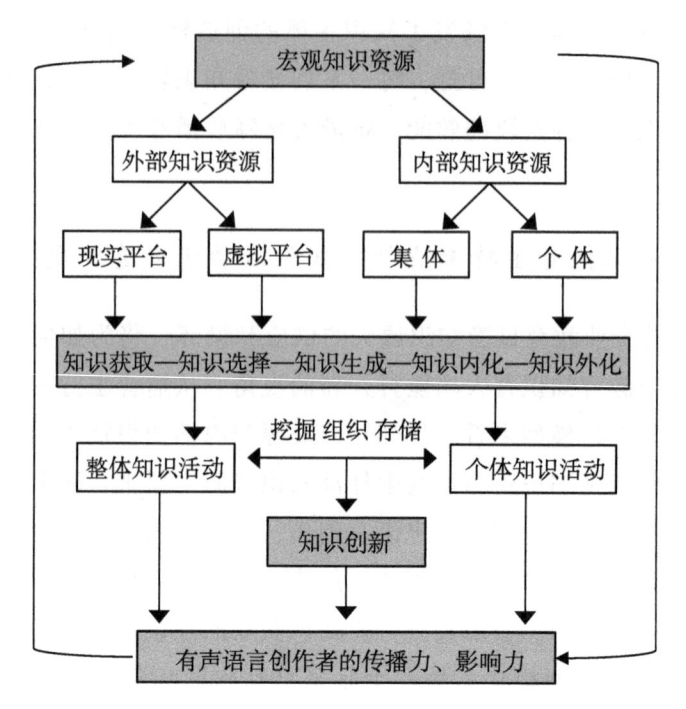

```
                        ┌──────────────┐
                        │ 宏观知识资源  │
                        └──────────────┘
                         ↓            ↓
                  ┌──────────┐  ┌──────────┐
                  │外部知识资源│  │内部知识资源│
                  └──────────┘  └──────────┘
                   ↓      ↓      ↓      ↓
                 现实平台 虚拟平台 集体  个体

        知识获取—知识选择—知识生成—知识内化—知识外化

                        挖掘 组织 存储
              ┌──────────┐         ┌──────────┐
              │整体知识活动│←—————→│个体知识活动│
              └──────────┘         └──────────┘
                           知识创新

                  有声语言创作者的传播力、影响力
```

图 3-7　播音主持专业教育的知识活动供应与循环模型

以播音主持知识模块为基本单位，逐步细化播音主持专业教育知识体系中的知识理论与知识活动两大模型的基本构成，建立一个有限范畴与边界清晰的知识框架，重点结合 SECI 动态模型和大学教师知识活动静态模型，以 ICAS 系统为切入点，将知识活动的规则和信息结合处理，体现复杂自适应系统的优势。通过播音主持专业教育的知识供应链模型，建立显隐知识在播音主持微观知识活动中转化的"适应选择模型"，直观感受播音主持知识活动的转化过程，进一步直观感受播音主持专业知识效能对知识育人功能的重要性，如图 3-8 所示。

校园文化与精神价值的实现离不开知识育人过程中各类微观与宏观知识活动的效能转化。在播音主持专业教育过程中，知识活动的产生与发展离不开知识主题与资源过滤、系统分派规则、系统知识环境（包括专业知识生产程度和有声话语的微观创作语境）和知识供给与效能产出四个方面。以中国传媒大学播音主持专业教育为例，详细解读播音主持专业教育

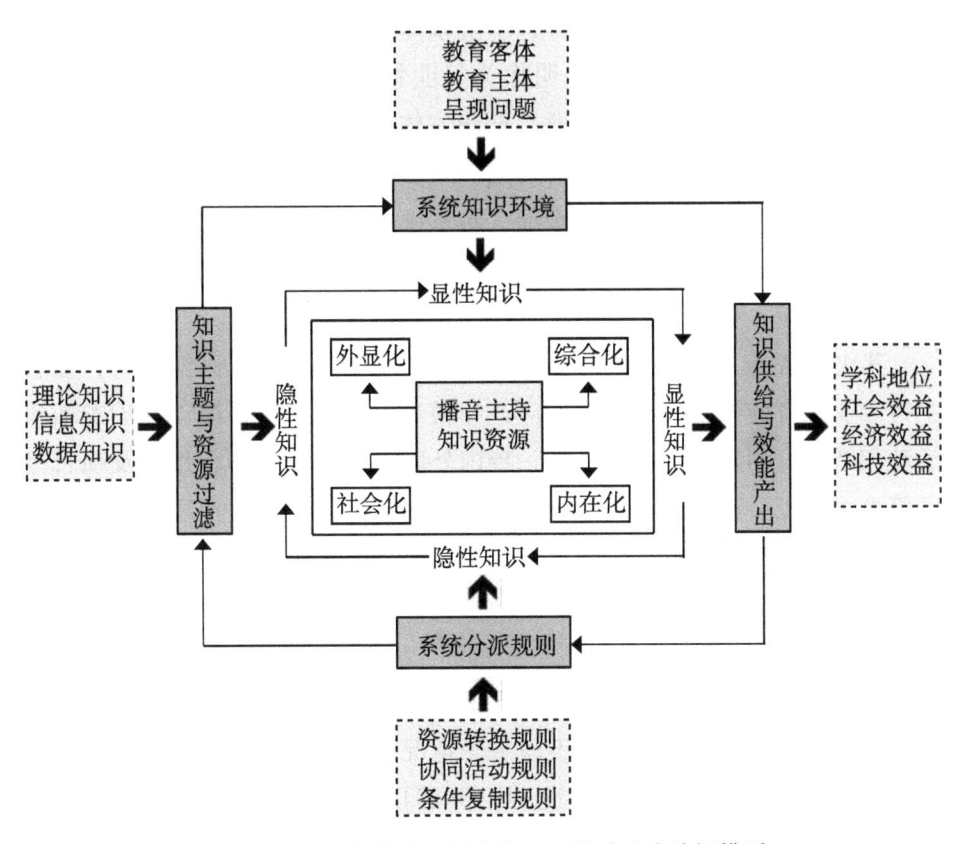

第三章 知识育人功能：构建中国特色播音主持知识与话语能力体系

图 3-8 播音主持专业教育的知识活动适应选择模型

知识活动适应选择模型是如何进一步释放专业知识育人功能的。

首先，中国传媒大学作为行业特色高校，拥有行业特色的优势学科群落发展资源，在开展一系列播音主持知识活动过程中，其专业教学资料层次丰厚，通过知识整合—知识再生产—释放知识效能，集中力量突破播音主持行业中的共性、个性和关键性难题，在一定程度上推动了相关行业的进步与发展。与此同时，教师群体学历层次和实践经验具备了极强的胜任大型知识活动的能力。例如，2019年围绕推普脱贫攻坚计划，积极开展"语同音"公益活动，将语言与实践创新相结合；2021年播音主持艺术学院师生参加建党百年广场献词及中国共产党历史展览馆讲解工作；2022年播音主持艺术学院师生参与并完成了北京冬奥会部分新闻报道、赛场解

133

说、分数播报等赛事任务。此外，学院教师群体的教研成果也具有一定的专业研究高度和代表性，这说明作为行业特色高校交叉性极强的特色专业，积极地发挥了播音主持专业"知识主体与资源过滤"的作用，实现了隐性知识效能向显性知识效能的转化。其"系统知识环境"又直接影响了知识活动开展的可能性和完成水准，对系统场内显性知识向新的显性知识活动的转化起到了积极的促进作用，进而完成知识供给与效能的产出，表现在专业地位、社会效益、经济效益以及科技效益等方面。

其次，播音主持专业教育主体在充分利用系统分派规则的同时，播音主持专业教育的微观知识活动适应选择模型，将静态知识活动和动态知识活动相结合，利用国际联合办学、校内外联动教学、双师合作以及项目推进等方式加工、重组优势资源，不断将基础理论知识和应用理论知识向宏观与微观知识活动转化，实现播音主持专业知识增值和相关性知识扩容，激发学生群体显性志趣、自觉志趣和隐性志趣，有利于培养传媒行业创新型人才。

最后，我们不能忽视，即使是行业特色高校（专业）也面临创新资源集聚程度低、效能成果转化率不理想等情况，这在一定程度上归结于各组织成员的协同性不强、知识转化程度不够以及原始资源利用不到位等因素，"阻碍了知识传递和转化，造成组织优势知识资源浪费，知识与技术创新缓慢"❶。

因此，构建播音主持专业教育的知识活动适应选择模型，尝试从知识主题与资源过滤、系统分派规则、系统知识环境和知识供给与效能产出四个方面，提升显、隐性知识功能的转化，为播音主持专业教育发展寻求一个科学、稳定的专业教育发展模式。有针对性地促进播音主持专业教育扩大各组织环节的知识效能，在知识体系转化动程上揭示在校生知识主体过滤理论知识、信息知识和数据知识的必要性，总结环境需求要素与分配规则要素，对丰富知识供给，实现知识效能产出具有重要的影响，也将成为

---

❶ 程金阁，沈同平．基于知识管理视角的高校协同创新 SSI 模型 [J]．国家教育行政学院学报，2015（12）：63-68．

第三章　知识育人功能：构建中国特色播音主持知识与话语能力体系

释放播音主持专业教育思想引领功能和文化创新功能的重要知识保障，突出播音主持专业教育特色。

本章小结

本章论证的是播音主持专业教育功能中的首要功能，也是核心功能，即播音主持专业教育的知识育人功能，集中探讨中国特色播音主持知识体系和话语能力体系的构建问题。通过对播音主持专业知识体系、知识系列和知识单元的分析，确立播音主持专业教育的知识内在结构。分析了播音主持专业知识分化与综合的过程，不仅具有经验知识形态上的转化特征，具有实践知识本质上的力量特征，还具有理论知识数量上的膨胀特征。通过对ICAS系统的深入解析，明确了"复杂自适应性"是播音主持专业教育知识育人功能的最优属性，构建了播音主持专业教育的知识体系，有助于知识结构效能的生成与释放。

话语结构效能，主要体现在播音主持专业知识的加工与反馈方面，而这一专业知识的转化过程，需要遵循核心功能原则、整体相关原则和动态调节三原则。有声话语主体能力的社会性和建构性，分别提升了知识加工与反馈的个体个性化效能，丰富了知识加工与反馈的个体社会化效能，以此构建中国特色播音主持专业教育话语能力体系，包括有声话语的思维选择和能力组合两个方面，实现话语结构效能的释放。

关于播音主持专业教育知识育人功能的研究，不仅从结构功能论视角分析出知识活动的转化过程对播音主持知识结构效能和话语结构效能的综合释放是不可或缺的（主要包括中国特色播音主持专业教育知识体系和播音主持专业教育话语能力体系），而且从播音主持教师群体和学生群体出发，明确了播音主持专业教育主体"知识性与技术创新性相统一"和"实践性与知识转化性相统一"是高等教育提质创新背景下，促进播音主持专业教育知识育人功能进一步释放的重要关系保障。

本章主要通过优化播音主持专业教育主客体结构，包括发挥播音主持专业教育主体推崇求知意志、播音主持专业教育客体强调差异创新两个方面体现。最终以播音主持显隐知识转化为前提，应用知识体系适应选择模型，建立播音主持专业教育知识活动适应选择模型，对播音主持专业教育模式进行归纳与尝试。

第四章　思想引领功能：传播中国特色播音主持专业教育思想体系

　　播音主持专业教育的知识育人功能体现了专业知识体系所独有的知识效能。本章探讨的中国特色播音主持专业教育思想引领功能，致力于引领播音主持专业教育学生群体树立正确的思想观，培养学生群体建立活跃的思维与缜密的逻辑，激发学生群体对美和高尚情操的感受力与判断力，注重学生与思想的结构、思想的力量和思想的美产生独特的联系。

　　本章根据播音主持专业院校的播音思想教学现状，从"思想内涵"和"思想层次"两个方面论证了"求真务实的思想驱动效能"和"融合创新的思想践行效能"是体现播音主持专业教育思想引领功能的核心。分别从播音主持专业院校思想教学内容现状和思想教学模式现状，强调了播音主持专业思想教育内容与方法的重要性和必要性。

　　本章明确了播音主持专业思想教育处于教育节奏的"精确阶段"和"综合阶段"。教师群体传播和深化播音主持专业教育的思想理念，是完成精确阶段与综合阶段教学任务的思想基础，是培育播音主持专业人才正确的价值观、创作观、报道观的思想保障，更是教师群体对立德树人思想的践行。关于播音主持专业教育思想实验体系等方面的构建，力求体现出播音主持专业人才培育与输出的最大优势，推动有声话语创作与语言智能技术的研发，释放播音主持专业教育主体思想价值的正向潜在功能，促进播音主持专业教育思想引领功能的升级。

　　进一步释放播音主持专业教育思想引领功能，不仅有助于深化高等教育立德树人的根本任务，确立播音主持专业教育主体正确鲜明的思想价值取向，提升播音主持专业人才的社会使命感，更有助于实现播音主持专业教育主体思想求真性与知识连贯性相统一，思想独立性与知识融合创新性相统一。

第一节　播音主持专业教育求真务实的思想驱动效能

"求真"的专业教育思想强调"实事求是"，播音主持专业教育思想注重求真思想观念的合理性迁移与科学应用，注重学生群体用科学性的逻辑思维，发现并解决专业学习过程中所遇到的一系列问题；"务实"的专业教育思想讲究"具体实际"，在具体实践情境中践行播音主持专业思想教育理念，在解决实际问题的过程中驱动学生群体展开思考，提升学生群体的观察力、理解力、思辨力和表达力。教师群体则需要注意规避僵化的思想习惯、不连贯的知识传授、不透彻的观点表达以及不富有活力的思想启发。求真务实的思想驱动效能，注重教师群体对播音思想教学内容现状的分析和总结，认识播音主持专业教育的思想本质，分析求真务实思想驱动效能的释放条件，进一步促进播音主持专业教育思想引领功能的释放。

本节通过对播音主持专业院校思想教学内容现状的总结，分析求真务实思想驱动效能的转化，为促进和优化播音主持专业教育思想引领功能的释放提供对策。

一、播音主持专业院校思想教学内容现状

本书所探讨的播音主持专业院校，包括专业类播音主持院校和综合类播音主持院校，其中专业类播音主持院校是指具有鲜明的院校专业属性特征的播音主持专业院校。根据各大院校官网公开资料阐述的院校特色来看，具体可划分为：艺术类、师范类、理工类、语言类等教育部直属或地

第四章 思想引领功能：传播中国特色播音主持专业教育思想体系

方性开办的国家级一流播音主持专业院校。根据播音主持专业思想内容的客观教学现状来看，当前国家级一流播音主持专业院校思想教育的内容效能主要通过"有声语言艺术+主题思想"的实践课程、融合项目、艺术作品、比赛活动等形式释放，各院校在思想教育教学方面取得了较为丰富的经验，教学成果具有一定的代表性和影响力。

以中国传媒大学播音主持艺术学院"辨与论公开课"为代表的关注学生群体"思想"与"行动"的实践类专业教育课程。该课程将全国政协每年的重点提案带进课堂，引领青年群体关注生活的本质，通过教师分组带队设置实地调研、文献解读、专家做客、教师授课、小组研讨、模拟辩论等环节，教学形式不拘泥于简单的知识传授，而是让学生群体切身体悟经济、农业、城市建设等社会生活中的实际问题，注重学生群体在真听、真看、真感受中形成完整的社会认识，在实践调研中完成自我操练、自我学习，关注学生群体的成长体验和独立思考过程。

"辨与论公开课"系列课程的开展，在夯实学生群体专业基础能力的同时，使学生群体在实际调研中，形成活跃的思维与缜密的逻辑，获得真感受，解决真问题。在一定程度上，树立了学生群体正确的思想观念和传播理念，增强了学生群体对社会生活和高尚情操的感受力与判断力。这一实践课程的开展，不仅践行了播音主持专业教育的思想内涵，拓宽了播音主持专业思想教育教学路径，还释放了有声语言传播的思想驱动示范效能。但当前，以"辨与论公开课"为代表的能够较为全面、较为充分体现播音主持专业思想教育理念，释放播音主持专业教育求真务实思想驱动效能的代表性课程，还不够丰富，依旧处于探索期。

以中国传媒大学播音主持艺术学院"双师+"为代表的，关注"思政艺术与艺术思政"的实践课程。该课程以专业课为主体，嵌入思政教育专题，融合国家的重大主题和校内外专家资源，由专业教师和思政教师同堂授课，以"双师"、访谈、师生共读、虚拟演播室技术等形式，突出播音主持专业思想教育特色和协同育人的思想理念。播音主持艺术学院的翁佳教授将该课程模式的特点概括为"以点切入，连点成线；如盐入水，悄然破圈；播音特色，思政融入；课堂双师，访谈呈现"❶，将国家顶层设计的制高点、青年学生的兴趣点、新闻热点和教学切入点有机结合，生动形象地诠释了播音主持专业教育的艺术思政与思政艺术的内涵。播音主持艺术学院李洪岩教授在接受采访时表示，"双师"进课堂形式还会不断创新，将来可以推出"双师"进业界、进基层。❷

"双师+"课程的开展，打破了传统的教学形式，体现了中国特色播音主持专业教育的思想体系特征。在融合思政艺术，开启艺术思政的同时，推动专业思想教育理念和有声语言艺术创作观的科学发展。"双师+"课程有助于引导教师和学生双主体在生动的课堂实践中，将有声语言艺术创作深入历史发展的长河中，释放求真务实的思想驱动效能。

此外，以西南大学、华东师范大学以及湖南师范大学等为代表的综合性和师范性院校，全面实施播音主持专业"思政金课"全覆盖，以金课标准打造专业思政课堂。西南大学新闻传媒学院依托播音与主持艺术专业的"舞台艺术与台词表演"课程，以2022年重庆北碚山火为创作蓝本，举办以"星火长城"为主题的思政大课堂。以有声语言艺术表演的形式将思政教育与专业教学实践有机结合，展现山火救援的感人故事，在有声语言艺术创作过程中深化思想学习；华东师范大学传播学院依托与上海历史博物馆、中共一大纪念馆等单位共建的"伟大建党精神育人联盟"，创新思政课现场教学点资源，全面培养播音主持艺术专业学生思想理论联系实际的创作能力；湖南师范大学新闻与传播学院在播音与主持艺术专业课程中融入马克思主义新闻观，开设"习近平新闻舆论工作重要论述解读"课程并纳入专业基础必修课，为课程组建包括学科带头人在内的高水平教学团队，全力提升学生的政治素养和专业能力。从非国家级一流播音主持院校

---

❶ 翁佳. 新华网课程思政案例课 新闻采访与报道：回望1936的传奇采访——《红星照耀中国》双师专题[EB/OL]. [2025-04-07]. https://xhsz.news.cn/curriculum/detail/652.

❷ 陈艺文，崔伟玮，刘法棋，等. 播音主持艺术学院推出中传首个"课程思政"双师课[EB/OL]. (2021-04-03) [2025-04-07]. https://m.thepaper.cn/baijiahao_12041618?sdkver=7do5c2f1.

第四章 思想引领功能：传播中国特色播音主持专业教育思想体系

思想教学内容现状来看，其发展趋势表现为将专业教育和思想品德教育紧密结合，提倡发挥区域条件优势。以播音主持艺术专业唯一布点自治区的新疆艺术学院为例，其传媒学院的播音与主持艺术专业是西北地区最早设置的专业之一，其播音主持专业教育，立足新疆区位特点，在专业思想教育理念上，以广播剧、短视频以及"民族团结一家亲"等具有区域特色的主题活动的形式，深入推进"文化润疆"任务。

通过对全国31所国家级一流播音主持专业院校思想教学现状的调研采访发现，当前播音主持专业院校的思想内容教学主要以"艺术思政"理念为重点，通过课程思政（大课和小课相结合，专业课程与跨学科课程相结合）、作品思政（音视频作品与舞台表现性作品相结合）、项目思政（横纵项目相结合）、活动思政（校园内外相结合）等形式，力求将思想育人贯穿教育教学和媒体实践全过程。"打造具有全媒体特色的'课程思政、作品思政、实践思政、项目思政、活动思政'一体化推进的'五位一体'思政教育体系。"[1]

从各院校取得的思想教育成果来看，"对艺术类高校这些未来的'文艺工作者'加强德育引导，使他们成长为能为社会主义优秀文化传统贡献力量的文艺人才"[2]。融合思想教育的课程体现了播音主持专业院校立德树人的思想价值，通过教育主体深入生活、发现问题、形成思考，回归专业教学本质，体现了播音主持专业思想教育的求真务实，驱动了教育主体深化思想教育理念。对艺术类高校未来的行业工作者加强德育引导，使他们成长为能为中华优秀传统文化贡献力量的文艺人才，离不开各院校在思想教育内容与专业教育融合程度的关注与规划。但部分课程、项目及活动在驱动思想效能方面体现得还不够均衡。因此，从播音主持专业思想教学内容视角，分析播音主持专业教育思想驱动效能的转化问题，将成为促进思想引领效能释放的重要突破口之一。

---

[1] 廖祥忠. 构建以党建为引领的思想政治教育体系提高新时代育人质量和办学水平[J]. 党建, 2021 (8): 59-61.

[2] 上海戏剧学院党委宣传部. 思政艺术与艺术思政[M]. 上海：上海三联书店, 2018: 27.

二、播音主持专业教育思想驱动效能的转化

思想育人强化了教师群体的"传道"之本，播音主持专业教育思想驱动效能的转化是支撑播音主持专业教育思想引领功能的重要组成部分。虽然从当前各播音主持专业院校开展的一系列以思想教育为核心的课程、项目、作品、赛事等活动现状来看，其思想驱动效能体现得并不全面，但呈现了一定的功能释放基础与释放逻辑，体现了播音主持专业思想教育较强的求真务实特征。

结合教育社会学的中观（学校教育社会学）及微观（个体之间的互动及人的社会化）视角来看，播音主持专业教育思想引领功能的客观属性，在一定程度上丰富了教育主体的思想内涵，明确了课程的精神起点，提升了具有中国特色播音主持事业主体的使命感。依据教育社会学功能论的作用形式来看，播音主持专业教育的隐性功能对于深化和改革思想功能具有一定的修正作用，然而功能的客观属性又决定了这一隐性功能具有预知但不可预料的特征。如何将思想理论体系转化成具有效能的活动，最大限度释放播音主持专业教育思想体系的知识价值、艺术价值和社会价值，并持续内化教育主体的个体思想价值，对于合理规划专业课程体系，科学指引专业文化体系建设十分必要。

播音主持专业教育以思想内涵宣传、思想理论讲解等显性思想教学内容为基础，以专业教育思想与实践教学特色相结合为重点，注重在认知教育、养成教育和素质教育中进行思想教育理念隐性功能的挖掘，用潜移默化、润物无声的教学方式将思想意识、思想规范转化成思想行动，对学生群体的思想观念和价值取向产生积极影响，完善其人格体系，规范有声话语及媒体行为，进一步促进求真务实的思想驱动效能的释放。

播音主持专业教学过程中可以释放的隐性教育体现在训练素材的丰富性、训练方式的多样性以及训练效果的持久性等方面。思想教育成效非一蹴而就，但是在有声话语的一次次训练与打磨过程中，在对文字、音频、

第四章 思想引领功能：传播中国特色播音主持专业教育思想体系

视频的一次次推敲录制过程中，不仅深化对作品主题的认识，还将渗透学生未来的工作和生活中，为释放播音思想教育的隐性正向功能奠定了基础。这种思想功能的释放又是如何展开的？放眼全国一流播音主持专业院校，以播音主持专业教育主体社会化过程，即个体社会化为起点，先来分析人的个性和人格形成与发展的过程，再从学校教育对学生释放的功能过程，进一步分析播音主持专业思想效能的转化问题，如图4-1所示。

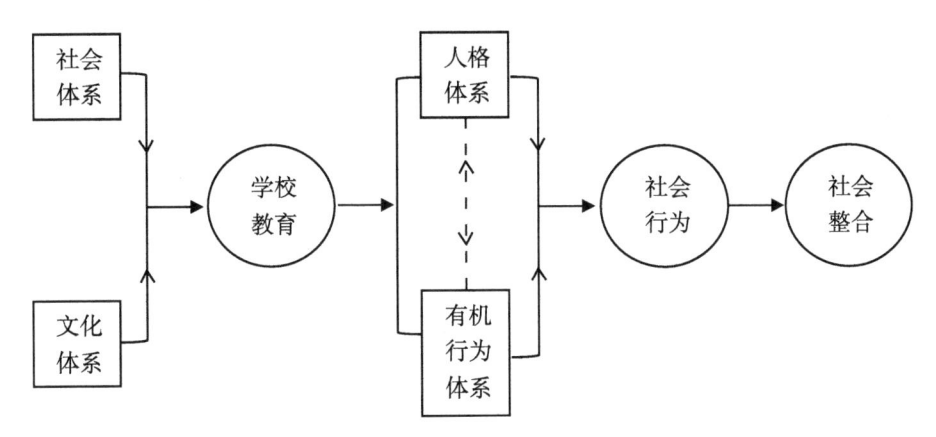

图4-1 学校教育对个体之功能形成

资料来源：郑燕祥. 教育的功能与效能［M］. 香港：广角镜出版社有限公司，1986：20.

通过图4-1可知，在专业教育社会化过程中，社会行为是在人格体系形成后产生的，由此可见，人格体系的完善，对于指导社会行为实现社会整合具有重要意义。个体社会化过程中的思想教育问题实则与社会行为中的"道德社会化"问题密不可分，道德社会化体系逐渐成为个体人格形成的核心分支，成为专业教育思想引领功能释放的重要保障。

道德作为社会意识形态的重要形式，在多数情况下，其体系内容主要由道德意识、道德规范和道德活动三部分构成。就播音主持专业思想教育而言，其专业教育思想功能的社会化过程，在道德社会化体系中实现了从思想意识、思想规范到思想行动的思想体系建设，规范了教育主体的社会行为，有利于进一步释放专业教育思想育人的引领功能。

综合学校教育与个体行为的关系以及思想体系的三个重要组成部分，构建播音主持专业教育思想驱动效能释放图。通过对思想效能释放流程来分析播音主持专业院校思想驱动效能的释放问题，关于播音主持专业教育思想引领功能的释放主要由思想驱动效能和思想践行效能的释放得以体现，图4-2中的思想践行效能将在本章第二节作更详细的分析。

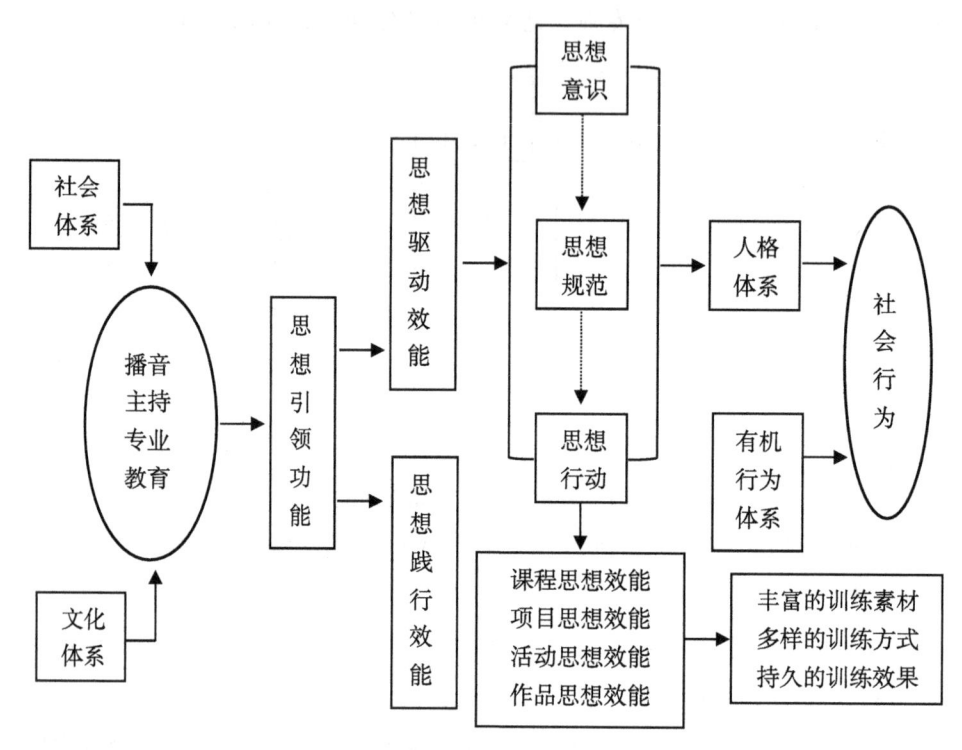

图 4-2 播音主持专业教育思想驱动效能释放

播音主持专业教育思想驱动效能的转化，主要经历从思想意识到思想规范，再到思想行动效能释放的过程，而这一系列的思想活动主要以课程、项目、活动和作品为思想驱动效能的释放载体，通过丰富的训练素材、多样的训练方式和持久的训练效果，最终形成具有专业属性特征和个体行为特色的社会行为，实现了学生群体社会体系与文化体系的内化，释放专业教育的思想驱动效能，进一步实现从思想驱动向思想践行的过渡。

第四章 思想引领功能：传播中国特色播音主持专业教育思想体系

接下来，以中国传媒大学、浙江传媒学院、辽宁大学和四川传媒学院为代表的播音主持专业院校思想教育的具体活动情况为例，分析播音主持专业学生群体从思想效能向专业效能的转化，如表4-1所示。

表4-1 播音主持专业院校播音思想效能及专业效能转化

播音主持专业院校	内容主题	思想效能	专业效能	思想育人功能
中国传媒大学	辨与论公开课	引领青年学生与社会同行；激发学生群体的责任意识和家国情怀；引导青年学生知行合一；培养高素质传媒人才，树立正确的思想观，注重成长体验	提升学生群体认识和观察能力，建立活跃思维和缜密逻辑，提升独立思辨能力、语言表达能力、知识转化能力、解决问题能力和判断能力，积累实践调研经验、开阔眼界	创新播音主持思想育人载体 ↓ 拓展播音主持思想育人路径 ↓ 丰富播音主持思想育人形式 ↓ 释放播音主持思想育人效能
	专业课程双师课	树立学生群体正确的思想观，实现思想交流、情感升华和价值引领	提升学生群体语言表达能力、思辨能力、课程知识转化能力、新闻报道与采访能力，灵活运用访谈技巧	
浙江传媒学院	声音训练文本材料	深入学习中国特色社会主义思想内涵，提升学生群体思想认识高度	掌握正确的口腔及气息要领，夯实学生群体专业基本功	
辽宁大学	马列经典诵读会	引领学生群体践行"勤学修德明辨笃实"，激发学生经典阅读热情，提升思想高度、培养高尚情操、塑造品德	提升学生群体语言表达能力、语言感染力、语言审美感受力、团队协作能力、舞台表现力和专业信念	
	视频作品	"光影筑梦，智绘吉林"实践团，作为全国大学生示范团队，以"乡村振兴·青春笃行"为拍摄主题，推出系列视频，从思想层面传承红色基因，增强学生群体的文化自信，培养生态意识、助力乡村振兴	提升学生群体视频作品策划能力、语言表达能力、镜头表现力、视频技术操作能力、团队协作能力	
四川传媒学院	广播剧	学生群体用声音塑造先进人物形象，力求感同身受，从精神和思想层面获得启迪	提升学生群体音频作品策划能力、演播能力、声音形象塑造能力、语言表达能力、音频技术操作能力、团队协作能力	
	语言表达技能大赛	在新中国成立75周年及红军长征出发90周年之际举办语言表达技能大赛，采用集体节目展示+专业大点兵的方式，展现英雄精神力量	专业大点兵环节考查古诗词、散文朗诵、新闻播读等内容，提升学生有声语言艺术创作、新闻节目播音主持等专业技能	

通过对以上具有区域特征和代表性的传媒类艺术院校，以及地方性综合类播音主持专业院校释放的思想效能和专业效能的分析与归纳可见，专业类院校的播音主持思想教育内容主要将专业优势、地域优势和学校办学特色相结合，通过实践课程、音视频艺术作品和项目融合等形式释放专业效能优势，并围绕具有一定专业特色的思想教育工作方法，将思想育人融入播音主持专业教育课堂和专业实践教学全过程，注重在思想效能方面引领学生群体的思想价值和责任意识，提升学生群体课程知识的转化能力、语言艺术的表达力和思辨力，注重从思想层面引导学生群体求真务实、知行合一，力求用思想驱动实践，培养全能型、高素质的播音主持专业人才。

通过对比研究可见，综合类播音主持专业院校侧重依托综合性大学丰富的学科群落优势，融通思想育人和特色学科群落课程知识育人，在播音主持专业教育过程中侧重综合思想的嵌入，发挥综合思想驱动作用，培养学生群体的专业知识素养与融通思维。例如，辽宁大学、河北大学、广州大学和重庆大学等国家级一流播音主持专业综合类院校，侧重播音主持专业教育教学的综合性思想教育理念，提升学生群体的思想站位，激发学生群体对于经典文化的学习热情，挖掘思想深度。学生群体通过专业的语言表现力、语言感染力和审美感受力，表现语言艺术作品的思想高度和创作主体的品德修养，综合提升学生群体的有声话语创作能力。

此外，多种形式的播音主持思想教育课程内容，结合了斯滕豪斯（Stenhouse）的过程课程理论，该理论认为，"课程开发关注的应是过程，而不是目的，不宜从详细描述目标开始，而是要先详述程序原则与过程，然后在教育活动、经验中，不断予以改进、修正……以过程或程序，而不以目标或内容为焦点"❶。播音主持专业思想教育课程体系遵循"程序原则"（程序原则是指课程设计者，也就是教师群体的价值观，指导学生群体在教学程序中的行动。）逾越目标模式的局限，通过重视学生群体受教

---

❶ 汪霞. 课程开发的过程模式及其评价［J］. 外国教育研究，2003（4）：60-64.

过程的体验而达成预期目标,强调学生群体的主动参与,因为"除了正式课程,还存在理想课程、领悟课程、实行课程和经验课程"❶。

综合各播音主持专业院校陆续取得的思想教育成效,播音主持专业思想教育逐渐构建起了内容较为完善、运行较为科学、成效比较显著的从思想意识到思想行动的思想驱动型教育体系。播音主持专业院校鲜活的教学成果,证明了思想驱动效能是夯实知识育人功能的重要保障,是实现文化创新功能的必要前提。注重释放求真务实的思想驱动效能,不仅体现了播音主持专业思想教育的特色,还有助于确立明确的教学实践目标,既强化了专业基础知识与专业基本技能的应用,又关照了播音主持专业教育思想引领功能的升级,实现了以思想引领深化"立德树人"的根本任务。

第二节 播音主持专业教育融合创新的思想践行效能

融合创新的思想践行效能与求真务实的思想驱动效能,共同影响播音主持专业教育思想引领功能的释放。2014年8月,中央全面深化改革领导小组第四次会议审核通过《关于推动传统媒体和新兴媒体融合发展的指导意见》,2014年10月《光明日报》正式提出"融媒体"的概念,2019年3月《求是》杂志再次提出"融媒体"发展理念,并强调当前宣传的重要工作之一就是要将"主流媒体做大做强"。"融媒体"概念的提出与发展给全国播音主持专业院校的思想教学定位、教学内容规划和教学方法改革提供了指导性的思路。"融合创新思想"体现了媒体融合发展的思想本质,融合创新思想的践行在一定程度上是对播音主持专业"立德树人"思想教育体系的升级。

本节通过对专业类及综合类播音主持专业院校思想教学模式现状的分

---

❶ J. I. Goodlad, M. Frances Klein, Kenneth A. Tye. The Study of Curriculum Practice Curriculum Inquiry [M]. New York: McGraw Hill Education, 1979: 60-64.

析，总结了三种具有代表性的播音主持专业教育融合创新思想教学模式。这些教学模式以"融合创新思想"为起点，注重体现学生群体的融合创新思想践行效能，抓住播音主持专业教育特色的平台优势，深化教育主体的融合创新思想，构建融合创新的思想实践体系，最大限度满足全媒体时代思想理念创新、业态转型升级及技术数字化改革等方面带来的人才需求，实现学生群体在校园内感受融合创新思想方法效能转化的价值，利于规避专业型人才培养的滞后性，凸显思想教育理念的引领性，最大限度释放播音主持专业教育的思想引领功能。关于教师教学模式（策略）可参见附录3。

一、播音主持专业院校思想教学模式现状

当前，主流媒体面对互联网与新媒体的挑战，在坚守中拓展，在规划中前瞻，从物理形态的合并向观念、内容和方法的融合，锐意创新，追求互生共荣。各播音主持专业院校初见成效的融合创新思想的培育，在一定程度上为捍卫并拓展主流媒体阵地输送了一定数量的专业人才。以融合创新思想的践行意识，强化学生群体互联网思维与技术技能的融合探索，最大限度释放播音主持专业教学模式优势，成为提升有声语言作品规范与创新、特色与共性有机统一的思想保障。

播音主持专业教育院校通过提升融合创新思想意识，释放融合创新的思想践行效能，在思想层次的方法论层面（思想层次有五个层面，方法论是其中一个层面），注重多导师优势的融合创新、课程内容的融合创新以及实践平台的融合创新，从社会背景、学科背景和技术背景的多维视角认识播音主持专业思想践行效能。各专业类及综合类播音主持专业院校的融合创新思想实践教学现状主要体现为以教师群体教学形式的融合，培养学生群体的融合创新意识，从方法的融合创新体现融合创新的思想践行效能。播音主持专业院校的融合创新思想教学模式主要体现为三种类型，如表4-2所示。

表 4-2　播音主持专业院校融合创新思想教学模式

模　式	类　型	优　势
多导师集群模式	本专业导师联合相关专业导师授课	双师双强
	校内导师联合校外导师授课	双师双能
课程板块集群模式	通识课中的创新思想引领	开阔学科视野
	专业基础课中的创新思想引领	拓宽理论边界
	专业实践课中的创新思想引领	深化融合内涵
多平台集群模式	与广电传统媒体的融合实验室建设	激活融合成果
	与新媒体传播平台的共建	

由表 4-2 可见，播音主持专业融合创新思想主要以多导师集群模式、课程板块集群模式、多平台集群模式为主要教学方法，发挥专业教学模式中创新融合的思想践行效能优势，进一步体现播音主持专业教育思想引领功能，接下来将作详细分析。

（一）播音主持专业融合创新的思想意识+多导师集群模式

当前，双导师或多导师教学模式广泛应用于播音主持专业教学过程，导师专业背景及研究方向也在不断融合和拓展，主要有"本专业导师+相关专业导师"和"校内导师+校外导师"两种集群式育人模式。

"本专业导师+相关专业导师"类型，以某一融合创新项目或课程为教学起点，以本专业教师教学为主，相关专业教师辅助授课，从教学环境、技术应用和多维内容分析等视角实现融合构建，助益学生相关知识体量、业务能力及综合素养的提升。具体来看，双导师或多导师精英教学的融合思想，拓展了专业学生的复合创新能力，在开阔思想的同时，扩大专业融合边界，激发学生融合思想兴趣。目前，这种双导师的教学类型多以模块化课程或名家工作坊形式展开，一方面构建了学科群落化教学生产，打通融合渠道，丰富了播音主持专业教育思想层级中的方法论研究；另一方面打造理论与实务互补的双师双强型教师队伍，成为链接教学、科研、传媒市场的重要思想实践依托。

"校内导师+校外导师"类型，依托某一广播、电视或网络传播平台，以校内教学思想为主线，平台内容生产流程为主要教学内容，融合校外行业导师或校外学术导师合力教学，发挥平台优势，检验学生群体综合素养和业务水准。例如，2011年年底，中国传媒大学播音主持艺术学院与中央广播电视总台（原中央电视台）新闻中心播音部共建实践教学项目，通过校内培养、选拔，台内实习、指导，培养高水平新闻播音人才。其中校内学术导师由教学经验丰富的校内优秀教师组成，行业导师由从业多年的央视资深新闻主播组成，最大限度地发挥了校内学术导师和行业资深导师的双能教学优势，实现了校内导师完成教学与台内导师指导实践的对接。

如今，这种教学类型也是部分播音主持专业院校采取的导师融合教学方式，学生群体在深入实践岗位的同时，将融合创新的思想意识深化到实践训练中。例如，南京艺术学院播音主持专业结合专业特点，于2001年开始先后与江苏省广播电视台、新华网、腾讯等多家媒体合作，突出双导师教学实践融合优势；"传播巴蜀文化，传递中国声音"理念的四川师范大学播音主持艺术专业与湖南广播电视台等媒体合作，聘请业界导师以及国内外知名主持人参与教学训练，注重融合创新的思想意识的培育。此外，校外学术导师及学界专家参与教学实践，主要通过聘请教授、开展学术论坛等方式引进学界和一线专家担任教师，与播音主持专业教育主体开展思想交流，释放播音主持专业教育融合创新的思想践行效能，互通有无、共创共融。

（二）播音主持专业融合创新的思想意识+课程板块集群模式

这一模式主要集合了通识课、专业基础课和专业实践课。其中通识课程具有较强的共性特征，各播音主持专业院校的专业基础课程和专业实践课程则集合了院校所在区域发展特色和院校突出优势，在一定程度上体现了各播音主持专业院校所独有的课程板块集群效能。

播音主持专业院校的专业基础课程，以播音主持专业人才胜任能力为基础目标，注重教师群体和学生群体的社会化程度，根据社会传媒业有机体的基本素养和能力需求，对播音主持专业基础课程进行更细致的划分，形成新的能力线条，针对性提升学生群体的业务素养，完善学生群体知识结构，在此基础上适应新阶段的新任务并逐渐走向业务的成熟。以中国传媒大学播音主持艺术学院为例，其设置的播音主持创作基础部、新闻播音主持系、综艺主持系、口语传播系、广播电视语言研究所、播音主持艺术研究所、体育播音主持研究所等教学机构以及融合财经、文娱、体育、电竞、智能科技等内容主题的融合创新课程的集群思想，提升了学生群体的业务能力，丰富了学生群体的知识圈层，实现教学相长；在师范类播音主持院校中，华东师范大学播音主持艺术专业在原有专业基础课程之上，增设了融合新闻、国际传播等一系列辅修课程板块，构建新媒体主持等课程板块集群，并依托上海地域文化特色与传媒资源优势确立了播音主持专业地方院校的特色培养方向。

如果说播音主持专业教育基础课程的开展是对融合创新思想的解读，那么专业实践课程的推进则是在一线平台对融合创新理念的深化。专业实践课的思想引领主要以项目推动教学的模式为主，以项目共建为基础，凝结双师双能的教学特色，突出创新融合成果的社会化属性。例如，四川师范大学依托巴蜀文化视听传播团队，成立有声语言艺术工作室，培养广播电视和新媒体节目主持人，将巴蜀文化视听传播与播音主持融合。以巴蜀文化为内容，有声话语为载体，创作了《蜀韵》《传承》等播音主持艺术作品。课程板块集群模式的发展与推广，壮大了播音主持专业基础理论的研究，有助于挖掘播音主持专业思想教育的隐性功能，体现了融合创新思想实践的重要价值。

与此同时，技术赋能下的播音主持专业院校，无论是专业类还是综合类院校的播音主持专业，在常态化教学方式上基本实现了混合式教学模式的应用，在课程设置方式上实现了"线上+线下""课堂+媒体""虚拟+现实"的混合教学形式，以融合创新思想实践为指导，进一步提升学生群体对前沿技术的应用能力。

(三) 播音主持专业融合创新的思想意识+多平台集群模式

这一模式主要表现为与广电传统媒体的融合实验室建设和与新媒体传播平台的共建两种主要集群育人类型。中国传媒大学播音主持艺术学院发挥人才、专业、智力和传媒信息等方面的优势，通过与一线平台，如中央广播电视总台、教育部语言文字应用研究所、中国广播电视社会组织联合会、首都图书馆、北京广播电视台、云南电视台及喜马拉雅喜播教育等社会单位协同创新，探索融合创新实践教学平台。

立足大戏剧观和综艺主持教学特色的上海戏剧学院与上海东方传媒集团签订战略协议，成立在校学生社会实践基地，将融合创新的思想意识深入第二课堂，实现学生在校期间就能在一线实习，尽早与行业接轨，深化融合创新的思想实践理念，实现全媒体育人。此外，上海戏剧学院建立三大平台：一是技术平台，成立云制作——高精尖未来影像创新中心，建设三大智慧棚（智慧摄影棚、音效棚、动捕棚），建设两大实验室体系（现实影像实验室体系和虚拟影像实验室体系）；二是与上海文广集团、阿里巴巴、腾讯等单位合作建设孵化平台；三是打造以电视节目制作为基础的交流平台，为电视、网络综艺节目从业者打造信息资源共享的开放平台。

华东师范大学播音与主持艺术专业深入拓展与上海市区两级融媒体中心的合作，基于学院"智慧与创意融媒体中心"、"虚拟仿真实验教学项目"和以学生实践成果为导向的"实训工作坊群落"为重心，联合喜马拉雅、字节跳动、B站等新媒体平台，合作打造新生代互联网创新型播音主持专业人才。

综合以上播音主持专业院校思想教学模式现状来看，融合创新的教学模式探索、教学模式实施与教学模式升级，是从思想层次的方法论层面给思想践行效能提供探索空间。强调融合创新的思想教学模式的探索，在一定程度上是对播音主持专业教育思想驱动效能的升级，更为进一步释放播音主持专业教育的思想引领功能打下坚实的思想基础。

二、播音主持专业教育思想践行效能的转化

媒介的融合创新,从源头上看,离不开在校学生群体融合创新意识的引领以及在校期间对于创新思想践行效能转化的认识。当前,由于传播平台的日新月异,对于传播主体的专业素养要求也不断提升。有学者认为:"传媒人才的素质结构应包括敏锐的政治素质、扎实的专业素质、稳定的心理素质、强健的身体素质等四个主要方面。"❶ 如今,在融媒体的创新发展趋势下,传媒人才的"融合创新思维"越来越受到来自传媒业界及学界的重视。

从注重多导师优势的融合创新、课程内容的融合创新到实践平台的融合创新,逐步形成网络传播、大众传播和人际传播三重维度下有声话语作品的呈现。融合创新体系的成效日益凸显,一方面取决于院校课程体系的创新与教学模式的融合设计;另一方面取决于校外专业平台的融合优势,这在一定程度上增强了融合创新的思想践行效能的实际转化。上一节论证了播音思想驱动效能的转化,构建了"播音主持专业教育思想驱动效能释放图",本节将通过对播音思想教学模式效能转化的分析和归纳,构建"播音主持专业教育思想践行效能释放图",以实现播音主持专业思想教育在方法上的融合创新。

第一,多导师融合创新模式的效能转化。

该模式主要以播音主持专业教师群体扎实的专业素养、灵活的思维模式和深厚的艺术修养为根基,提升播音主持专业学生群体在专业课程中的热情与积极性。多导师群体指导实践教学,注重调整学生群体被动的学习状态,提升融合创新思想意识,实现课堂实践教学和前沿思想的紧密结合,体现融合创新思想践行效能的成果转化,提高教学质量。以多导师集群为中心,各院校逐渐发挥名师示范效应,进一步优化教师队伍的知识结

---

❶ 周毅.传媒人才学概论[M].上海:上海三联书店,2005:134.

构和思想结构，培养一批理论基础知识扎实、知识内在结构合理、学识修养深厚、思想眼界开阔，具有多技能种类和强专业指向特征的学生群体，组建教学实践经验丰富、锐意进取、开拓创新的教师队伍，有助于释放播音主持专业融合创新的思想践行效能。

第二，课程内容融合创新模式的效能转化。

该模式主要以中国播音学、新闻与传播学、中国语言文学等多学科理论为教学内容基础，突出播音、主持、朗诵、配音、演讲、解说等多种类型的语言传播能力，在课程板块的设计和讲授过程中，注重学生群体创新意识及专业技能的融合训练。拓宽学生群体理论视野的同时，培养他们从内容出发的融合创新意识，将这一思想深化至有声作品创作过程的始终，深入贯彻全媒体播音主持人才的培养目标，为构建全媒体传播体系作出阶段性的贡献，实现课程体系的全过程融合，引领融合创新思想践行效能的转化。

第三，实践平台融合创新模式的效能转化。

当前，新兴媒体与传统媒体深度合作，社会话语权结构和传媒生态都发生了较大的变化。无论综合类还是专业类播音主持融媒体研究实验中心的建立，都将从实际内容出发，进行真实的内容价值评判。通过梳理融媒体的内容生产标准和创新思维生成逻辑，总结播音主持专业教育教学的规律，探寻融媒体环境下播音主持专业人才培养的融合思想创新模式。实践平台的融合创新，一方面，实现了校园课堂与媒体实践平台的对接；另一方面，打通了教学实践与产业融合的壁垒，建立教学与媒体、教学与产业相结合的联动机制，注重人才在创新融合思维方面的培养，实现教学实践健康发展以及就业群体胜任效能的顺利转化。

通过结构功能论分析了播音主持专业思想践行效能的结构成分，以上三种类型为主导的融合创新模式效能的转化，体现了融合创新思想结构的重要性。综合以上播音主持专业类及综合类院校融合创新教学模式的现状，分析融合创新教学模式的效能转化，可以将播音主持专业融合创新思想践行效能归纳为：导师效能、课程效能和平台效能三个方面，其具体效能的释放过程如图4-3所示。

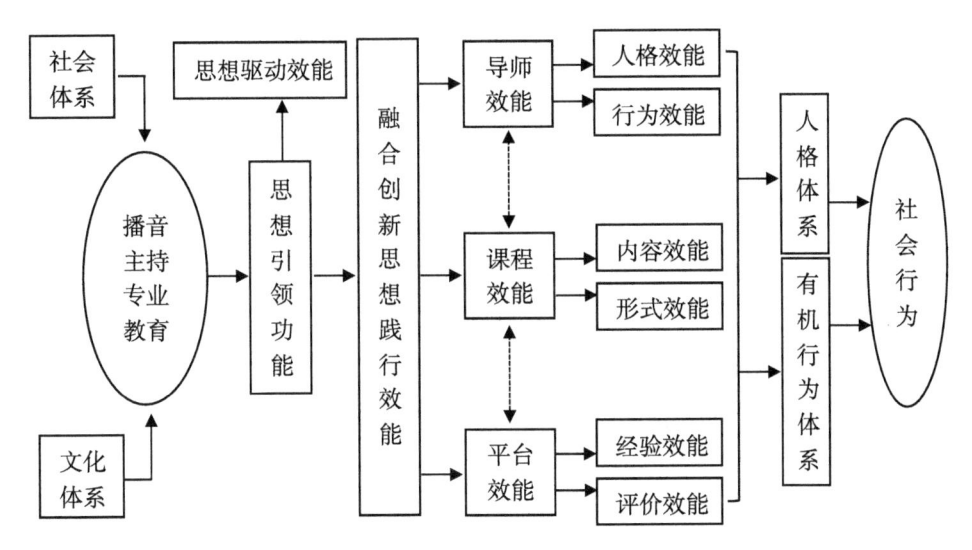

图 4-3　播音主持专业教育思想践行效能释放

如图4-3所示，导师效能的转化与释放得益于教师群体人格效能与其社会化的行为效能的转化；课程效能的释放主要取决于教学内容主题与社会生活主题的融合思考以及课程形式的设计；平台效能在一定程度上实现了学生群体专业知识结构向实践成果和行业技能的转化，再通过取得的经验效能和评价效能内化学生群体的思想意识，指导新的实践创新。三重效能交融互生，指导学生群体的个性化与社会化行为，缺一不可。

在传媒科技的大环境中，播音主持专业教育注重融合创新思维的培育，在一定程度上回应了教育学理论中，关于过程课程理论与目标课程理论相统一的观点。就播音主持专业教育而言，目标理论很好地解决了过程模式无法提供的解决方案，过程理论又释放了目标理论所无法完整预料的正向隐性功能，这在一定程度上增强了播音主持专业教育的知识实用价值和思想实践价值。播音主持专业教育融合创新的思想践行效能，从方法论视角提升了播音主持专业人才效能的转化速度，以至于播音主持专业思想教育能够更好地适应社会媒介化背景下的教育发展趋势。

第三节　促进播音主持专业教育思想引领功能的释放

播音主持专业教育是一门用语言塑造行为美的艺术。播音主持专业教育通过求真务实的思想内容价值和融合创新的思想实践价值全面深化"立德树人"的根本任务，其培养的是具有正确价值观、道德观、创作观，具有家国情怀和高度社会责任感，具有扎实基本功和语言传播文化素养，具有坚实理论知识和敏锐创新意识的交叉型播音主持专业人才。因此，思想引领功能的重要性不言而喻。

面对传媒技术的升级、有声话语创作的高要求，在坚持转化播音思想驱动效能和思想践行效能的基础上，需要进一步释放播音主持专业教育的思想引领功能，也就是更好践行播音主持专业思想教育理念。本节细化了思想与教育间的关系、播音主持专业思想教育节奏，通过优化播音主持专业思想教育理念，构建播音主持教育思想实验教学法，打造全媒体校园"中央厨房"三个方面，进一步释放并优化播音主持专业教育思想引领功能。

一、优化播音主持专业教育思想理念

思想，"是客观存在反映在人的意识中经过思维活动而产生的结果"❶。思想教育，"指使受教育者形成世界观、人生观的教育。其任务是使受教育者逐步确立科学的世界观，培养他们勇于实践的精神、实事求是的态度和科学的思想方法等"❷。思想教育影响着受教育群体的认识、情

---

❶ 中国社会科学院语言研究所词典编辑室. 现代汉语词典 [M]. 7版. 北京：商务印书馆，2016：1237.
❷ 夏征农. 辞海 [M]. 6版. 上海：上海辞书出版社，2010：1771.

感、意识和行为。因此，优化播音主持专业教育思想理念对于播音主持专业发展而言，具有至关重要的作用。

（一）明确播音主持专业教育思想理念

播音主持专业思想教育是艺术教育领域一个重要的教育功能表征。教育家雅斯贝尔斯认为，"虔诚之心是一切教育的实质"[1]。倘若失去对绝对事物的热情，教育将失去意义。播音主持专业思想教育不拘泥于简单的知识结构，而是让学生群体形成独立思考、自我学习，在实践中完成自我操练，注重其成长体验的专业实践过程。因为"自我发展是最有价值的智力发展"[2]。

播音主持专业思想教学内容和教学方法所释放的思想驱动效能和思想践行效能，就是播音主持专业思想教育理念的重要体现，可以将其概括为：播音主持专业教育者力求通过专业化、连贯性的知识讲授，使受教育者领会思想结构，在一系列思维训练的过程中，培养抽象思维，从抽象思维中形成具体的专业考量，作用于具体的专业艺术创作，持续激发学生群体的思想热情，注重播音主持专业思想驱动效能的求真务实，突出思想践行效能的融合创新。

播音主持专业思想教育观的明确不仅有助于学生群体形成正确的价值认识、积极的情感认同和敏锐的创作意识，还有助于推动学生群体形成从"思想向行动"的效能转化。播音主持专业教育思想理念以中国特色播音主持专业教育知识体系和话语能力体系为根基，进一步将思想教育融入有声语言艺术创作的全过程。

---

[1] 卡尔·雅斯贝尔斯. 什么是教育 [M]. 童可依, 译. 北京：生活·读书·新知三联书店，2021：44.
[2] 阿尔弗雷德·诺思·怀特海. 教育的目的：全译本 [M]. 赵晓晴, 张鑫毅, 译. 上海：上海人民出版社，2018：1.

(二) 从"思想内容"与"思想层次"视角优化播音主持专业思想教育理念

"思想内容"与"思想层次"决定了专业教育思想效能的释放。现代教育思想内容，主要包括素质教育思想、人文教育思想、科技教育思想、创新教育思想和实践教育思想等方面，这些思想类型主要影响着思想教育主题的选择，进而决定了思想驱动效能的释放；思想层次主要包括观点层次、理论层次、方法论层次、世界观层次、哲学层次，这些思想层次类型主要影响着思想方法层面的选择，进而决定了思想践行效能的释放。因此，教育主体思想驱动效能与思想践行效能的释放受思想内容与层次两方面的影响，也可以理解为，在思想内容和思想层次两个方面，进一步作系统性的分类研究，将成为促进播音思想引领功能释放的突破口之一。

(三) 从思想循环特征视角优化播音主持专业思想教育理念

教育主体思想的周期循环特征是播音主持专业思想理念的外现，这一循环特征又在一定程度上影响着专业教育思想效能的体现，明确播音主持专业教育所处的教育阶段，有助于进一步释放思想教育效能。

具体来看，教育主体的思想发展有着微妙的周期性，包括以日为单位的周期、以季节为单位的周期和以年为单位的周期，它们循环往复并传递着思想的差异。哲学家怀特海将智力的周期性发展特征应用于教育理论，将其命名为"浪漫阶段—精确阶段—综合阶段"[1]，突出了教育发展的节奏性。播音主持专业思想教育发展的节奏性，如果以本科学生群体的"年级"为单位周期，表现为：专业思想教育前的浪漫阶段；大学一、二年级思想教育的"精确阶段"；大学三、四年级思想教育的"综合阶段"。

明确受教育群体思想发展的循环周期特征，有助于更好地规划与其相

---

[1] 阿尔弗雷德·诺思·怀特海. 教育的目的：全译本[M]. 赵晓晴，张鑫毅，译. 上海：上海人民出版社，2018：21-24.

适应的思想教育内容，在思想驱动效能与思想践行效能释放的过程中实现播音主持专业思想教育理念的优化。例如，进入播音主持专业"思想精确阶段"的教育，意味着更加注重学生群体思维逻辑的培养，既包括有声语言的表达逻辑，也包括类型化知识的传授逻辑。在播音主持专业思想教育的精确阶段，教师主体还需格外注重以一种系统而有序的方式引导学生群体获取事实，强调该阶段知识传授的连贯与透彻，思想内容的求真与务实，思想方法的融合创新；进入播音主持专业"思想综合阶段"的教育，意味着已基本实现了精确思想训练的目标，可以将这个目标具象为：从获取感知力到掌握有声语言的表达与艺术创作。在思想综合阶段，则更强调将有声语言的表达与艺术创作回归分层思维和更高感知水平的思想引领。思想综合阶段的播音主持专业思想特征，更容易凝练出具有一定广度、深度和专业辨识度的思想教育理念。

通过优化播音主持专业思想教育理念，释放播音主持专业求真务实的思想驱动效能和融合创新的思想践行效能，将教育主体的所思、所行转换成有声话语的客观功能，通过多维度的有声话语创作，积淀学生群体的专业艺术涵养，有助于挖掘播音主持专业教育的隐性功能。这一思想驱动效能与践行效能的探索，既肯定了教师群体对思想教育理念的分析能力，对思想教育内容的判断能力以及对思想教育形式的创新能力，也释放了专业课程的精神价值。

近年来，丰富多元的播音思想育人形式在全国各院校兴起，优化播音主持思想教育理念，积极引导学生群体扎根基层、亲身实践、深入学习，在一定程度上有助于学生群体逐渐成长为思想素养高、业务能力精、综合素质强、肯吃苦耐劳，且具备高尚道德情操，适应社会发展需求的传媒人才。因此，进一步释放求真务实的播音思想驱动效能，探寻更丰富的从思想效能向行动效能转化的路径，释放融合创新的播音思想践行效能，将成为促进播音主持专业教育思想引领功能升级的重心之一。从思想本质上，实现播音主持专业教育目的，激发学生群体对播音主持专业思想理念的践行。

二、构建播音主持专业教育思想实验教学法

播音主持专业教育的教学内容及教学方法具有较强的专业属性,播音主持专业教育思想实验教学法的设计和实施将以释放"思想精确阶段"的效能为目标,以中国播音学、结构功能主义为重要理论支撑,以播音主持专业院校典型案例为论据,构建播音主持教育的思想实验教学法,实现播音主持专业教育理论性与实践性相统一、思想性与知识性相统一、灌输性与启发性相统一、显性教育功能与隐性教育功能相统一。利用思想驱动效能与思想践行效能联合发力提升多重融合创新意识,共建学生融合创新思维体系,成为释放专业教育思想引领功能的长久任务。

(一)实验教学法的优势

德国心理学家恩斯特·梅伊曼(Ernst Meumann)是实验教育学的创始人。起初实验教育学主要耕耘于知识性教育,后期随着跨学科实验方法的进一步发展,实验教育方法开始步入思想价值性教育研究阶段,一些极具思想教育意义的实验案例逐渐增多,著名的实验案例如表4-3所示。

表4-3 极具思想教育意义的实验案例

实验名称	研究主题
牛顿水桶实验	认识绝对运动与空间
囚徒困境实验	奖惩机制与决策变化
最后通牒博弈实验	收入分配关系

从自然科学到社会科学,从知识性认识到思想价值性认识,这些看似与播音主持专业教育距离较远的实验教学法,逐渐显露了跨学科研究的方法性优势,在实验过程中不仅保证了思想实验的客观性、合理性,而且体现了实验个体的求是精神。因为思想实验以教育主体自觉、主动改变客观世界,满

足学生群体活动,科学认识个体自觉能动性为目的。可以说,实验教学法给播音主持思想教育教学工作提供了一个很好的思路。建立具有专业特色属性的思想实验教学法,有助于增强播音主持专业在学生群体思想教育过程中的支撑力度,成为进一步释放思想引领功能的重要方法之一。

(二)播音主持专业教育思想实验教学法

1. 播音主持专业教育思想实验教学法的构建

以中国传媒大学播音主持艺术学院创办的系列性"辨与论公开课"为例,从该课程的结构设计与其体现的功能来看,课程前期的教学结构凸显了对现象级问题辨析的推理性;课程中期的教学结构突出了田野调研方法的优势;课程后期的教学结构集合了学生群体思辨力、语言表达力、舞台表现力和场景应变的综合性专业能力。教师群体带领学生群体逐步完成从内容分析、资料调研、问题辨析到行动决策的教育教学全过程。"辨与论公开课"的教学过程和课程效果较为全面、生动地体现了教学内容与思想教育相融合的思想价值、专业价值,教学方法与思想教育相融合的社会价值和参与社会公共事件的决策价值。由此可见,科学鲜明的专业教学方法是专业教学内容开展的有力保障,构建并创新专业教学方法是不断深化教育目标,回归思想教育观的突破口,有利于释放专业教育的思想引领功能。

通过以上分析,论证出播音主持专业教育的思想实验教学法主要包括以推理性与思辨性为主导的课堂实验法、以仿真性与应变性为主导的演播室实验法和以经验性与践行性为主导的田野实验法三类。每种方法都需分别践行资料调研、内容辨析和行动决策三个重要环节,具体如图4-4所示。

结合播音主持专业教育的思想实验教学法与当前各播音主持专业院校的思想内容教学情况来看,各院校多以教师类型融合、课程内容融合以及项目主题融合的灌输式教学为主,对比播音主持教育的思想实验教学法来看,并没有从整体上综合呈现课堂实验法、演播室实验法和田野实验法的推理性、思辨性、仿真性、应变性、经验性和践行性。尚处于单向性的教学法应用阶段,尚未完全形成复合型的实验教学应用,这在一定程度上局

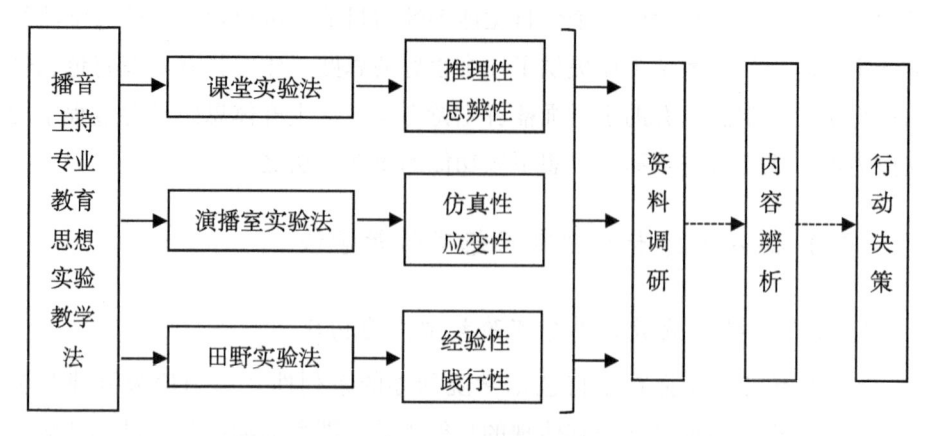

图 4-4　播音主持专业教育思想实验教学法

限了思想课程效能的释放。有些高校盲从于单向性的演播室实验教学法，录制了大量的有声艺术作品，但是作品深度以及与人民生活的融合度较低，抓不到思想主题的关键，而流于形式。追根溯源，这些问题主要源于学生群体缺乏作品传播前，在思想意识层面的推理性，在作品创作过程中缺乏对素材的深入思考，其社会经验单薄，作品的社会传播效果必然大打折扣。由此可见，单向性的实验法难以更好释放思想教育过程中的思想引领功能，与之相反，多向复合型思想实验教学法的应用则将逐渐、有效地解决以上问题，实现进一步释放播音主持专业思想教育效能的可能性，包括思想内容和思想层次在内的效能集合。

2. 播音主持专业教育思想实验教学法中的关键问题

相较于播音主持专业教育思想实验教学法中的演播室实验法和田野实验法而言，课堂实验法中的思辨性尤为关键。从其基本内涵和功能价值来看，"思想实验有着十分重要的认知作用，这种认知作用不仅包括对自然规律的认知，还包括对价值观及其形成规律的认知"❶。提升认知作用的实验方法，有物质实验和思想实验。奥地利物理学家恩斯特·马赫（Ernst

---

❶ 胡艳华. 创新 潜润 认同：新时代高校思想政治理论课教学改革探索[M]. 武汉：华中科技大学出版社，2020：203.

Mach）认为思想实验是物质实验的前提，并远先于物质实验。

在实验的过程中，我们要区分思想实验中的理想状态，在概念上思想实验亦称"假想实验、理想实验、思维实验"❶，同属抽象的思想实验。然而理想实验过于将实验对象、实验过程理想化，将逻辑思维与直觉思维结合而盲从于理想状态，难以在实践教学过程中寻找到问题的症结。而思想实验主要通过逻辑思维在大脑中开展实验活动，在可物化与不可物化的形态中属于可以物化型，强调思辨性。物理学家马赫认为，"思想实验的基本方法和物理实验相同"❷。在一定程度上强调了思想实验的理性与客观性，这也是在全媒体语境下，对学生群体进行有声语言艺术表达与创作的思想层面要求。

如何实现思想实验的理性与客观性，主要从思想实验中客体属性及功能的价值评价来分析，表现为内在价值和外在价值两个方面，具体如图4-5所示。

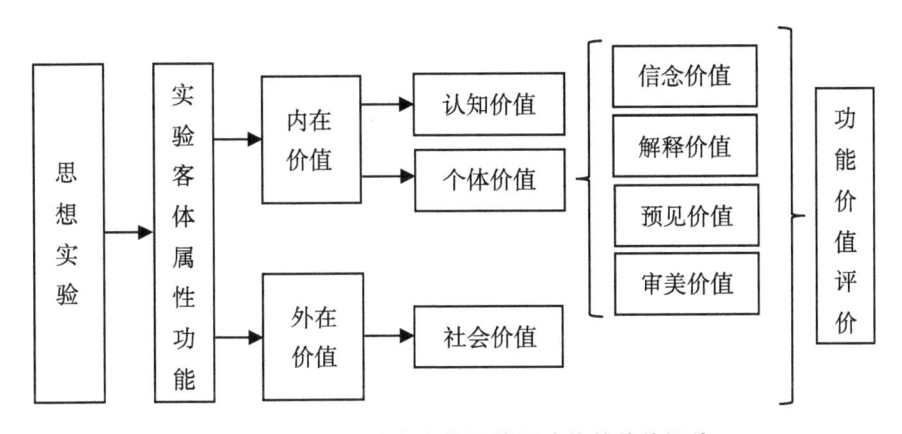

图4-5　思想实验中客体属性及功能的价值评价

其中内在价值包括学生群体的认知价值和个体价值，而个体价值中的信念价值、解释价值、预见价值以及审美价值保证了客体思想实验的客观

---

❶ 夏征农．辞海［M］．6版．上海：上海辞书出版社，2010：1771．
❷ 恩斯特·马赫．认识与谬误［M］．洪佩郁，译．北京：东方出版社，2005：173．

性和适应性；而外在价值在一定程度上主要指思想实验对社会产生的影响。因此，兼具思维与实验双重属性的研究方法有助于播音主持专业教育实现科学化发展。

3. 播音主持专业教育思想实验教学法的优势

三种实验方法在应用过程中，遵循了隐性教育的基本规律，表现为以学生群体为主导的思辨课程、演播室仿真教学体验以及通过田野实验法对某一问题开启的调研与走访，更容易形成理论性与实践性、主导性与主体性、灌输性与启发性以及显性思想教育与隐性思想教育相统一的教学成效，减少因知识单一性灌输造成的学生群体的思想异化。

实验方法的复合型应用，有助于播音主持专业学生群体在有声话语创作过程中，树立正确的人生观和价值观；有助于提升学生群体话语创作能力、思辨能力、判断能力和审美感受力；有助于释放教师与学生群体的双主导思想功能，实现教师与学生群体的共同思辨、共同体验、共同践行；有助于尊重学生群体的思维行动价值，注重学生群体在各方法环节的参与感，启发学生群体的思想创新意识；有助于集价值性与知识性、建设性与批判性、统一性与多样性的教学实践方法于教学全过程，进一步释放播音主持专业教育的思想引领功能。

构建播音主持专业教育思想实验教学方法是跨学科理念的重要体现，是跨学科研究方法的重要组成部分。当然，在实际运用课堂实验法、演播室实验法和田野实验法的过程中也难免存在教育主体主观臆断的现象，因此在实际教学过程中，来自教师群体及学生群体的信念价值、解释价值、预见价值和审美价值的判断结果也同样重要，也将成为进一步优化思想实验教学法，实现播音主持专业教育思想功能科学引领与释放的又一思考坐标。

三、打造全媒体校园"中央厨房"

播音主持专业教育的"综合思想效能"是学生群体经历思想精确阶段训练后所逐渐释放的思想效能，强调思想实践的分层思维和更高感知水平的思想引领。综合思想效能在一定程度上满足了全媒体发展格局"资源通融、内容兼融、宣传互融、利益共融"❶的全新媒介生态理念。具有网络记忆特征的全媒体平台，也需要播音主持专业院校在树立全媒体传播体系观念的同时，打磨具有知识水准、艺术水准和技术水准的有声话语创作精品，创造出满足网络传播、大众传播和人际传播三重传播维度特征的有声艺术作品。满足这三重传播维度的艺术作品，则需要播音主持专业院校教师主体最大程度释放播音主持专业教育的思想引领功能。

因此，打造全媒体校园"中央厨房"，以引领校园内学生群体的全媒体思想为基础，打破时间、空间、人群、文化等多元的有声话语环境集合，实现媒介资源、内容生产、人才层次等重要结构性因素全面整合。学生群体可以在校内借助资源平台的优势，深入新闻实践活动，体验广播电视新闻采访、编辑、直播等环节，感受严肃、生动的节目制作过程，逐渐改变传统的教学模式，适应在校园内部，打造生命力更强，功能性更广，影响力更持久的内容生产，锻炼学生群体的沟通、合作和应变能力。打造全媒体校园"中央厨房"是实现校园内全感官参与有声话语艺术创作的过程，践行了全员、全程和全方位育人教育理念，也是深化播音主持专业"综合思想效能"的有力举措之一，进一步明确了播音主持专业教育"培养什么人"和"怎样培养人"的根本问题。

具体来看，通过打造全媒体校园"中央厨房"，深化播音主持专业"综合思想效能"，实现全媒体矩阵联合培养，输送全媒体高业务素养专业型人才，提升全媒体品牌化内容生产。体现全媒体公信力示范效能，需要先突破两个局限。

(一) 深化"综合思想效能"需要突破的两个局限

从各播音主持专业院校知识融合现状和实践教学平台发展现状来看，播音主持专业教育的融合创新思想意识在不断增强，融合创新平台建设初

---

❶ 张成良. "多媒体融合"泛媒体时代的生存法则 [J]. 传媒, 2006 (7): 47-49.

见成效，但是作品的传播口径依旧受限于单媒介传播格局，尚未形成规模化的全媒体实践教学模式，影响了"综合思想效能"的释放。总体来看，主要原因有两个。

第一，播音主持专业知识结构及融合程度有限。

知识结构有限是指播音主持专业知识结构与相关学科知识结构融合的局限性。播音主持专业教学内容主要以播音主持语音与发声、播音主持创作基础、广播电视节目播音主持以及广播电视语言传播理论、新闻学理论、大众传播学理论等专业类课程的理论教学和实践教学为主，而与经济学、心理学、管理学、运营学等学科的融合程度尚浅。从专业属性视角来看，播音主持专业教育符合"交叉性"学科的基本属性，但是从专业知识结构的融合程度来看，又不太符合播音主持专业特色中提到的"交叉性较强"的学科属性。

原因在于当前的知识结构融合程度局限于"知识主题式"的实践教学内容生产。例如，财经类、农业类、体育类等主题节目主持创作，属于知识"点性化"培养方式，在一定程度上可以满足主题类广播电视节目的主持创作形式，但是学生群体知识结构的局限性，削弱了市场经济体制中学生群体的复合能力和市场思维，局限性的知识结构也不利于综合性思想效能的释放。

因此，突破"点性化"，形成"线性化"甚至更全面、扎实、深厚的专业知识内涵，不仅有利于教师及学生群体优化自身的知识结构，形成综合性的思维习惯，还符合播音主持专业思想教育观中提到的教师主体要以一种系统而有序的方式传授连贯、透彻的知识内容，强调思想内容的求真与开放；创作主体的内容表达也才能符合全媒体特征传播的内容深度需求，不流于节目形式，浮于表面。因此，突破知识结构和融合程度的局限，有助于全媒体时代播音主持专业思想引领功能的释放。

第二，播音主持专业资源结构及融合程度有限。

资源结构有限是指院系间的人力、物力资源和平台间信息资源共享的局限性。对于播音主持专业教育主体而言，将校园媒体作为第一个突破平台，具有更便捷、更实际的融合价值。不同院系对于运营策略和运营思维的交流与设计将放大相关专业学生群体的专业思想价值，体现共建成效，提升共建融合创新意识和实践运营能力，最大限度实现校园媒体平台知识、技能结构的"融合—生产—创造"。

当前只有较少一部分播音主持专业院校感受到了全媒体实验教学硬件空间带来的红利，更多播音主持专业院校在全媒体实践教学过程中，还承受着来自实验设备短缺、老旧、损坏以及实验教师教学能力不足，专业教师对相关设备使用不熟练等诸多问题的压力。这一问题的产生主要由于实验教师与专业教师长期处于"分离式"的教学关系，共同教学的课程较少，难以形成长期"合作式"的教学关系。

播音主持专业学生群体在未来将面对更复杂多变的全媒体生态环境，实现学生群体在短时间内适应全媒体教学思维、形式和内容的生产，需要教师群体在复杂的创作语境中不断磨合，打破内容生产和技术应用上的局限，提升校园媒体平台实践规格，适应全媒体主持创作及其生产运营模式，激发专业教育更大的创作空间，才能进一步释放播音主持专业教育的思想引领功能。

（二）通过全媒体矩阵联合培养增强全媒体公信力示范效能

通过全媒体矩阵联合培养，树立全媒体作品"教材"形象，深刻认识具有"传播力"的传统主流媒体与具有"公信力"的新兴媒体作品的价值内涵。因此，增强全媒体公信力示范效能将成为深化"综合思想效能"的有效路径。

全媒体格局具有开放性，播音主持专业人才培养也需要探索开放、科学和可持续性的育人路径，注重学生群体专业理论知识的掌握，创新播音主持专业实践教学思维与模式，适应全媒体格局下的市场需求。以校园媒体平台为核心，践行播音主持专业教育思想实验教学法的同时，将播音主持专业"全媒体矩阵"作为学生群体的创新实践平台，聚焦全媒体矩阵联合培养，打造播音主持专业院校的全媒体校园"中央厨房"培养模式。

"'中央厨房'主张打破传统的部门界限,实现信息和媒介资源共融、共有、共享。"[1] 播音主持专业院校的全媒体校园"中央厨房"建设,可以实现全员、全程、全方位的专业知识、思想与技能的整合,有益于实现全媒体信息的共享与增值,增强社会全媒体公信力的示范效能,进一步释放播音主持专业教育的思想引领功能。

在全媒体语境下,各播音主持专业院校在构建全媒体实验教学体系和实验教学平台方面做出了许多特色性的有益探索,在融合创新的思想践行效能的引领下,培养出了一批集采、写、编、录、播、剪以及内容分发与运营,融合创新思维于一体的播音主持专业高水平复合型人才。各高校根据自身院校学科群落特征和专业特色,对专业内部资源有机整合,逐步完善全媒体实验室运营模式。以中国传媒大学校园全媒体运行中心为例,其校园全媒体运行中心构成如图4-6所示。

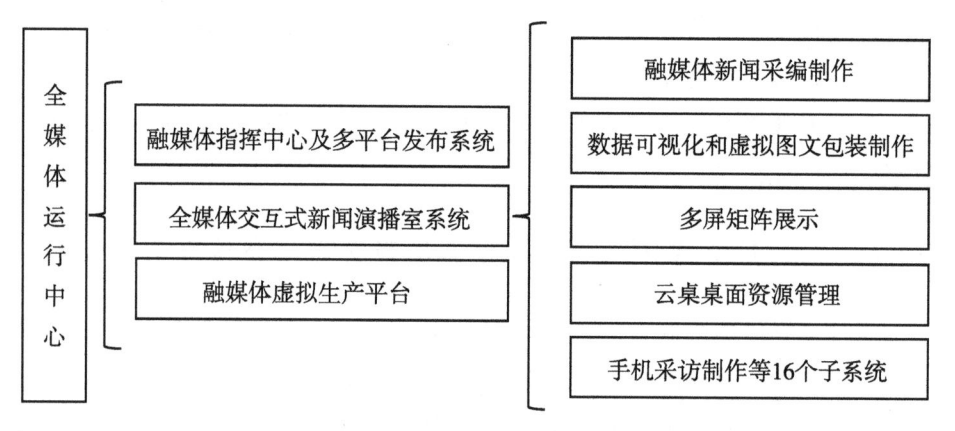

全媒体运行中心：
- 融媒体指挥中心及多平台发布系统
- 全媒体交互式新闻演播室系统
- 融媒体虚拟生产平台

- 融媒体新闻采编制作
- 数据可视化和虚拟图文包装制作
- 多屏矩阵展示
- 云桌桌面资源管理
- 手机采访制作等16个子系统

图4-6 中国传媒大学校园全媒体运行中心结构

中国传媒大学全媒体运行中心实现了对融合新闻转播、融合内容生产、互动运营及发布等多场景教学活动、实践模拟的全流程生产、演播和监控。通过校内外大型直播活动,全过程推动实验教学任务,实时掌握运

---

[1] 栗兴维. 媒体矩阵视角下的高校实践教学平台构建[J]. 新闻世界,2017(8):91-94.

第四章　思想引领功能：传播中国特色播音主持专业教育思想体系

行效果与信息反馈，有利于提升教育主体的全媒体融合创新思维，生产具有全媒体公信力的播音主持艺术作品。

因此，在巩固教师队伍优势和平台融合优势的前提下，打通传统媒体作品与新媒体作品的交流渠道，从在校生群体这一全媒体生产的源头做起，牢记使命、成风化人，推进有声话语艺术创作由作品增量向内涵拓深转变，用精品践行播音主持专业思想教育观，既是教育主体、教育客体的有机统一，更是打造科学、稳定的融合创新育人格局的思想保障，深化"综合思想效能"打造全媒体校园"中央厨房"建设的具体思路，如图4-7所示。

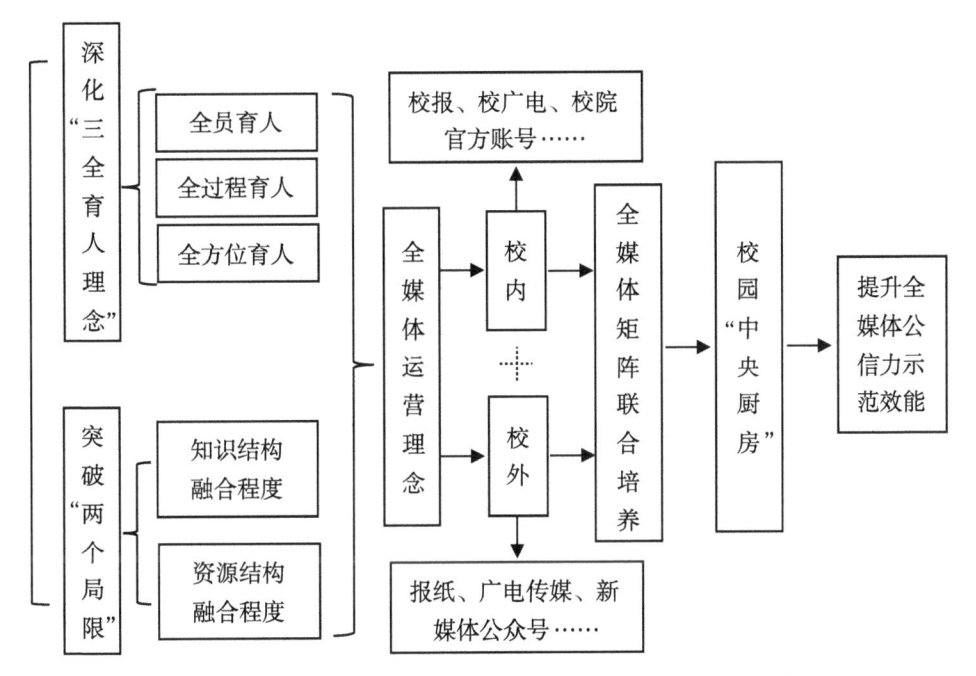

图4-7　播音主持专业院校全媒体校园"中央厨房"建设体系

通过对播音主持专业院校全媒体"中央厨房"建设体系的分析可见，构建全媒体校园"中央厨房"的运营模式是当前全媒体语境下播音主持专业教育发展的必经之路。其优势体现在两个方面：第一，在播音主持专业实践教学过程中有利于调整学生群体的知识结构，打破原有专业知识的局限,更好地培养全媒体运营思维和知识构成,挖掘学生群体的创新思想、创造能力及特长,释放播音主持专业教育求真务实的思想驱动效能和融合创新的思想践行效能;第二,全媒体运营理念可以打破传统教学选课模式,以院系媒体矩阵为切入口,调整专业教学的知识结构和实践结构,将实践课程延伸至校园电视台、校报、学校及学院官方网站、官方微博、微信等平台的内容创新与运营,再逐渐融合至校外平台,包括纸媒、广播、电视等传统媒体和新型网络媒体平台。基于项目生产中鲜明的有声话语艺术形态属性和思想定位,实现全媒体矩阵式联合培养,最大限度释放播音主持专业教育在融合创新思想方面的引领功能,更有益于各地方院校播音主持专业教育的品牌化发展。

本章小结

本章论证的是播音主持专业教育功能中的一个重要功能,即思想引领功能,集中探讨了中国特色播音主持专业教育思想体系的构建与传播问题,重点分析了思想与教育间的关系,明确了播音主持专业思想教育处于教育节奏的"精确阶段"和"综合阶段",确立了播音主持专业的思想教育理念。本章通过总结专业类及综合类播音主持专业院校的思想内容教学现状,明确了播音主持专业教育思想驱动效能释放思路,即发挥斯滕豪斯过程课程理论,逾越课程目标局限,培育学生群体思想意识,形成思想规范,转化思想行动,解决播音思想体系中求真务实的思想驱动效能问题。本章通过总结专业类及综合类播音主持专业院校导师集群、课程板块集群、平台集群的融合创新教学现状,分析融合创新的教学模式,实现导师效能、课程效能和平台效能的转化,增强播音主持专业融合创新的思想践行效能。

播音主持专业教育的思想引领功能不仅是深化高等教育立德树人的根本任务,更决定了播音主持专业教育主体的行动方向。本章以优化播音主

第四章　思想引领功能：传播中国特色播音主持专业教育思想体系

持专业思想教育理念为基础，努力培养具有正确人生观、价值观和创作观，具备扎实专业知识、多元文化结构、精通科学技能及厚植艺术素养的播音主持专业人才；以构建播音主持教育的思想实验教学法为依托，融合课堂实验、演播室实验和田野实验的综合实验教学法优势，突破知识结构和资源结构融合程度的局限性，推动播音主持专业院校的全媒体矩阵联合培养，从人才培育源头增强全媒体社会公信力的示范效能；以打造全媒体校园"中央厨房"为突破口，最大限度释放播音主持专业教育的思想践行效能，最大范围传播播音主持专业教育思想的知识价值、艺术价值和社会价值。

播音主持专业教育思想理念的优化和多种教学模式的融合创新，成为进一步实现播音主持专业教育主体理论性与实践性、主导性与主体性、灌输性与启发性以及显性思想教育与隐性思想教育相统一的基础，有助于进一步优化播音主持专业教育思想引领功能的释放。

第五章 文化创新功能：增进中国特色播音主持文化创造与艺术审美

教育既是育人之本、科学之根，又是文化之魂。"今天，教育比任何时候都无可避免地关系到一个国家的质量。"❶ 提高学生群体的思想内涵、学识修养、专业技能，离不开教育的文化建设。文化在广义上是指"人类在社会实践过程中所获得的物质、精神的生产能力和创造的物质、精神财富的总和。狭义指精神生产能力和精神产品，包括一切社会意识形式：自然科学、技术科学、社会意识形态"❷。如今，文化产业逐渐深入社会生产和生活，教育的文化建设所带来的物质财富与精神财富在一定程度上提升了人民的生活品质，但仍存在巨大的文化建设空间。雷蒙·威廉斯认为，文化是一个完整的过程，"文化的意义和价值不仅在艺术和知识过程中得到表达，同样也体现在机构和日常行为中"❸。可见，文化分析（文化建设）既是对某一特定生活方式、某一特定领域文化的思考，也包含对文化功能（包括显性价值和隐性价值）的估量，进而体现出文化内涵的完整性。因此，各专业教育承担的文化社会角色、释放的文化功能种类，成为文化建设的重要组成部分。

"有促进健康的教育，有促进认识的教育，有促进道德的教育，还有

---

❶ 克拉克·克尔. 大学之用[M]. 高铦，高戈，汐汐，译. 北京：北京大学出版社，2019：50.
❷ 夏征农. 辞海[M]. 6版. 上海：上海辞书出版社，2010：1975.
❸ 徐贲. 文化批评往何处去：八十年代末后的中国文化讨论[M]. 长春：吉林出版集团有限责任公司，2011：3.

促进鉴赏力和美的教育。"❶ 黑格尔认为美感教育就是理性和感性的统一，这种统一即为真正的真实。那么，艺术审美则成为一个错综复杂的美育问题。因为，审美感受力不会因为个体知识量丰富和文化修养高而自动生成，某一专业领域或门类下的审美感受力更会因审美对象、审美视角、审美标准、审美训练等方面的不同，形成差异的审美内涵、审美要义、审美规律和审美价值。因此，艺术类教育的文化创新功能离不开教育主体对专业文化的传承与创造，离不开教育主体对自身审美水平的要求。

播音主持专业教育的文化创新功能，体现了专业文化建设的艺术创造价值和艺术审美价值。因此，播音主持专业教育的文化创新，主要体现在对有声语言艺术作品和学术研究成果的文化传承、文化创造、文化审美与文化批判等方面。其中"文化传承与创造效能"和"文化审美与批判效能"是播音主持文化建设的重要效能基础，将有助于进一步促进播音主持专业教育文化创新功能的释放，培养出具有高尚家国情怀、文化修为、独立人格、审美思维和较高媒介素养与专业审美格调的播音主持专业人才。

第一节 播音主持专业教育的文化传承与创造效能

"中国大学能尽对过去与未来的责任，那是社会之幸，国家之幸，当然也是大学自身之幸！"❷ 高等教育承担着文化传承与创新的重要使命，既是对专业教育内涵的践行，也是对未来专业教育功能的再思考。专业教育对过去和未来的使命感又凝聚了高等教育核心的精神追求。教育哲学家布鲁贝克（Brubaker）认为，不论以什么理由构建的高等教育，其首要职能都是传承、创造和应用高深知识。因此，专业院校不仅是保护并传承传

---

❶ 席勒. 美育书简 [M]. 徐恒醇，译. 北京：社会科学文献出版社，2016：19.
❷ 李培根. 认识大学 [M]. 北京：商务印书馆，2015：51.

统文化的堡垒,更是现代文化创新的前沿阵地。

播音主持专业教育作为高等教育中不可或缺的专业组成部分,其智育、德育、美育等教育过程既是对社会生活的高度浓缩,又是专业理论构建的现实依据,具有不可替代的专业教育记忆。播音主持专业教育功能的本质不仅对当下专业教育成果负责,更对过去和未来的播音主持专业教育在知识育人、思想引领及文化传承与创造方面负责。播音主持专业教育的文化传承与创新,凝结了教育主体的历史记忆和审美共识,主要体现在对中国播音主持专业教育的薪火相传和播音主持语言艺术文化的兼容并蓄两个方面,有助于发扬播音精神、创新朝气蓬勃的有声语言艺术文化。

一、对中国播音主持专业教育的薪火相传

教育类辞书将教育定义为人类传递文明的手段,文化传承赋予专业教育以特殊的文化功能。播音主持专业教育的文化传承功能体现为对中国播音主持专业教育的薪火相传。播音主持专业教育既开创了中国独有的播音主持专业教育体系,又是新中国广播电视文化事业的基石。

自人民广播诞生以来,播音主持专业教育发生了重要的三次转型:1963年,北京广播学院中文播音专业创办,播音主持专业教育实现了从"'培训型'到'学历型','应急型'到'计划型'的转变"[1];1977年播音主持专业教育开启四年制本科培养,"实现了从'粗放型'到'集约型',从'计划型'到'自主型'的转变;1988年实现了从'集约型'到'发散型',从'自主型'到'竞先型'的转变"[2]。从20世纪90年代起,播音主持专业教育不断完善学历教育的层次,为中国特色播音主持专业教育的改革探索积累了丰富的实践教学经验,完善了专业理论基础,在一定程度上丰富了中国高等教育体系。与此同时,中国特色播音主持专业教育改革发挥了播音主持语言文化传播的影响力,成为中国广播电视文化事业发展的基石。

---

[1] 张颂. 语言传播文论(第三集)[M]. 北京:中国传媒大学出版社,2006:133.
[2] 鲁景超. 播音主持艺术12[M]. 北京:中国传媒大学出版社,2012:147-148.

第五章　文化创新功能：增进中国特色播音主持文化创造与艺术审美

播音主持专业教育经过60余年的薪火相传，进入了新的历史时期，学历层次划分更细致，人才培养规格大幅提升，从学士到学术硕士、专业硕士、艺术硕士和博士。在培养方向上也更加多元，综合各院校培养方向大致可以划分为新闻播音主持方向、综艺主持方向、影视配音方向、体育及电竞解说方向、网络主播方向等。在夯实通识课程、专业基础课程、专业实践课程的同时，播音主持专业教育越来越凸显类型化、差异化、审美化与个性化的人才培育特征，为广播电视语言传播、新媒体语言传播等媒介形态的有声话语传播起到良好的示范作用，体现了播音主持专业教育过程的文化审美功能。

播音主持专业教育的社会性、艺术性、文化性和新闻性贴近社会发展、文化生产和人民生活。然而，播音主持专业教育对文化的传播、传承必须有所选择。因此，播音主持专业教育一方面要避免生搬硬套其他国家的教育教学方式；另一方面要尊重全媒体传播方式的多元性。在继承具有中国特色播音主持专业教育模式及教学方法优势的同时，注重中国广播电视文化事业的兼容并蓄，形成与时俱进的专业教育发展文化格局。此外，播音主持专业教师群体，要注重提升自身关注文化教育环境和审美环境的意识，实现教师主体从独特性的教学实践积累过渡到特色化的专业理论建设，在语言文化传承过程中释放学生群体文化创新效能，保持播音主持专业教育的本真。

总体而言，播音主持专业教育既要致力于文化的创新，适应社会文化对高规格播音主持专业人才的需求，又要坚定对优秀传统文化的坚持，"因为传统文化往往也是文化创新的基础和前提，保护并发扬传统文化就是创新"[1]。因此，播音主持专业院校对中国播音主持专业教育的薪火相传，保证专业本位功能的释放，才能进一步发挥播音主持专业教育的文化创造与艺术审美。

二、对播音主持语言艺术文化的兼容并蓄

播音主持语言艺术文化的发展在播音主持专业教育过程中越来越具有

---

[1] 潘懋元. 大学的沉思 [M]. 北京：商务印书馆，2017：115.

开放性，这种开放性表现为对不同思潮甚至是具有一定功能异化形态的文化思想的包容。从教育功能中的"功能异化"视角来分析，思想文化功能的异化未尝不是未来某一发展阶段作出正确决断的"苗头"。面对文化边缘不断被突破的新时期，思想自由与思想保守的碰撞更容易形成新的文化创造。播音主持专业院校既是坚守国家通用语言和国家新闻事业的教育阵地，也是实现有声语言艺术文化开放与创新的主阵地。因此，播音主持作为一项创造性的活动，其活动范围与参与社会程度逐渐呈现学域扩张特征，形成了播音主持语言艺术文化兼容并蓄的发展格局。

第一，播音主持专业教育注重坚守国家通用语言文化的推广。

"扶贫先扶智，扶智先通语。"根据教育部发布的数据显示，截至2021年，全国国家通用语言普及率虽然已超过80%，但是大力推广和普及国家通用语言文字，弘扬以有声语言为载体的中华优秀文化，仍然是语言文字工作的先行任务。

以中国传媒大学播音主持艺术学院为例，该院教师群体积极响应教育部"推普助力脱贫攻坚"的号召，发挥全媒体传播优势，开展国家通用语言文字的在线示范培训工作。对口帮扶云南省丽江市宁蒗县教师，提升该县教师群体的国家通用语言文字能力。在培训过程中，播音主持艺术学院教师以有声语言创作为载体，组织了丰富多彩的语言实践活动，搭建了多层次的语言文化传播平台，助力国家通用语言文字推广，普及中华优秀文化的传承推广工作。通过实践帮扶，深化了播音主持专业教师群体对国家通用语言文化推广工作的认识，有助于在专业教学过程中身体力行，进而引领学生群体注重国家通用语言文化的传播与推广。

第二，播音主持专业教育注重语言文化多样性保护及教育层次。

播音主持专业文化的传播与发展不仅具有专业发展的历史继承性，同时也具有民族语言文化的地域性。不同民族、地域的有声语言文化又形成了新的文化多样性，为有声语言文化的创新发展提供了更大的可能。

各区域文化发展历史、发展特色及工作重心，给播音主持专业教育带来语言文化上的多样性。各播音主持专业院校在多语种文化传播平台的搭

第五章 文化创新功能：增进中国特色播音主持文化创造与艺术审美

建与交流方面，提升了区域民族有声语言文化的传播效果，培养了学生群体对有声语言艺术文化的创新意识。例如，四川师范大学注重播音主持专业教育过程中巴蜀文化的传播；浙江工业大学在播音主持专业教学过程中，注重区域文化精神特质，开设杭州文史览要、浙江文化专题、台港澳暨海外华文文学等选修课程；重庆大学注重重庆语言资源（方言）平台建设与应用，创新性融合听障儿童语言康复训练专业课程，注重康复训练基础理论、训练技巧和语言治疗教程等方面的研究；辽宁大学结合区域文化发展特色，引领东北地区播音主持专业院校培养本科层次口语传播人才。

作为社会意识形态的一种语言文化传播，关注不同民族、不同地域、不同语言表达方式形成的有声语言文化差异，将有助于增强区域性语言文化认同感，释放区域性有声语言生命力。从语言文化保护视角来看，注重差异性的有声语言文化现象，其潜在的历史文化价值在于推进中国地域方言文化的保护与建设。

第三，播音主持专业教育注重国际化有声语言艺术文化研究与人才培养。

从各播音主持专业院校的专业定位、特色优势和相关课程来看，播音主持专业教育越来越注重有声语言艺术文化的兼容并蓄和国际视野。以广东外语外贸大学、广州大学和华东师范大学三所非艺术类国家级一流播音主持专业院校为例，如表5-1所示。

表5-1 部分播音主持专业院校体现的有声语言文化的兼容并蓄与国际视野

院校名称	专业定位	特色优势	相关课程
广东外语外贸大学 新闻与传播学院	秉承"专业+外语+全媒体技能"培养理念，立足粤港澳大湾区，培养多语种播音主持人才及具有优质文化表达、文化交流、文化沟通能力和全球视野的口语传播人才	1. 双师型国际化专业师资团队；2. 专业化全媒体实践教学平台；3. 高层次多样化国际交流渠道	1. 较高要求的英语课程：综合英语（1、2、3）、基础ESP（1、2）、影视英语、英语国家文化、新闻英语（1、2）、网络视听说、英语文学；2. 通识选修课：跨文化传播、媒介心理学、大众传媒与社会；3. 专业选修课：多媒体传播应用、粤语播音与主持、整合营销传播、新闻发言人与新闻发布实务、英语播音基础、即兴口语表达（英）、英语新闻报道（1、2）、英语新闻特写、国际新闻编译、英语播音与主持、新闻口译（英）

续表

院校名称	专业定位	特色优势	相关课程
广州大学 新闻与传播学院	服务于粤港澳大湾区和"一带一路"发展需求，培养德艺并举、具有国际视野、熟悉粤港澳区域文化、适应全媒体及行业创新发展，传播中国声音的播音主持与口语传播人才	1. 对接粤港澳大湾区发展需求，培养粤语播音人才； 2. 多方协同育人，创建"2+2"人才培养机制； 3. 重视跨媒介复合能力培养	1. 语音发声模块：普通话语音、广州话语音； 2. 口语传播模块：修辞学、形式逻辑、人际传播与沟通、proposal 提案演示训练营、演讲与辩论、语言艺术教师训练营； 3. 节目主持模块：新媒体直播类工作坊； 4. 跨模块：粤方言基础理论、新媒体营销、快媒体融合报道、岭南历史文化、群媒体实践、国际新闻学、媒介文化
华东师范大学 传播学院	以马克思主义新闻观为指导，依托华东师大综合类研究型大学优势，坚守"全球视野，中国声音，秉中持正，追求卓越"的院训，培养适合媒体深度融合和创新发展要求，具有合作精神、国际视野和价值引领力的复合型播音主持及口语传播艺术人才	1. 构建学院"智慧与创意融媒体中心"； 2. 建设虚拟仿真实验教学项目和以学生实践成果为导向的实训工作坊； 3. 打造全媒时代，复合型播音主持艺术人才培养体系	1. 通识核心课程：理性、科学与发展；实践、技术与创新；思辨、推理与判断；文化、审美与诠释；传统、社会与价值；伦理、教育与沟通； 2. 专业必修课程：中外主持艺术研究； 3. 开放实践：暑假国情调查，融媒体中心工作实训； 4. 专业选修课程：编程基础、数据挖掘与分析、数据可视化、交互应用与用户画像、跨文化传播、国际传播与外交礼仪、欧美新闻媒体与政治、日韩亚文化与传播、双语播音与主持、国际新闻与主持； 5. 全英文课程限选课：Study of Post-Modern Film Theory；Philosophy of Motion, Chinese Culture in Film, Television Program Criticism and Analysis, Global Media and Global Issue：Listening and Speaking Practice, Mass Media and Society, Data Journalism, International Journalism：Theory and Practice

以上各播音主持专业院校在发挥有声语言文化的承载力和精神塑造力的同时，先后培养出国家通用语、粤语等的播音主持专业人才，通过多民

族语言艺术文化彰显中华民族文化的优良传统和精神气质。在国际化播音主持专业教育人才培育过程中，英语播音培育规模不断壮大。双语播音主持人才培养的院校还有重庆大学（双语播音主持）、河北大学（英语采访与报道）、江西师范大学（双语主持实训）、陕西师范大学（英语播音）等播音主持专业院校。

自 2016 年起，中国传媒大学播音主持艺术学院与教育部语言文字应用研究所合作设立"国家普通话水平测试海外培训测试中心的机制"，为有声语言艺术文化传播拓展与推广工作搭建优质战略合作平台。中国传媒大学用国际文化视野拓界、用特色交流项目链接文化传播平台，努力建设具有鲜明中国特色的国际传播理论和播音主持专业人才培养体系。

多年来，国家级一流播音主持专业院校先后与我国的香港、澳门、台湾等地区开展密切的学术交流，制定全系统交换生学习方案；与日本、韩国、新加坡、俄罗斯、美国、德国、荷兰、澳大利亚、马来西亚等国家和地区广播电视媒体及高校相关专业建立交流合作关系。在中国，也有越来越多的国际留学生参与到社会公益活动和语言艺术文化传播活动中，与具有中国特色的有声语言艺术文化产生新的碰撞。

第二节 播音主持专业教育的文化审美与批判效能

如何进一步释放播音主持专业教育的文化创新功能，即能否对过去与未来的播音主持专业教育做符合文化内在发展规律和适应外在文化发展格局的文化审美与批判，这也将成为一个专业教育文化生存与创新的标志。专业教育的艺术审美和艺术批判是教育主体专业能力与艺术素养的综合，体现为一种具有专业特色的人文精神，"语言传播中的人文精神就是要在创作主体与接受主体的'互动'中，帮助人们考虑如何正确处理自己与他人、自己与社会、自己与文化、自己与历史、自己与自己内心世界的关系"❶。因此,播音主持专业教育的文化审美与批判效能在潜移默化中对播音主持专业教育学生群体产生影响,这种影响能够直接感染创作主体,陶冶其艺术情操,形成有声语言艺术审美思维、批判思维、人文情怀和社会责任感。

在播音主持专业教育过程中,教师群体不仅要注重学生群体专业知识结构的优化和专业技能的提升,还要注重文化环境和艺术氛围的感染与熏陶,"实现美学功能将成为有声语言表达创新的追求"❷。播音主持专业文化"审美示范与导向"和"文化的选择与评价"成为影响有声语言创作主体文化审美效能和批判效能释放的核心内容。与此同时,播音主持专业教育客体的培育环境,将影响专业教育主体对有声语言艺术创作的积极性和创造性。因此,注重播音主持专业教育的文化审美与批判效能以及环境熏陶等影响因素,将有助于实现播音主持专业教育主体的自我认知价值、专业应用价值、艺术审美价值和文化引领价值。

一、注重播音主持专业教育的审美示范与审美导向

播音主持专业教育的审美导向与审美示范紧密相连,共同影响着播音主持专业教育的文化审美效能,导向价值与示范价值体现了播音主持专业教育特色与文化创新优势,为播音主持专业教育释放文化创新功能提供了重要的可能性。与此同时,注重挖掘播音主持专业教育过程中的审美导向与审美示范价值,是从专业人才需要和社会文化活动来认识播音主持专业教育的艺术审美特性的,这一艺术审美特性是播音主持文化创造的重要精神构成,有别于任何一个专业教育的艺术审美训练,将成为播音主持专业

---

❶ 李凤辉. 语言传播人文精神的阙失与重构 [M]. 北京:中国传媒大学出版社,2006:135.

❷ 柴璠. 当代广播有声语言的创新空间 [M]. 北京:中国传媒大学出版社,2006:1-10.

教育知识育人功能与思想引领功能的升华。

(一) 播音主持专业教育的审美示范价值

播音主持专业教育的审美示范体现在播音主持专业教育过程的方方面面，从知识育人功能的"知识结构分化与综合"到"知识活动的反馈与转化"，从思想引领功能的"思想教育观"到"融合创新思想"，播音主持专业教育的文化传播内容、文化表现形式和艺术语言的审美氛围给播音主持专业学生群体带来了深刻的影响。无论是播音主持专业教育的本科生还是研究生，他们处于专业学习和价值形成的关键阶段，审美观也同人生观和价值观一样，对其学习、工作及职业规划产生重要影响。因此，这种审美示范价值对于有声语言艺术作品创作而言，属于创作主体的精神创作起点，具有专业文化的必然性，是专业艺术创作不可或缺的精神要素。播音主持专业教育的审美示范价值主要体现在播音主持专业教育有助于提升创作主体的审美感受力和专业的艺术感染力两个方面。

1. 提升创作主体的审美感受力

审美示范是建立在规范化语言创作层面之上的一种文化层面的示范，主要源于播音主持专业教师群体、行业导师群体和业内优秀工作者，他们精湛的业务能力，一丝不苟的创作态度，执着的创作精神以及源源不断的创作热情，给播音主持专业学生群体提供了重要的审美示范价值，激发学生群体形成专业性的审美感受力。

从审美示范到审美感受力的逐渐形成，在这个过程中离不开播音主持专业教育的教师群体、知识结构体系、话语能力体系和播音思想体系的综合推进。因为审美感受力是一种专业的能力和专业的素养，属于专业教育范畴，强调播音主持专业教育的独特性，其教育对象需要系统性的培育。中国传媒大学播音主持艺术学院赵俐教授在接受媒体采访时表示，"教学是唤醒和等待的过程，通过教案设计、听辨'开方'、示范引导等多个环节，向学生传授专业知识，分享人生体验，实现师生互动"❶。可见，一部成功的有声艺术作品需要教师群体带领学生群体经历创作前期的精心准备、创作过程的精雕细琢、创作后期的精良设计等一系列环节，才能起到"亲其师，信其道"的审美示范作用，进而激发学生群体对于有声语言艺术文化的创新与探索。此外，老一辈播音主持专业的杰出教师以及播音员主持人，例如丁一岚、齐越、萧岩、夏青、葛兰、潘捷、方明等前辈，他们的专业素养、艺术创作品行、播音创新精神以及他们代表性的艺术作品，具有极强的审美示范价值，是无形的艺术精神财富。目前，各学历层次学生群体对具有典型示范价值的播音员、主持人在播音创作方面的研究也越来越深入，这些研究对于指导有声语言艺术创作和创新性的语言艺术文化思考具有重要的参考价值。

　　提升创作主体的专业性审美感受力，是播音主持专业美育的核心，审美感受力的提升离不开播音主持专业教育的审美训练，规范性的审美训练是获得专业审美规律的起点，更是满足大众审美需求、提升行业审美水平的必要环节。学生群体在有声语言艺术创作过程中，一遍又一遍领会文本作品的深刻内涵，一遍又一遍尝试将图文语言转化成个性化的有声话语，大量专业性的审美训练，引导学生群体深刻理解审美对象、审美视角和审美标准等因素，最终确定作品的表达基调和表现手法，不断获得新的审美感悟、审美领悟和审美顿悟。"顿悟是知识对知识进行加工过程中，知识自组织产生的整体大于部分之和的系统特征。"❷ 而审美顿悟必将体现在强烈的审美感受力基础之上，生长于大量的审美训练中。播音主持专业教育的审美示范具有极强的操作性，体现了独特的专业特色和示范价值，有助于学生群体在审美训练的过程中形成专业审美规律，更有利于提升有声作品的艺术感染力，为进一步激发创作个体的审美顿悟，发挥播音主持专

---

❶ 尚新英，陈艺文．赵俐：很幸运一直走在教书育人的路上［EB/OL］．（2020-01-08）［2025-04-07］．https：//mp.weixin.qq.com/s/8SiMq-LSRKe78C-NDlZSNg．

❷ W. H. Thorpe. Learning and Instinct in Animals［M］. London：Methuen & Co. Ltd, 1963：71.

业教育的审美导向价值打下坚实的艺术文化基础。

2. 提升专业作品的艺术感染力

有声语言作品的艺术感染力不仅离不开创作主体的审美感受力，更离不开创作主体对于传统美学底蕴和专业美学内涵的认识，二者的融合将成为凸显专业作品艺术感染力的保障。以艺术学门类为例，其中音乐、舞蹈、戏剧与影视、戏曲与曲艺、美术与书法等学科创作的艺术作品，其创作主体的审美感受必然有相通之处，但也一定有审美力量之别，其创作的艺术作品的主题必然有相通之处，但也一定有感染力之别。尤其在特定的时期、特殊的环境，面对不同的人群，不同门类和表现方式的艺术作品将形成不同层次的艺术感染力。因此，在培育播音主持专业学生群体审美感受力的基础之上，融合传统美学的底蕴和专业美学的内涵将成为播音主持专业美育文化的基础，而在这一漫长的专业美学文化积淀过程中，专业教育的审美示范价值尤为关键，既包括教师群体对传统美学与专业美学内涵的诠释，也包括专业院校对美育理念的定位与传播。

综上可见，创作主体与创作客体相互依存，播音主持专业教育的审美示范价值主要体现在对创作主体审美感受力的培育和有声作品艺术感染力的影响两个方面，播音主持专业教育审美示范价值的核心内涵如图5-1所示，可将其视为播音主持专业教育文化审美的第一阶段。

（二）播音主持专业教育的审美导向价值

有声语言艺术的审美示范价值主要指播音主持专业教师群体（包括业界导师群体）、杰出人物、经典创作案例或事件对学生群体产生的审美榜样作用，直接或间接影响了学生群体的审美观和创作观，其中包括该以何种方式传播知识、信息等文化元素，又该以怎样的有声语言创作姿态去传递思想与情感。而在一定程度上，播音主持专业教育的审美导向价值要复杂于审美示范价值，审美导向价值追求创造性的文化审美效能的释放。播音主持专业教育审美示范过程与审美导向过程最大的区别如图5-2所示。

审美示范强调的是从教育主体到学生个体人格的熏陶，而审美导向在

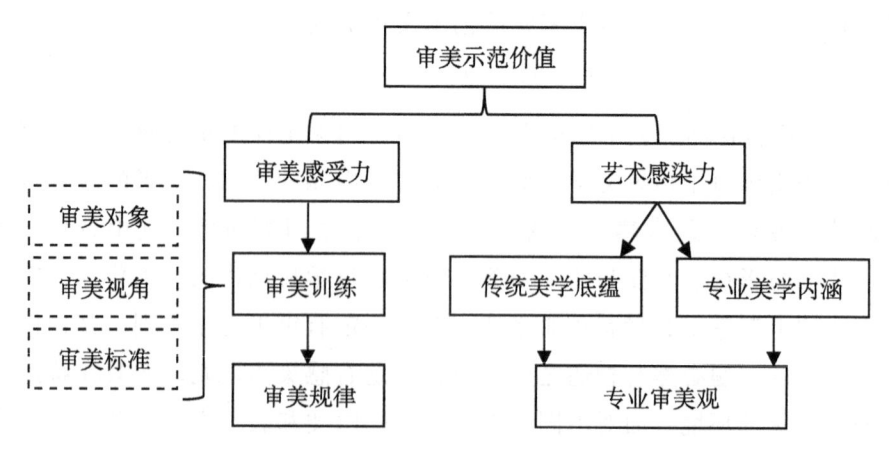

图 5-1　播音主持专业教育文化审美的第一阶段

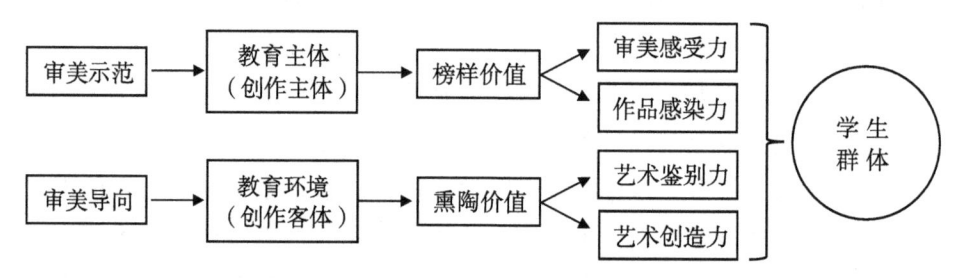

图 5-2　播音主持专业教育审美示范过程与审美导向过程的区别

一定程度上强调的是从环境到学生个体人格的熏陶，一个强调以人为核心的榜样价值，另一个强调以环境为依托的熏陶价值。审美示范效能更容易实现人格、气质、性格、理想以及价值观等方面的整合，促进个体功能社会化，注重学生群体在冲突均衡范式下的专业创作。审美导向则注重从创作客体视角出发，考虑教育环境和教育导向作用下形成的文化环境，体现了专业教育审美导向的内在价值，其实在教育社会学的研究中也认为"社会环境会对教育成就产生重要影响"[1]。

---

[1] David Harding. Rethinking the Cultural Context of Schooling Decisions in Disadvantaged Neighborhoods：From Deviant Subculture to Cultural Heterogeneity [J]. Sociology of Education, 2011, 84 (4).

第五章　文化创新功能：增进中国特色播音主持文化创造与艺术审美

因此，以审美示范为前提，培养学生群体的艺术文化格调，强调审美导向目标对专业人才的要求，努力实现播音主持专业人才的整体性、稳定性、创新性和社会性特征。如果说审美示范价值重点突出学生群体的审美感受力和作品感染力，那么，审美导向价值则重点强调学生群体的专业艺术鉴别力和艺术创造力，主要体现在跨学科的审美创造和环境熏染两个方面。

1. 提升创作主体的艺术鉴别力

艺术鉴别力，也可以理解为一种较高层次的审美能力。这种审美能力有助于学生群体在复杂的媒体创作环境中，做出准确的审美判断，不哗众取宠，不夸大其词，不滥用技巧，不随波逐流，规范、客观、真挚、鲜活地引领有声语言艺术创作，尤其体现在跨领域的文化审美鉴别方面。在播音主持专业教育过程中，专业文化的建设需要清晰明确的建设目标，这一目标指向有声语言内容创作的专业独特性和不可替代性，是有声语言艺术创作的审美导向，对播音主持专业教育主体具有艺术指导作用。因此，有声语言艺术对跨领域艺术鉴别目标的设定有其结构层次的要求，并注重复合性导向，主要体现在知识、能力、素养三个方面。在专业文化目标的导向下，从三个层次着重培育学生群体的跨领域艺术鉴别力，有利于树立其正确的审美观念，发挥播音主持专业教育的审美导向价值，如表5-2所示。

表5-2　专业文化目标导向下的有声语言艺术鉴别层次

鉴别层次	专业文化目标导向
知识	注重中国播音学基础理论与美学、哲学、心理学、社会学等理论相结合，在开阔的艺术性知识理论视野下，思考播音主持专业知识体系与文化知识体系的关系，讨论有声语言艺术作品与艺术家的关系，在它们的关系中思考有声话语艺术创作在人类文化体系中的位置
能力	培养有声语言创作主体的审美感受力，提高审美鉴赏力、想象力和创造力
素养	注重提升个人审美情趣，将专业素养融合到审美意识与生活理想中，实现多方面导向的播音主持专业教育文化目标

在清晰的审美导向目标作用下，确立专业创作导向和艺术追求，有助于创作主体艺术鉴别力和文化创造力在潜移默化的理解与表达中形成具有影响力和导向性的艺术作品。例如，在中国传媒大学播音主持艺术学院新生入院誓词中提到的"刻苦锤炼语言功力"和"催生有声语言典范"体现了鲜明的有声语言艺术文化目标。明确的目标将更好地释放专业教育文化的审美导向功能，创作主体以此为标准，提升艺术鉴别力，为播音主持专业教育的文化建设注入活力、生机与智慧，逐渐完善播音主持专业教育特色化的文化目标建设，提升创作主体的艺术创造力。

2. 提升创作主体的艺术创造力

播音主持专业教育的审美导向价值还体现在融会贯通的跨学科艺术创造力方面，这一创造力的生成需要时间的积淀与文化的熏陶。所谓时间的积淀，主要指以提升创作主体审美感受力、专业作品艺术感染力、创作主体艺术鉴别力为基础，发挥播音主持专业教育的审美示范价值，进而通过多学科的表达视角、创新性的表现方式和技术应用，追求专业文化目标导向作用下的艺术综合创造力，形成具有导向性的审美创造价值。

所谓文化的熏陶主要指语言艺术对审美人格的熏陶功能，文化熏陶的意义是实现从环境熏陶到审美主体塑造的目的。"熏陶功能主要是大学文化通过所塑造的环境和氛围，以潜移默化的方式对大学文化主体构成影响，使其对主体的世界观、人生观、价值观和审美观的形成过程产生促进与推动作用。"❶ 播音主持专业教育的文化熏陶注重培养播音主持专业教育主体，尤其是学生群体的审美情操，指导学生群体学习专业知识和实践技能的同时，用所学专业的艺术视角丰富课余生活，因为"无论什么时候，我们产生了美的体验，你就在与精神交流"❷。精神的自由交流在播音主持审美的意义上具有丰富的文化内容和形式。例如，参与有声书的演播、电影电视剧的配音、各种语言类文艺演出以及与专业艺术创作相关的

---

❶ 王智平，李建民．大学文化论［M］．北京：中国社会科学出版社，2009：85．
❷ R. Carlson, B. Shield. Handbook for the Soul［M］. Boston：Little, Brown and Company, 1995：3.

第五章　文化创新功能：增进中国特色播音主持文化创造与艺术审美

志愿者服务等工作，实现创作主体、创作素材、创作手段、传播方式、传播影响力等各个环节所产生的主动或被动的熏陶与感染。由此激发有声语言创作主体在审美氛围的环境中提高自身的人格修养、艺术素养和专业综合能力，推进播音主持专业教育主体的跨学科审美创造力以及对真、善、美的追求，实现播音主持专业教育隐性熏陶功能的转化，发挥播音主持专业教育的审美导向价值。

综上可见，播音主持专业教育的审美导向价值主要体现在对创作主体艺术鉴别力的培育和艺术创造力的熏陶两个方面，播音主持专业教育审美导向价值的核心内涵如图 5-3 所示，可将其视为播音主持专业教育文化审美的第二阶段。

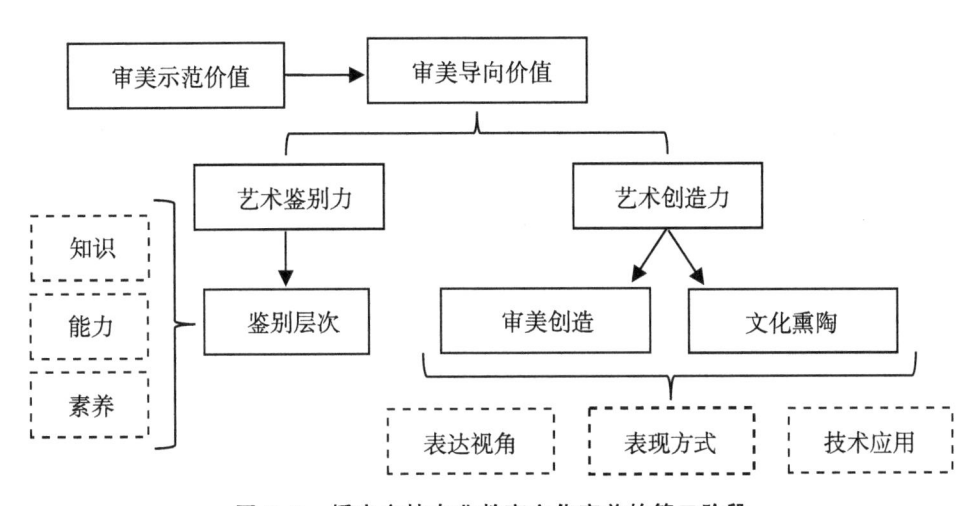

图 5-3　播音主持专业教育文化审美的第二阶段

中国传媒大学播音主持艺术学院李洪岩教授在论及"发挥媒体示范作用，加强语言多重规范"时表示，"媒体语言传播带有鲜明的文化性，'以文化人'的语言浸润成为媒体语言传播工作的一种文化自觉，这种自觉遵从着文化传播的社会心理诉求，加强了文化层面的规范"[1]。溯源媒

---

[1] 李洪岩. 发挥媒体示范作用 加强语言多重规范 [N]. 中国教育报，2020-10-23（9）.

体语言的文化规范，也再次印证了播音主持专业创作主体审美感受力、艺术鉴别力和艺术创造力的重要作用。主流文化目标作用下的跨学科文化审美创新与专业发展和民族精神紧密相连，音声化的文化传播方式本身就是一种文化规范下的审美表达、审美示范与审美导向。

二、注重播音主持专业教育的文化选择与文化批判

高等教育作为文化子系统中的重要组成部分，释放着承前启后的文化传承与转化效能。播音主持专业教育作为高等教育中的分支专业，除释放播音主持专业教育的文化传承、文化创造和文化审美效能外，播音主持专业教育的文化选择、文化评价与批判效能的释放，成为专业文化使命的关键，更是催生有声语言典范，弘扬民族精神的重要文化根基。有学者认为，"教育是一股社会力量，是批判、判断与客观态度的发展"[1]，本书认为，释放播音主持专业教育文化批判效能的基础来自专业教育的文化选择与评价，有选择性的文化积累、文化传承与文化批判是创新播音主持艺术文化的必要前提。

（一）播音主持专业教育的文化选择

高等教育学家潘懋元认为，文化选择的过程，也是文化评价的过程。[2]没有文化评价就不可能作出选择。播音主持专业教育根据社会和高等教育的发展，依据播音主持艺术文化的开放性，民族语言的特殊性以及大众、组织和人际传播的社会需求等特征，以正确的价值观、有声语言创作观和传播准则为前提，进行播音主持专业教育的评价与选择。播音主持专业教育的文化选择主要体现在培养目标、授课内容、授课主体和培育环境四个方面。

---

[1] Paul Hager. John Anderson on Critical Thinking [J]. Educational Philosophy and Theory, 1994, 26（1）：55-56.

[2] 吴光辉. 高等教育与文化的互动关系说：解读《潘懋元论高等教育》[J]. 中国地质大学学报（社会科学版），2003（5）：51-54.

第五章　文化创新功能：增进中国特色播音主持文化创造与艺术审美

1. 培养目标方面

"想要培养出高素质的优秀人才，就需要高等教育的工作者对其进行世界观、价值观、道德观、人生观等的一系列培养，这些内容就是文化选择的核心点。"[1] 播音主持专业教育的培养目标是培养出弘扬民族精神，适应传媒产业发展，传承有声语言艺术的新型播音主持人才，可以将这一培育过程理解为对播音主持艺术文化选择进行的更深层次的理解与创造。它需要把继承和发扬播音文化作为培养人才的基本素质要求，潜移默化地渗透学生群体的身心成长与有声语言艺术创作过程中，使其肩负时代重任。

2. 授课内容方面

教育主体在面临信息时代的"文化爆炸"与"知识焦虑"的同时，必然要作出文化选择，专业教育发展亦是如此。播音主持专业教育的知识体系庞杂，多元学科思想和实践项目的介入，授课内容（课程体系和教材体系）的文化选择具有了必然性。播音主持专业教育的文化选择，一方面降低了学生群体在信息狂潮中被冲垮的风险；另一方面精准定位多元化的行业需求。

以播音主持专业院校陆续开设的全媒体实践课程、专业拓展课程以及具有综合属性的必修课程为例，其中河北大学播音与主持艺术专业特色拓展课，在第二学期开设"冬奥体育项目战术分析课程"，在第五、第六学期连续开设"体育解说与评论课程"、"冰雪（双板、单板）社会指导员资格培训"和"体育赛事摄像与现场直播"等特色拓展课程；中央戏剧学院播音与主持艺术专业必修课程，包括具有院校属性特征的"表演元素训练课程""中国话剧""中国戏曲""外国戏剧"等选修课程；上海戏剧学院播音与主持艺术专业开设"艺术嗓音技巧""演播空间应用技巧"等具有表演属性的专业基础课程；浙江工业大学播音与主持艺术专业必修课程中包含"大学数学"在内的偏理科类课程。个别院校开设了融合现代传

---

[1] 晁瑶，王芳芳．浅析高等教育的基本功能：文化选择与创造［J］．新西部，2019（33）：125，135．

媒文化属性的实践课程，如电子竞技解说、网络直播等方向的纵深课程。

可见，各院校所设课程内容及表现形式具有鲜明的院校属性与专业属性相结合的特征，其有助于播音主持创作基础理论、广播电视语言传播理论、口语传播理论体系以及播音教育学、播音心理学、播音哲学等理论课程的效能转化。越来越丰富的转化成果，印证了播音主持专业教育文化选择的重要价值。

授课内容方面的文化选择离不开播音主持专业教育的教材编制选择，教材是授课内容选择的重要依托。教材选择立足于对学生群体专业知识、专业技能和业务综合文化素养的培育。而当前也存在教材种类混杂，理论知识结构纵深度不强，有声语言艺术分析浮于节目形态等现象。从各区域内国家级一流播音主持专业院校教材使用情况来看，教育主体的主观认识处于趋同存异的状态，主要取决于各院校属性（艺术类、师范类、理工类等）和特色发展理念。中国传媒大学播音主持艺术学院人才培养方案和教材体系为全国播音主持专业教育作出了突出性的知识贡献，部分播音主持专业院校的专业必修课程体系主要沿用中国传媒大学播音主持艺术学院的教材体系。当然也有部分院校结合区域优势和院校属性编撰具有各自院校特色的教材，为播音主持艺术文化功能的释放作出了一定的贡献。以广州大学为例，该校新闻与传播学院的播音与主持艺术系打造具有区域特色的教学团队，组建了粤语播音、全媒体主持、口语传播三个教师团队，在开设除播音发声学、普通话语音、播音创作基础、即兴口语表达、视听语言、音频节目主持、新闻类电视节目主持等一系列传统专业核心课程外，融合广州话语音等课程，并编写了国内第一批粤语播音教材。当然，还有部分院校并没有完成编制隶属于本校特色培养目标的优质教材的任务，尚处于专业发展与文化选择的摸索期，课程体系的设置是否真正符合个体院校的人才培养计划，还有待进一步分析与论证。

文化选择是一个漫长又紧迫的选择过程，评价准则的差异性、生源情况的差异性以及区域属性和院校属性的不同，都会影响播音主持艺术文化选择。面对选择，我们要尊崇高等教育新格局、传媒体系新方向、媒体行

第五章 文化创新功能：增进中国特色播音主持文化创造与艺术审美

业发展新趋势，作出具有科学性、稳定性和创新性的播音主持艺术文化选择。可以预见的是播音主持专业教育的文化选择将是多姿多彩的，播音主持专业教育的教材体系是具有民族继承性和文化前瞻性的。因此，就授课内容层面而言，无论是播音主持专业的课程安排还是教材体系规划，既要成为播音主持专业文化发展趋势的风向标，又要成为传媒时代播音主持专业教育的代表作。

3. 授课主体方面

播音主持专业教师是播音主持艺术文化的主要传授者。教师群体对讲授内容的安排、讲授方式的选择，直接影响了播音主持文化的选择方向，特别是专业课教师的文化选择，包括对小课组教学形式的规划、课程材料的选择和技术设备的应用等，都具有较高的自主选择权利。

部分播音主持专业院校授课形式采取"竞争上岗"的模式，每个授课小组由2~5人组成，明确一个媒体急需岗位，进行竞争上岗，这一教学形式就是一种文化选择的结果。只有播音主持专业教师群体根据培养目标、学生个体情况以及媒体发展需求和学科发展定位来进行文化的传播和授业，选择合情合理的教学手段，积极参与到播音主持艺术文化的选择中去，才能够科学、规范地代表专业教育做出合理的文化选择。

播音主持专业教师作为播音主持专业教育选择的承担者，其道德品质、思想价值、审美情操、教育理念、教学模式以及交流习惯等个体因素，都对播音主持专业教育学生群体产生深刻的影响。因此，播音主持专业教师群体的个体素养与文化选择有机统一，才能催生有声语言典范，持久、生动地进行播音主持艺术文化的传播。

从某种程度上来说，播音主持专业教育院校对于播音主持教师群体的选择也是一种对文化的选择。当前，各播音主持院校对于教师群体的要求越来越严格，包括对教师群体个人修养、知识结构、业务创作实力、科学创新能力、艺术审美水平及道德情操等方面的要求。这些文化选择的标准决定了教师群体文化选择的内容，又进一步影响播音主持专业文化的选择。因此，授课主体作为传授者和承担者，注重对其艺术选择能力、艺术批判能力和艺术鉴赏能力的提升，对于传承和创新播音主持艺术文化选择，释放高等教育文化选择效能意义重大。

4. 培育环境方面

有学者认为学校是一种极为典型的培育环境，设置这样的环境影响了环境成员的智力和道德倾向，因此将校园环境建设称为"隐形课程"。播音主持专业院校现已形成包括鲜明教学氛围、实践创作氛围和实习体验氛围的教学环境体系，这是一代代播音主持专业教育主体共同创造的成果，是播音主持专业教育文化的智慧结晶。

播音主持专业教育院校鲜明的培育环境也是文化选择的重要条件。注重对播音主持专业校园环境的文化选择（校风校训、师生关系、校园活动、社团组织、各项规章制度的完善以及实验设施的健全等方面），凸显了播音主持专业教育综合而立体的文化选择价值，将有助于播音主持专业教育在不断壮大、创新的过程中挖掘培育环境所体现的隐性功能，打开新的艺术文化视角，逐渐形成生动且符合社会发展趋势的艺术文化批判。

（二）播音主持专业教育的文化批判

文化批判是播音主持专业教育进步的必然要求，因为"教育的批判与一般哲学的批判并不等同，哲学为教育提供一般原理，教育则是使哲学的智慧具体化并经受检验的实验室"❶。专业教育的文化批判推动了专业教育的发展，而在具象化的批判进程中重点强调批判性的思维和修识。《世界高等教育宣言》要求高等教育必须增强其批判功能，并且描述了批判素质的三层含义："第一，批判性思维和创造力，属于思维层面的批判；第二，分析、思考社会问题的批判精神，属于精神层面的批判；第三，能够完全独立地对各种社会问题进行分析，属于社会责任层面的批判。"❷ 就播

---

❶ John Dewey. Democracy and Education [M]. New York: The Macmillan Company, 1920: 384.

❷ 任银平. 浅析高等教育的文化批判功能 [J]. 浙江万里学院学报, 2014 (6): 95-98.

第五章　文化创新功能：增进中国特色播音主持文化创造与艺术审美

音主持专业教育而言，无论是培养学生群体的思辨力和创造力，还是提升学生群体对社会问题的分析力和批判力，创新播音主持专业艺术文化体系，都需要播音主持专业教育主体以一种理性的艺术创作精神对社会文化、专业文化进行评价、选择和批判，从而引导社会传媒领域营造良好的学术文化氛围和社会行业氛围，从专业教育视角规范社会文化的转型和创新。

播音主持专业教育的文化批判效能，离不开教育主体的批判思维、批判精神和高度的社会责任感以及开放的学术环境、实践教学环境的影响，这些因素将成为释放播音主持专业教育文化批判效能的重要前提。因此，播音主持专业教育系统的人才优势首先决定了批判精神的存在。从国家级一流播音主持专业院校的培养目标、毕业生具备能力及素养指标的具体情况分析，有五所院校在批判性素养培育方面表现较为突出，如表5-3所示。

表5-3　国家级一流播音主持专业院校体现的批判性素养（2025年）

序号	院校名称	培养目标、能力（节选）
1	中国传媒大学播音主持艺术学院	具有较强文化传承意识、导向意识和社会责任感
2	上海戏剧学院电影电视学院	具有强烈的文化自信、社会服务意识与公民责任感；具有较高的创新精神，艺术修养；具有思辨和批判思辨能力；具有文化传承的责任意识和善于传播的历史担当
3	中央戏剧学院电影电视系	具有为祖国为人民为社会主义事业服务的使命感、勇于探索开拓的创新精神，能够传承中华民族传统美学精神
4	华东师范大学传播学院	具有高度的社会责任感；具备责任担当和国家认同；拥有强烈的文化自觉和社会责任感
5	河北大学新闻传播学院	具有一定的思辨能力和创新能力；自觉践行社会主义核心价值观，具有强烈的社会职业认同感

资料来源：源于各院校官网的公开资料和调研采访资料。

以上播音主持专业院校注重培养学生群体坚守职业规范，服务建设社会主义文化的责任感和使命感。有些院校也特别强调了思辨精神和艺术鉴赏能力，但综合播音主持专业教育在全国院校的培养方案，透过文字表述情况，截至 2025 年，仅有 5 所院校在"批判性素养"培育方面体现得较为突出。

从促进社会文明进步和高等教育改革的视角分析，各专业教育发挥了重要的文化"批判作用"（the critical role）[1]。播音主持专业教育系统中的教育主体和教育客体以及教育环境（硬环境和软环境），在掌握系统、专业文化知识和专业技能上占有一定的专业属性优势，在融合教育主体自身批判精神的基础上，具备了创新播音主持专业知识的前提条件和创新能力。近年来播音主持专业教育的学术地位日渐提升，播音主持专业教育鲜明的艺术独立性也为文化批判功能提供了新的理论研究视角和艺术形态创新的可能性，为专业教育功能的深化赢得了较大的独立空间，推动播音主持专业教育形成具有鲜明知识特征的艺术文化批判功能。

综上对播音主持专业教育的培养目标、授课内容、授课主体和培育环境四个方面的分析可见，增强播音主持专业教育在各方面的艺术文化选择意识，有助于提升播音主持艺术文化的批判思维、批判精神和社会责任。从广义来看，是深化高等教育的文化发展，从狭义来看，是实现播音主持专业教育文化创新功能的转化。在播音主持专业教育的文化体系中，有声语言创作过程的各个环节都具有文化选择、文化批判和文化创新的可能性，既涵盖科学技术上的文化创新，也涵盖专业技能上的文化创新，更涵盖了创作思想上的文化创新。因为播音主持专业教育所培育的传媒人才，在具有较高的有声语言艺术审美观、创作观，传承中国特色播音主持艺术文化的使命感以及宽广的国际视野外，还具有勇于探索和开拓创新的专业文化精神。在一定程度上，确保了播音主持专业院校学生群体更好地适应社会的需求并引领播音主持专业教育事业的进步。

---

[1] Kathy Hytten. The resurgence of Dewey: Are his educational ideas still relevant? [J]. Journal of Curriculum Studies, 2000, 32 (3): 453.

本节探讨的播音主持专业教育的文化审美与批判效能是激发播音主持专业教育活力,体现专业文化魅力的重要内因之一。无论是文化传承与创造效能还是文化选择与批判效能,都将不断融合专业教育主体的学习和生活,养成有声语言文化审美熏陶的习惯,形成新的文化价值,最终实现个体审美效能和文化批判效能的社会化,对于推进艺术类专业教育改革与人才高质量培养具有必要的现实意义,既是播音主持专业教育功能所需,也是传媒人才培育所期。

第三节 促进播音主持专业教育文化创新功能的释放

播音主持专业教育之所以要释放文化创新功能,不仅是因为传媒环境与社会变革需要其适应社会文化的发展节奏,还因为播音主持专业教育本身具备了释放文化创新功能的诸多内部条件。

第一,就播音主持专业教育的教师群体而言。

播音主持专业教育领域现有大批教授、学者等高水平杰出人才,部分专家历经播音主持专业教育事业发展的各重要历史阶段,不仅拥有丰厚的专业知识和文化结构,具有宽广的学术研究视野,还带领了多支科研能力强、具有跨学科创造性思维的研究型教师队伍。他们尤其对有声语言艺术创作领域有着开放性、前沿性的创作体验和认识,有助于探索智媒时代播音主持专业教育的改革路径与文化创新。

第二,就播音主持专业教育的学生群体而言。

播音主持专业教育的本科生和研究生具备极强的新闻敏锐性,拥有较高的业务素养和文化修识,对语言艺术有着持之以恒的热爱,具备有声语言创造性的探索精神,是重要的追求有声语言艺术真理的知识群体。

第三,就播音主持专业教育客体而言。

当前国家级一流播音主持专业的部分院校,拥有较为尖端的教学设备，拥有虚拟实验室，与国家级、省级广电媒体共建教学基地，与新媒体平台联合研发媒介产品，积累了一定的教学和市场经验。越来越丰富的学科图书及期刊资源，宽容、自由的学术环境和创新空间为教育主体提供了良好的文化创新氛围，更加有利于播音主持专业教育学生群体自主探索专业知识结构、有声语言艺术创作以及跨学科发展等相关议题，在较为完备的专业发展空间内传递创新性文化思维。

第四，就播音主持专业教育交流平台而言。

国际化的交流平台和窗口，有利于多种语言文化的相识与碰撞，激发教育主体的文化创新意识，引导教育主体将专业文化创新的理念走在社会文化发展脚步之前，对社会范畴内的专业文化真正起到引领和示范的作用。

基于播音主持专业教育诸多优质的内在文化创新条件和当前所体现的文化创新功能，通过强化具有开放性和内聚性的播音主持专业教育文化共同体，以培养兼具播音主持艺术独特性和创新性的学术文化传承人两个方面为突破口，进一步实现播音主持专业教育主体创造性与语言文化多样性相统一，播音主持专业教育主体审美性与语言艺术批判性相统一，释放播音主持专业教育的文化创新功能。

一、强化开放性和内聚性的播音主持专业教育文化共同体

强化开放性和内聚性的播音主持专业教育文化共同体，首先要认清播音主持专业教育当前所面临的文化迁移现象。文化迁移，"泛指文化整体结构及功能的变化。内容包括文化潜移、同化和传播等，具体表现为文化特质、文化丛或文化内容和结构的增减或变动的过程"[1]。引起播音主持专业教育文化迁移的主要原因是智媒时代教育主体的泛文化接触、高等教育改革、专业教育互融、传媒结构革新、信息技术升级、传播内容及路径

---

[1] 夏征农. 辞海[M]. 6版. 上海：上海辞书出版社，2010：1975.

多元、播音主持专业教育主体价值观冲突以及社会关系转变等众多相关因素。这些因素都直接或间接影响着播音主持专业教育主体的思维结构，容易分解原文化形态间的理论关系。文化的开放性也在一定程度上撼动了原文化理论的固有地位，削弱了专业文化的内聚性特征。

播音主持专业教育理论体系和文化结构是专业教育发展的生命线。因此，强化兼具开放性和内聚性的播音主持专业教育文化共同体，将成为提升专业教育"文化气质"❶的基石和发展要义。一个具有学科生命力的文化共同体一定是具有开放性和内聚性特征的。"开放，意味着学科能够吐故纳新，不断吸收新鲜的学术养分，涵养学术活力；内聚，意味着学科能够始终保持特有的学术气质和学术品格，在成长过程中不至迷失方向，失去学术个性。"❷ 强调播音主持专业教育文化的开放性和内聚性有助于在教育正向和负向功能的三维结构中挖掘对内及对外的正向、正效功能。驱动开放性和内聚性文化共同体的动力，也是释放播音主持专业教育文化创新功能的动力之一。

（一）注重播音主持专业文化的开放程度

播音主持专业文化的开放程度是播音主持艺术文化创新性的前提，为播音主持艺术文化创新带来更多的可能性。如果从播音主持专业教育与文化的双重关系出发看开放性，播音主持专业教育与文化的关系包括外部和内部双重关系，如图5-4所示。

专业教育与文化之间的关系是社会子系统间的关系，文化又是以知识的形态作为专业教育的内部因素，它与教育者、受教育者组成专业教育系统的内部关系。由播音主持知识形态、有声语言艺术审美形态、口语传播

---

❶ 高文兵. 跨学科协同教育研究：多学科大学人文社会科学的育人功能 [M]. 北京：高等教育出版社，2015：40-43.

❷ 何振海，刘玉杨. 学派兴衰的历史考察及其对一流学科建设的启示：以法兰克福学派和奥格本学派为例 [J]. 河北大学学报（哲学社会科学版），2021，46（1）：108-115.

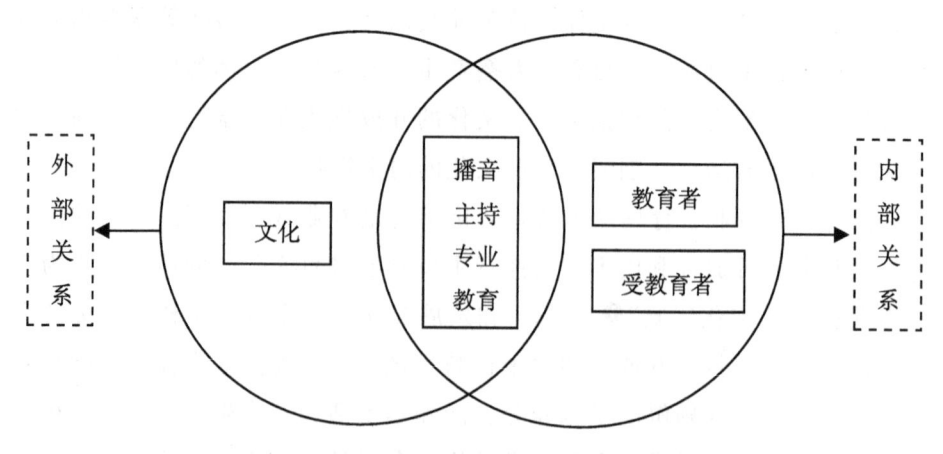

图 5-4　播音主持专业教育与文化的双重关系

思维形态呈现的专业文化与播音主持专业教育主体构成了播音主持专业教育系统的内部关系。也可以认为，教育是以传承文化的功能作为文化的内部因素而存在。如果从播音主持专业教育与文化的双重作用出发看开放性，"社会经济、政治对教育的制约和教育对经济、政治的作用一般要通过文化的折射"❶。播音主持专业教育及有声语言文化综合体的发展受社会文化、科技文化、艺术文化等各类型文化内容的制约。

因此，只重视播音主持专业教育文化的开放性而忽视文化折射与中国播音主持专业教育的本土性特征，在面对复杂的教育现象时，容易陷入生搬硬套不同文化背景或专业教育模式的文化选择中，失之偏颇的文化选择又容易形成错误的专业教育文化发展方向等一系列发展问题，最终有失播音主持专业教育的内涵与本质，造成释放负面显性或隐性的专业教育功能的可能性，在冲突与均衡视角下，违背播音主持专业教育功能的释放。

---

❶ 潘懋元. 全面深入地认识教育的文化功能 [J]. 教育研究，1996（11）：18-19.

第五章　文化创新功能：增进中国特色播音主持文化创造与艺术审美

（二）注重播音主持专业文化的内聚程度

专业文化发展的重心和价值趋向是保持专业文化气质的重要组成部分。播音主持专业文化的内聚程度，主要指播音主持专业教育主体对专业理论及文化理论的认同程度。这一专业内聚性特质主要由专业带头人及其专业文化的发展团队承担，"只有当一批具有学术认同、秉持共同或相似的学术理念、致力于一致的学术研究领域的学者汇聚在一起时，才有可能搭建起一流的学术队伍"❶，构成专业教育文化共同体，释放内聚效能。因为"知识的生产力源于人力资源"❷。播音主持专业教师的教学效能是学术文化内聚性的重要体现，当然教师群体的教学效能并非单一教师的个体特征，而是与特定学生群体、教师等群体发生互动交流后的产物，包括播音主持专业教师群体和学生群体的行为观点、教育经验和教学成果等，会随着播音主持专业教育内容、形式、环境等策略因素的变化进行调整。

关于教师教学效能策略的研究，亚太教育研究学会郑燕祥教授构思了研究教师教学效能问题的策略，包括单组份策略、双组份策略、多组份策略和全面策略四类，如图5-5以单组份策略为例，列出了教学效能结构的12组份及每组份中的部分可能变项或特征。但在单组份策略研究中很难呈现出各组份间的重要关联点及受制因素。

因此，引入多组份策略，将播音主持专业教育文化的内聚程度问题，集中到播音主持专业教育主体的内聚性教学效能问题上分析，可以发现播音主持专业教育主体内聚性教学效能与单组份策略研究中的部分因素具有共通性，播音主持专业教育主体能够始终保持特有的专业教育学术气质、学术品格和个性化教学成果的组份及变项因素，如表5-4所示。

---

❶ 何振海，王璇. 学派勃兴与学科崛起：李比希学派对吉森大学化学学科兴起的历史贡献及现实省思 [J]. 河北大学学报（哲学社会科学版），2020（1）：71-79.

❷ J. Pfeffer. Competitive Advantage through People：Unleashing the Power of the Work Force [M]. Boston：Harvard Business School Press，1994：2-4.

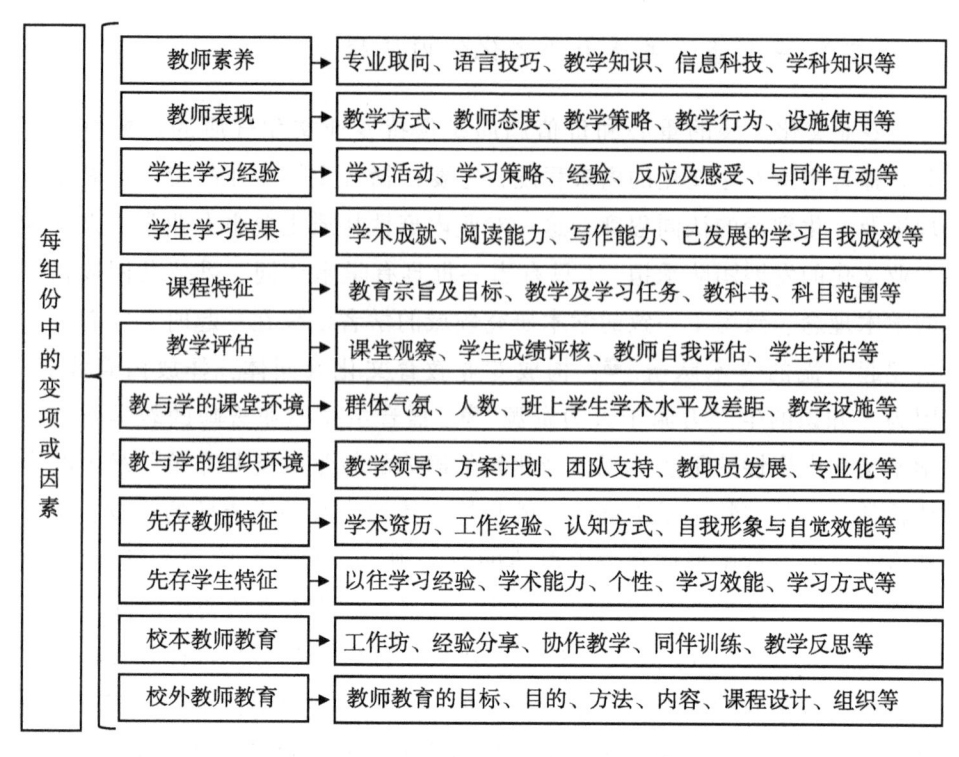

每组份中的变项或因素	教师素养	→	专业取向、语言技巧、教学知识、信息科技、学科知识等
	教师表现	→	教学方式、教师态度、教学策略、教学行为、设施使用等
	学生学习经验	→	学习活动、学习策略、经验、反应及感受、与同伴互动等
	学生学习结果	→	学术成就、阅读能力、写作能力、已发展的学习自我成效等
	课程特征	→	教育宗旨及目标、教学及学习任务、教科书、科目范围等
	教学评估	→	课堂观察、学生成绩评核、教师自我评估、学生评估等
	教与学的课堂环境	→	群体气氛、人数、班上学生学术水平及差距、教学设施等
	教与学的组织环境	→	教学领导、方案计划、团队支持、教职员发展、专业化等
	先存教师特征	→	学术资历、工作经验、认知方式、自我形象与自觉效能等
	先存学生特征	→	以往学习经验、学术能力、个性、学习效能、学习方式等
	校本教师教育	→	工作坊、经验分享、协作教学、同伴训练、教学反思等
	校外教师教育	→	教师教育的目标、目的、方法、内容、课程设计、组织等

图 5-5 教学效能结构单组份策略❶

表 5-4 播音主持专业教育教学效能结构组份及变项因素

序号	播音主持专业教育教学结构组份	相关变项因素
1	教师特质	道德品行、教育信仰、思想素养、专业取向、语言表达、创新思维、知识体系、知识实践、信息技术应用、教学伦理、学术资历、教学经验、媒体行业经验、先觉意识、学习能力、专业信念与价值转化、使命感、认知方式、个体形象、声音形象、性别、年龄等

---

❶ 郑燕祥.教育范式转变效能保证[M].上海：上海教育出版社，2006：216.

续表

序号	播音主持专业教育教学结构组份	相关变项因素
2	学生特质	学习能力、学习态度、思想素养、学习经验、实践经验、认知方式、学习方式、专业认识、理想抱负等
3	课程特质	教学宗旨、教学任务、教学范围、教材、教学设计、教学媒介等
4	教师教学表现	教师态度、教学行为、教学策略、教学设施使用、教学资源运用等
5	教学评估	教师评估、学生评估、教学成果、课堂观摩等
6	教学课堂环境	学生人数、群体氛围（小课+大课）、学生创作水平、教学设备选用、其他物理因素等
7	教学组织环境	教学方案设计、课堂管理模式、教师合作关系、人际关系、研讨环境、实验环境、物理环境等

通过对播音主持专业教育教学效能结构组份及变项因素的总结，组合结构组份（多组份策略）分析出播音主持专业教育主体及客体的文化内聚性效能所释放的影响因素及相互关系的组合策略，如表5-5所示。

表5-5 播音主持专业教育内聚性结构组合及效能影响

序号	播音主持专业教育内聚性结构组合	受影响的组份效能
1	教师特质+学生特质+课程特征+相互作用	学生群体的学习成果
2	教师教学表现+课程特征+教学课堂环境+相互作用	学生群体的学习经验
3	教师特质+课程特征+教学组织环境+相互作用	教师群体的课程表现
4	教师特质+教学组织环境+教学评估+相互作用	教师群体的综合素养

通过对"受影响的组份效能"的分析，得出播音主持专业教育学生群体的学习成果、学习经验和教师群体的课程表现、综合素养构成了专业教育主要的内聚性教学效能，是培养播音主持专业教育文化共同体的核心效

能,"学术素养或学术水平也许可以决定学者个体所能达到的学术高度,但却远不能支撑其所在大学所属学科的学术纵深"❶。因此,受影响组份效能的整体释放与提升成为发挥内聚性专业文化作用的关键。

与此同时,注重播音主持专业教育领军人物及教师群体的学术水平和文化创新能力的提升,更是播音主持专业教育内聚性结构组合的重要前提。播音主持专业教育主体中的专业带头人,不仅是学术发展方向的指引者和学术文化以及教学结构共同体的组建者,更肩负着组织管理学术共同体、协调学术资源、设计教学方案与文化创新的发展重任。因此,播音主持专业带头人只有充分行使学术权力和组织权力,"发挥教师群体批判功能的独特优势"❷,增加释放批判效能的可行性,拓展"高深知识"的自由探究路径,保障播音主持专业教育的文化创新功能的呈现,方能延续播音主持专业教育所形成的文化代际传承,为培养具有播音主持艺术独特性和创新性的学术文化传承人奠定基础。

二、培养播音主持艺术独特性和创新性的学术文化传承人

传承人意味着"延续性",播音主持专业教育形成代际传承的发展格局,才能更好地确保学术事业的持久与稳定,保障播音主持艺术文化的独特性与创新性。培育兼具播音主持艺术独特性和创新性的学术文化传承人的前提是"文化整合"。文化整合是社会系统的重要功能之一,播音主持专业教育在不断分化与整合的文化发展过程中,实现了专业理论建设内容、实践经验资料等不同组成部分的整合与创新,它们彼此适应、互为补充,使播音主持专业结构在历史的发展脉络中成为一个协调统一的整体。

在播音主持专业教育分化与整合的过程中,培养兼具播音主持艺术独

---

❶ 何振海,贺国庆.西方大学史上的"学派"现象:变迁、特征与现实观照[J].教育研究,2017(8):143-151.

❷ 潘艺林.大学的精神状况:高等教育批判精神引论[M].成都:电子科技大学出版社,2014:61-67.

第五章 文化创新功能:增进中国特色播音主持文化创造与艺术审美

特性和创新性的学术文化传承人,要辩证看待播音主持艺术的文化积累与文化惰性,注重播音主持艺术文化潜移与学科群落化创新生产。播音主持专业教育的文化创新生产,是专业教育永葆生命力、增强凝聚力、激发内驱力的重要保证。实现播音主持学术文化认同,不仅要辩证看待播音主持专业教育的文化积累与文化惰性,还要引领落实播音主持专业教育的人文倾向与文化讨论,注重播音主持艺术文化潜移与学科群落化创新生产。

(一)辩证看待播音主持专业教育的文化积累与文化惰性

播音主持艺术文化在各历史时期不断容纳和增添新的文化元素。因此,辩证分析播音主持专业教育文化积累过程以及文化惰性产生的原因,将有助于保持播音主持专业教育的文化独特性。

文化积累,在本书中是指专业文化变迁的过程。关于文化积累的种类,可以划分为渐进型积累、凝集型积累和取代型积累三种类型。就播音主持专业教育的文化积累历程而言,它已走过了取代型积累期,建立起具有中国特色的播音主持专业教育。播音主持专业教育的文化积累长期处于渐进型积累状态,随着播音主持专业教育的扩容与发展,凝集成一股股鲜活的文化力量。在迎来技术与传媒业态变革之际,播音主持专业教育取其精华、摒弃无批判的兼收并蓄,保证播音主持专业文化的独特性,持续在整合的过程中形成批判继承和审美创新的思想理念。

文化惰性,也可以称为"文化保守性",是指"某一文化虽因社会形态的变动而失去其原来的效用或价值,但仍在一定时期内继续存在的滞留现象如社会遗俗和传统文化模式的影响等"[1]。由此可见,任何一门学科的文化发展均具有一定的文化惰性。就播音主持专业教育而言,专业教育的文化惰性体现在,旧的播音主持专业教育文化思想仍然能够满足一部分教育主体的教学需求和社会心理需要,这是一种缺少思考的照搬照抄性专业文化传承,也可以理解为一种速度极其缓慢的渐进型文化积累,不具有

---

[1] 夏征农. 辞海[M]. 6版. 上海:上海辞书出版社,2010:1976.

极强的专业理论创新性和专业文化的前瞻性。

从教育功能属性层面分析，文化惰性的出现不利于播音主持专业知识结构效能进行及时转化，较难及时满足播音主持专业教育的人才培养要求。例如，播音主持专业教育的教学任务"是培养合格的广播电视有声语言传播工作者，而他们的工作表现又必然是基于对受众心理的透彻了解的"❶。就这一点而言，广播电视有声语言传播的受众心理研究就为播音主持专业教育新的文化积累指明了方向。因为，广播电视有声语言传播的受众心理研究不仅是学生群体传播素养的重要组成部分，更是播音主持专业教育在知识构成、文化创新等方面寻求到的突破口。可见，敏锐捕捉专业教育的文化发展惰性，作出合理的选择和正确的决策，将进一步优化专业教育的文化创新功能，推动专业教育的科学发展。

当前所谈的播音主持专业教育的独特性和文化创新性，主要参照人民大众日益增长的文化需求以及经济、文化、科技、生态文明建设的阶段性成果，主要建立在创作观、审美观和价值观相统一的基础上所体现出的播音主持艺术文化景观。在教育主体感情特质和精神品质上，体现出相异于其他学科群落的专业文化特色。播音主持专业教育通过专业独特性的坚守与文化创新，扩大中国特色播音主持专业教育事业和新闻传媒事业的影响力，为提升中华民族的文化软实力贡献一分力量。

（二）引领落实播音主持专业教育的人文倾向与文化讨论

播音主持专业体系内的"文化讨论"是实现文化潜移与学科群落化发展的必要环节。播音主持专业教育是一种以知识传授、实践训练、思维创新为核心内容的传播活动，它既发挥中国播音学的理论学术价值，也践行并创新其学术思想。在新文科建设背景下，我们应当怎样理解播音主持专业教育的人文性，怎样引领中国播音学的学术人文倾向，将成为播音主持专业院校研究的重要人文课题。播音主持专业文化在一定程度上是分析播

---

❶ 鲁景超. 广播电视有声语言传播受众心理研究［M］. 北京：中国传媒大学出版社，2007：3.

音主持专业教育与社会结构、媒体现象、价值理念之间关系的一种讨论，是介入人文倾向的专业教育社会化场景的延伸。

播音主持专业教育的文化讨论作为一种对教育主体的功能性探索，注重教育主体的理性思维训练和独立人格的培养，是一种具有中国特殊形式的艺术文化批评。在中国高等教育文化中，播音主持专业教育理论的根是扎在中国本土的，其理论建设的优势在于不缺乏纯真的本土性。此外，播音主持专业教育还具有极强的学科借鉴性和学科群落化发展的可能性。目前，中国播音学理论体系越来越壮大，学术文化应用场景越来越广阔，学者构成层次也越来越高，在播音主持专业教育文化讨论的过程中培养了具有鲜明专业属性的专业知识型人才、应用型人才和创新型人才。播音主持专业人才种类的丰富，文化讨论的深化与开阔，有助于播音主持专业教育培养兼具艺术独特性和创新性的学术文化传承人。而在文化讨论过程中所产生的新思想及思想的影响力，又将在一定程度上满足播音主持专业教育发展的社会需求和文化传播需求。

"文化讨论不可避免地要对社会现状作理性分析和道德评估，积极的文化讨论因此往往包含着某种社会重建的构想，而保守的文化讨论则总是有意无意地维护现有的社会秩序。"[1] 播音主持专业教育的文化讨论也不可能是立场中立的纯文化性研究，在文化选择、评价与批判过程中无法纯粹剥离某种目的性、效果性的社会倾向化讨论，这是由播音主持专业教育属性、理论体系与社会环境的关系性因素决定的。

（三）注重播音主持专业教育的文化潜移与学科群落化创新生产

文化潜移又称"文化涵化"或"文化受化"，由美国民族学家鲍威尔提出，指"两个或两个以上相异的文化群体发生不同程度、不同方式的接

---

[1] 徐贲. 文化批评往何处去：八十年代末后的中国文化讨论［M］. 长春：吉林出版集团有限责任公司，2011：7.

触后，导致一方或双方的文化模式发生变化的过程"[1]。因此，通过文化讨论助推新的播音主持专业教育文化潜移，在这一潜移过程中，不断形成新的文化认同，实现专业本体文化的又一次传播。例如，文化语言学从不同角度探讨语言和文化的关系，包括从文化到语言，从语言到文化的双向研究，视语言为文化的形态，以文化为背景，解释语言现象等相关问题。

就播音主持专业文化而言，可以将其理解为一种以播音主持艺术文化传播为核心的跨学科培养机制，在发挥专业艺术独特性的同时，注重学科群落化发展模式的融入，获得新的文化体验与教育认同。学科群落化发展模式，有助于衍生出新的文化研究领域，聚合更多相关主题的思考焦点，充分发挥学科群落化发展过程中播音主持专业教育的优势杠杆效应。在播音主持专业教育的群落化发展模式中既包括一级学科内的专业群落发展，也包括非一级学科的跨学科群落模式发展，获得播音主持专业教育的创新性文化内容生产与认同，实现教育主体语言文化多样性和理论文化创新性相统一。当前，播音主持专业院校坚持守正创新，发挥特色优势，积极推动新闻传播、语言传播、技术传播的互通互融，形成了以"有声语言文化"为群落发展核心的包括国家通用语、英语、西班牙语、法语、德语、日语、葡萄牙语、意大利语等为支撑的"多语种文化"人才培养矩阵，为构建具有中国播音主持专业教育特色的"国际化播音主持人才培养体系"贡献智慧。

综合本节对文化创新功能的分析，本书认为"文化创新"即为一种关于审美艺术的创新生产，强调艺术的本质性、独特性、发展性和创新性。挪威著名音乐学家让-罗尔·布约克沃尔德（Jean - Ror Bjørkvold）在澄清创造力和审美性时论及："创造力可以通过审美的方式，也可以通过非审美的方式来表现。如果是前者，结果就是在众多形式上体现出美。涂抹一幅画，用沙土做成一样东西，这些就是儿童用审美方式表现创造力的典型事例。但是，用几块碎板和一些废轮胎做成一辆车，对于这些儿童来

---

[1] 夏征农. 辞海[M]. 6版. 上海：上海辞书出版社，2010：1976.

第五章 文化创新功能：增进中国特色播音主持文化创造与艺术审美

说，这也是一种创造，虽然它主要不是用审美的方式。这种创造力主要是表现在功能上，而不是美观上。然而，两种创造形态都有相同的来源，我们可以说他们都是缪斯本能的孪生品。"❶ 就播音主持专业教育的文化审美而言，播音主持专业教育的教师群体和学生群体不仅接受基本美育思想、功能美育思想，同时具有较强的有声语言艺术审美情绪、审美修养和有声语言的艺术表现力，这在一定程度上为培养播音主持专业教育学术传承人打好了美育基底。

播音主持专业教育的文化创新功能是一种文化思想的前瞻，其形成于有声语言艺术创作思想的质疑与批判过程中，这种专业文化的自信也恰恰是播音主持专业教育主体应该具备的。创新性的学术文化传承人还需要不断提升一种批判性的意识，勿被浮躁风气所侵蚀。这种批判性的过程体现为对学术问题的要求是：质疑—实践—超越—尊重，这一过程是播音主持专业教育主体学术能力与语言艺术批判性的有机统一。"质疑"是播音主持专业教育主体认识社会，推动文化艺术进步的起点，是一种可贵的学术品质。播音主持专业教育的主要任务之一就是培养并启发学生群体，具有对学术问题和有声语言创作实践的质疑精神，具有对新思想、新文化形态尝试与超越的勇气，唤起学生群体的创新意识，最终获得社会个体对有声语言艺术文化与专业教育的尊重。

本章小结

本章论证的是播音主持专业教育功能中的又一重要功能，即文化创新功能，集中探讨播音主持文化的创造与艺术审美。其中，中国播音主持专业教育的薪火相传与播音主持语言文化的兼容并蓄体现了播音主持专业教育的文化传承与创造效能；提升创作主体的审美感受力、艺术鉴别力、艺

---

❶ 让-罗尔·布约克沃尔德. 本能的缪斯：激活潜在的艺术灵性 [M]. 王毅, 孙小鸿, 李明生, 译. 上海：上海人民出版社, 1997: 274.

术创造力和提升专业作品的艺术感染力，既体现了播音主持专业教育的文化审美目标与熏陶作用，又发挥了播音主持专业文化的审美示范价值与审美导向价值。通过对播音主持专业教育文化审美阶段（分为两个阶段）的分析，以及对审美示范过程与审美导向过程的对比研究，形成了对播音主持专业教育审美示范价值与审美导向价值的深刻认识；在文化选择视角下，对播音主持专业教育培养目标、授课内容、授课主体和培育环境四个方面作进一步研究，总结了国家级一流播音主持专业院校注重学生群体批判素养的培育情况，形成了对播音主持专业教育文化选择和文化批判的深刻认识。

　　本章通过"强化兼具开放性和内聚性的播音主持专业教育文化共同体"和"培养兼具播音主持艺术独特性和创新性的学术文化传承人"两个方面论证播音主持专业教育的文化创新功能。深刻认识播音主持专业教育的内聚性教学效能，辩证看待播音主持专业教育的文化积累与文化惰性，更新、落实播音主持专业教育的人文倾向与文化讨论，注重播音主持艺术文化潜移与学科群落化创新生产。本书认为，促进文化创新功能的释放，关键在于处理好播音主持专业教育与文化的双重关系，发挥好播音主持专业教育与文化的双重作用。

　　凡是伟大的文化艺术，都是人们审美意识的长期积淀，具有鲜明的审美关照功用。播音主持专业教育的文化创新功能以有声语言文化、播音主持事业和审美艺术为思想主线，不仅是播音主持专业教育核心竞争力的需要，更是播音主持专业新闻属性及艺术属性的客观选择。因此，立足中国特色播音主持专业教育的知识育人功能，坚定思想引领功能，方能较为深刻地认识到播音主持文化的创造与艺术审美。

结　　论

透过"教育功能"视角看播音主持专业教育，主要是因为大学在发展过程中，形成了人才培养、科学研究、社会服务和文化传承与创新四大基本功能，更是基于"大学的功能是什么"这一深远命题的思考和认识，本书将功能作为播音主持专业教育研究的基本单位，以播音主持专业在校生群体为教育对象，应用中国播音学、教育社会学等若干原理，结合社会科学、传播学等多学科研究方法，对中国播音主持专业教育功能类型展开系统化论证。

通过对播音主持专业教育功能的论证，笔者更加清楚了社会传媒与播音主持专业教育之间、播音主持专业教育与教育主体之间的发展关系。任何一个具有专业知识背景的个体在一定程度上都是通过社会结构（功能）和遗传因素来吸收个体生命的养分，其中类型化的教育资源和社会化的遗传因素逐渐塑造了一个专业教育个体的生命形象。因此，对播音主持专业教育开展系统性的类型化研究，对于专业个体、专业群体和社会整体而言均具有深远的研究价值。

在具体的研究中，立足中国播音学相关理论，结合结构功能理论，从教育与功能、教育与结构的两对关系出发，站在社会发展变迁的宏观立场及播音主持语言文化活动的微观意识中，认识教育功能对播音主持专业教育事业发展的重要性。通过对播音主持专业教育功能类型的构建，得出以下主要研究结论和创新之处：

（一）确定了播音主持专业教育功能的内涵

播音主持专业院校教师群体通过一系列专业鲜明的教育文本和教育活动完善学生群体播音知识结构、思想引领框架和文化传承与创新观念，在开放性的有声语言创作空间内，确立包容的语言审美视角，珍视冲动的学理性思维，坚定忠诚的精神内涵。在有声语言训练过程中陶冶性情，在有声语言实践传播过程中增强民族使命感，用高水准的有声语言艺术创作，承担社会角色，维护国家利益，传承民族文化，弘扬时代精神，实现播音主持专业教育在有声语言艺术创作领域的一种意义深远的自由。

（二）明确了播音主持专业教育功能的类型及支撑功能类型的效能种类

基于人才培养需求、教育格局转变以及功能内在逻辑的系统化要求，明确地回答了播音主持专业教育功能的类型包括：影响个体特征形成的知识育人功能，由知识结构效能和话语结构效能体现；影响个体意识发展的思想引领功能，由求真务实的思想驱动效能和融合创新的思想践行效能体现；影响个体价值实现的文化创新功能，由文化传承与创造效能和文化审美与批判效能体现。各类效能的释放，突出了播音主持专业教育功能的鲜明属性，具有一定的不可替代性。

（三）建立了结构过程与冲突均衡视角下播音主持专业教育功能类型化研究范式

通过运用文献研究法、比较分析法、深度访谈等定性和定量相结合的方法，对功能、教育功能、教育个体功能、教育社会功能、播音主持专业教育功能、播音主持专业教育和教育社会学等相关理论的文献进行深入研究；遵循结构过程的冲突，秉持均衡协调的研究范式，明确播音主持专业教育功能应然与实然的差距以及功能的释放条件和效力，分析播音主持专业教育现象、活动及内部存在的专业教育功能失衡的原因，确立了结构过程与冲突均衡视角下播音主持专业教育功能研究范式，有助于探寻播音主持专业教育功能种类与释放路径。

（四）构建了进一步释放播音主持专业教育类型化功能的体系及模型

对国家级一流播音主持专业 23 所公办院校设置的课程、开展的活动，包括其创作的一系列作品，以及院校属性特征与播音主持专业教育的关系等方面进行比较研究；就播音主持专业教育功能的类型化构建及未来发展举措问题，与播音主持专业院校的专业负责人、专家学者及优秀从业者展开探讨，构建能够进一步释放播音主持专业教育功能的研究体系和模型。

1. 构建了播音主持专业教育"知识活动适应选择模型"

主要通过构建中国特色播音主持专业教育知识体系和话语能力体系，优化播音主持专业教育结构，发挥播音主持专业教育主体推崇求知意志，播音主持专业教育客体强调差异创新的优势。通过对"大学教师知识活动类型"和"SECI 螺旋型知识转换生成模型"的分析，形成了"播音主持专业教育的知识活动供应与循环模型"。以播音主持显隐知识转化为前提，应用知识体系适应选择模型，最终建立"播音主持专业教育的知识活动适应选择模型"，在一定程度上解决了进一步释放知识育人功能的重要问题。

2. 构建了播音主持专业教育全媒体校园"中央厨房"建设体系

主要以播音主持专业教育思想驱动效能转化与思想践行效能转化为基础，以"播音主持专业教育的思想实验教学法"和"全媒体矩阵联合培养"为重要举措，打造全媒体校园"中央厨房"的建设体系，提升播音主持内容生产的全媒体公信力，实现播音主持专业教育主体思想性与方法性相统一，理论性与社会性相统一，释放播音主持专业教育的思想引领功能。

3. 构建了播音主持专业教育"内聚性教学效能体系"

通过对"教师教学效能问题单组份策略研究"和"播音主持专业教育

教学效能结构组份及变项因素"的具体研究，构建播音主持专业教育的"内聚性教学效能体系"，强化兼具开放性和内聚性的播音主持专业教育文化共同体以及培养兼具播音主持艺术独特性和创新性的学术文化传承人两个方面，释放播音主持专业教育的文化创新功能。深刻认识播音主持专业教育的内聚性教学效能，辩证看待播音主持专业教育的文化积累与文化惰性，更新落实播音主持专业教育的人文倾向与文化讨论，注重播音主持艺术文化潜移与学科群落化创新生产。

何塞·奥尔特加·加塞特（José Ortega y Gasset）在论及大学功能分层思想时提出，我们应该直接地、明确地回答大学是什么、大学的功能是什么。本研究立足当前的社会背景、科技背景、行业背景、教育背景和专业背景，以中国播音学为重要理论核心，结合结构功能论、角色功能论等理论视角，对中国播音主持专业教育60余年所体现的专业教育功能进行了系统且较为深入的类型化探索。注重历史与现实、理论与实践的紧密结合，不仅回答了播音主持专业教育功能是什么，也对播音主持专业教育功能类型进行划分，有助于完善播音主持专业教育主体知识结构，升级播音主持专业教育功能结构，观照现实，指导教学。最终培养学生群体从个体"感悟"向"有声话语感悟之形象表现"的能力，增强播音主持专业教育的个体生命活力，激发传媒创新型人才的创造力。教育主体（学生群体）在胜任媒体角色的教育过程中，播音主持专业教育注重提高教育主体（教师和学生双群体）的语言文化素养，传承民族文化精华，塑造民族精神气质，提升有声语言文化的创造价值、社会价值和发展价值。

参考文献

一、中文文献

(一) 中文专著

[1] 柴璠. 当代广播有声语言的创新空间 [M]. 北京：中国传媒大学出版社，2006.

[2] 陈桂生. 教育原理 [M]. 2版. 上海：华东师范大学出版社，2005.

[3] 陈平原. 大学有精神 [M]. 北京：北京大学出版社，2016.

[4] 付程. 播音创作观念论 [M]. 北京：北京广播学院出版社，2000.

[5] 高文兵. 跨学科协同教育研究：多学科大学人文社会科学的育人功能 [M]. 北京：高等教育出版社，2015.

[6] 高原. 朗读教育功能论 [M]. 北京：中国传媒大学出版社，2018.

[7] 胡艳华. 创新 潜润 认同：新时代高校思想政治理论课教学改革探索 [M]. 武汉：华中科技大学出版社，2020.

[8] 姜进章. 知识创新 [M]. 上海：上海交通大学出版社，2011.

[9] 金重建. 播音思辨集 [M]. 杭州：浙江大学出版社，2009.

[10] 李冲. 知识效能与评价：制度分析师视角下的大学教师绩效研究 [M]. 北京：科学出版社，2015.

[11] 李凤辉. 语言传播人文精神的阙失与重构 [M]. 北京：中国传媒大学出版社，2006.

[12] 李洪岩. 广播电视语言传播文化品位及审美趋势研究 [M]. 北京：中国传媒大学出版社，2007.

[13] 李培根. 认识大学 [M]. 北京：商务印书馆，2015.

[14] 李醒民. 科学的社会功能与价值 [M]. 北京：商务印书馆，2014.

[15] 刘豪兴，朱少华. 人的社会化 [M]. 上海：上海人民出版社，1993.

[16] 鲁洁. 教育社会学 [M]. 北京：人民教育出版社，1990.

[17] 鲁景超. 广播电视有声语言传播受众心理研究 [M]. 北京：中国传媒大学出版社，2007.

[18] 鲁景超. 播音主持艺术 11 [M]. 北京：中国传媒大学出版社，2011.

[19] 鲁景超. 播音主持艺术 12 [M]. 北京：中国传媒大学出版社，2012.

[20] 潘懋元. 高等教育学（上）[M]. 福州：福建教育出版社，1984.

[21] 潘懋元. 高等教育：历史、现实与未来 [M]. 北京：人民教育出版社，2004.

[22] 潘懋元. 大学的沉思 [M]. 北京：商务印书馆，2017.

[23] 潘艺林. 大学的精神状况：高等教育批判精神引论 [M]. 成都：电子科技大学出版社，2014.

[24] 齐亮祖，刘敬发. 高等教育结构学 [M]. 哈尔滨：黑龙江教育出版社，1986.

[25] 钱民辉. 教育社会学概论 [M]. 4 版. 北京：北京大学出版

社，2017.

[26] 上海戏剧学院党委宣传部. 思政艺术与艺术思政 [M]. 上海：上海三联书店，2018.

[27] 孙杰远，徐莉. 人类学视野下的教育自觉 [M]. 桂林：广西师范大学出版社，2007.

[28] 万思志. 大学基本功能异化问题研究 [M]. 北京：科学出版社，2018.

[29] 王道俊. 教育学 [M]. 北京：人民教育出版社，2009.

[30] 王德峰. 艺术哲学 [M]. 上海：复旦大学出版社，2021.

[31] 王培光. 语感与语言能力 [M]. 北京：北京大学出版社，2005.

[32] 王善迈. 教育经济学简明教程 [M]. 北京：高等教育出版社，2000.

[33] 王通讯. 论知识结构 [M]. 北京：北京出版社，1986.

[34] 王智平，李建民. 大学文化论 [M]. 北京：中国社会科学出版社，2009.

[35] 吴郁. 主持人语言表达技巧 [M]. 修订版. 北京：中国广播电视出版社，2011.

[36] 吴郁. 主持人思维与语言能力训练路径 [M]. 北京：中国广播电视出版社，2013.

[37] 肖建华. 主持人审美修养 [M]. 武汉：华中科技大学出版社，2005.

[38] 徐贲. 文化批评往何处去：八十年代末后的中国文化讨论 [M]. 长春：吉林出版集团有限责任公司，2011.

[39] 姚喜双. 播音导论教程 [M]. 北京：中国广播电视出版社，2001.

[40] 姚喜双. 播音主持概论 [M]. 北京：高等教育出版社，2012.

[41] 姚喜双. 新媒体时代广播电视语言研究 [M]. 北京：语文出版社，2013.

[42] 叶澜. 教育概论 [M]. 北京：人民教育出版社，1991.

[43] 俞虹. 节目主持人通论 [M]. 北京：中国广播电视出版社，2004.

[44] 曾志华. 中国电视节目主持人文化影响力研究 [M]. 北京：北京大学出版社，2009.

[45] 翟葆奎. 教育基本理论之研究（1978—1995）[M]. 福州：福建教育出版社，1998.

[46] 张德祥，周润智. 高等教育社会学 [M]. 北京：高等教育出版社，2002.

[47] 张国强. 失调与重构：高等教育功能的历史省思 [M]. 武汉：华中师范大学出版社，2018.

[48] 张颂. 中国播音学 [M]. 2版. 北京：北京广播学院出版社，2003.

[49] 张颂. 朗读美学 [M]. 修订版. 北京：中国传媒大学出版社，2009.

[50] 张颂. 语言和谐艺术论 [M]. 北京：中国传媒大学出版社，2009.

[51] 张颂. 播音主持艺术论 [M]. 北京：中国传媒大学出版社，2009.

[52] 张颂. 播音创作基础 [M]. 3版. 北京：中国传媒大学出版社，2011.

[53] 张颂. 播音语言通论：危机与对策 [M]. 3版. 北京：中国传媒大学出版社，2012.

[54] 张云霞. 教育功能的社会学研究 [M]. 武汉：武汉大学出版社，2011.

[55] 赵俐. 播音主持语言表达的个性化思考 [M]. 北京：中国传媒大学出版社，2014.

[56] 赵宪章，王汶成. 艺术与语言的关系研究 [M]. 北京：人民出

版社，2013.

[57] 郑燕祥. 教育的功能与效能 [M]. 香港：广角镜出版社有限公司，1986.

[58] 郑燕祥. 教育范式转变效能保证 [M]. 上海：上海教育出版社，2006.

[59] 钟仕伦，李天道. 高校美育概论 [M]. 北京：中国社会科学出版社，2006.

[60] 中国传媒大学播音主持艺术学院. 播音主持语音与发声 [M]. 北京：中国传媒大学出版社，2014.

[61] 中国传媒大学播音主持艺术学院. 电视节目播音主持 [M]. 北京：中国传媒大学出版社，2015.

[62] 中国传媒大学播音主持艺术学院. 广播节目播音主持 [M]. 北京：中国传媒大学出版社，2015.

[63] 中国社会科学院语言研究所词典编辑室. 现代汉语词典 [M]. 7版. 北京：商务印书馆，2016.

[64] 周敬思，綦俊. 高等教育理论与实践 [M]. 长春：东北师范大学出版社，1994.

[65] 周毅. 传媒人才学概论 [M]. 上海：上海三联书店，2005.

(二) 译著

[66] 阿尔弗雷德·诺思·怀特海. 教育的目的 [M]. 赵晓晴，译. 上海：上海人民出版社，2018.

[67] 艾尔·巴比. 社会研究方法 [M]. 邱泽奇，译. 北京：华夏出版社，2018.

[68] 安东尼·吉登斯，菲利普·萨顿. 社会学基本概念 [M]. 王修晓，译. 北京：北京大学出版社，2020.

[69] 贝内代托·克罗齐. 美学或艺术和语言哲学 [M]. 黄文捷，译. 北京：人民文学出版社，2018.

[70] 彼得·L. 伯格. 与社会学同游：人文主义的视角 [M]. 何道宽, 译. 北京：北京大学出版社, 2014.

[71] 波兰尼. 个人知识：迈向后批判哲学 [M]. 许泽民, 译. 贵阳：贵州人民出版社, 2007.

[72] 布约克沃尔德. 本能的缪斯：激活潜在的艺术灵性 [M]. 王毅, 孙小鸿, 李明生, 译. 上海：上海人民出版社, 1997.

[73] 查尔斯·霍顿·库利. 人类本性与社会秩序 [M]. 包凡一, 王湲, 译. 北京：华夏出版社, 2020.

[74] 丹尼尔·托马斯·普里莫兹克. 伟大的思想家梅洛-庞蒂 [M]. 关群德, 译. 北京：清华大学出版社, 2019.

[75] 恩斯特·马赫. 认识与谬误 [M]. 洪佩郁, 译. 北京：东方出版社, 2005.

[76] 杰弗里·亚历山大. 社会学二十讲：二战以来的理论发展 [M]. 贾春增, 董天明, 译. 北京：华夏出版社, 2000.

[77] 卡尔·雅斯贝尔斯. 大学之理念 [M]. 邱立波, 译. 上海：上海人民出版社, 2007.

[78] 卡尔·雅斯贝尔斯. 什么是教育 [M]. 童可依, 译. 北京：生活·读书·新知三联书店, 2021.

[79] 凯文·凯利. 失控 [M]. 张行舟, 陈新武, 王钦, 译. 北京：电子工业出版社, 2016.

[80] 康·德·乌申斯基. 人是教育的对象：教育人类学初探（上）[M]. 张佩珍, 译. 北京：人民教育出版社, 2017.

[81] 克拉克·克尔. 大学之用 [M]. 高铦, 高戈, 汐汐, 译. 北京：北京大学出版社, 2019.

[82] 克劳斯·布鲁恩·延森. 媒介融合：网络传播、大众传播和人际传播的三重维度 [M]. 刘君, 译. 上海：复旦大学出版社, 2012.

[83] 克里斯蒂娜·娜丰. 解释学哲学中的语言学转向 [M]. 何松旭,

译. 杭州：浙江大学出版社，2019.

[84] 兰德尔·柯林斯，迈克尔·马科夫斯基. 发现社会：西方社会学思想述评 [M]. 8版. 李霞，译. 北京：商务印书馆，2014.

[85] 罗伯特·金·默顿. 论理论社会学 [M]. 何凡兴，李卫红，王丽娟，译. 北京：华夏出版社，1990.

[86] 诺姆·乔姆斯基. 语言的科学：詹姆斯·麦克吉尔弗雷访谈录 [M]. 曹道根，胡朋志，译. 北京：商务印书馆，2015.

[87] 乔纳森·波特，玛格丽特·韦斯雷尔. 话语和社会心理学·前言 [M]. 肖文明，吴新利，张擘，译. 北京：中国人民大学出版社，2006.

[88] 乔治·H. 米德. 心灵、自我与社会 [M]. 赵月瑟，译. 上海：上海译文出版社，2018.

[89] 乔治-埃利亚·萨尔法蒂. 话语分析基础知识 [M]. 曲辰，译. 天津：天津人民出版社，2006.

[90] 史蒂芬·平克. 语言本能：人类语言进化的奥秘 [M]. 欧阳明亮，译. 杭州：浙江人民出版社，2015.

[91] 斯蒂芬·D. 布鲁克菲尔德. 批判性思维教与学：帮助学生质疑假设的方法和工具 [M]. 钮跃增，译. 北京：中国人民大学出版社，2017.

[92] 席勒. 美育书简 [M]. 徐恒醇，译. 北京：社会科学文献出版社，2016.

[93] 马克思·普朗克. 世界物理图景的统一性 [M]. 李醒民，译. 北京：商务印书馆，1999：30.

[94] 联合国教科文组织国际教育发展委员会. 学会生存：教育世界的今天和明天 [M]. 华东师范大学比较教育研究所，译. 北京：教育科学出版社，1996.

[95] 竹内弘高，野中郁次郎. 知识创造的螺旋：知识管理理论与案例研究 [M]. 李萌，译. 高飞，校译. 北京：水利水电出版

社，2006.

(三) 期刊论文

[96] 新时代高等教育的变革与创新：专访教育部高教司司长吴岩 [J]. 中国新闻传播研究，2019 (1)：67-75.

[97] 伯顿·克拉克. 自主创新型大学：共治、自治和成功的新基础 [J]. 王晓阳，孙海涛，译. 清华大学教育研究，2000 (4)：1-8.

[98] 晁璠，王芳芳. 浅析高等教育的基本功能：文化选择与创造 [J]. 新西部，2019 (33)：125，135.

[99] 陈虹，杨启飞. 基于场景匹配的口语传播：智媒时代之播音主持教育 [J]. 现代传播 (中国传媒大学学报)，2020 (6)：164-168.

[100] 陈伟. 高等教育显性功能类型的现实分化和历史积淀 [J]. 广东教育学院学报，2005 (1)：72-77.

[101] 陈宇锋. 语言学习系统的功能、性能和效能 [J]. 教育信息化，2006 (Z1)：88-90.

[102] 程金阁，沈同平. 基于知识管理视角的高校协同创新SSI模型 [J]. 国家教育行政学院学报，2015 (12)：63-68.

[103] 褚照锋. 学科制度如何影响院系设置与治理 [J]. 高等教育研究，2020 (5)：31-37.

[104] 傅维利. 论教育功能的释放与阻滞 [J]. 教育科学，1989 (1)：1-4.

[105] 付程. 21世纪对播音主持艺术专业教育的要求 [J]. 现代传播 (北京广播学院学报)，2001 (1)：115-120.

[106] 高祥荣. 教师即课程：吴郁播音主持教育艺术研究 [J]. 传媒，2020 (15)：94-96.

[107] 郭达，申文缙. 现代学徒制师徒互动中知识传递与转化的机制解析：基于野中郁次郎SECI理论模型的分析 [J]. 职教通讯，

2020（4）：12-18.

[108] 何振海，贺国庆.西方大学史上的"学派"现象：变迁、特征与现实观照［J］.教育研究，2017（8）：143-151.

[109] 何振海，刘玉杨.学派兴衰的历史考察及其对一流学科建设的启示：以法兰克福学派和奥格本学派为例［J］.河北大学学报（哲学社会科学版），2021（1）：108-115.

[110] 何振海，王璇.学派勃兴与学科崛起：李比希学派对吉森大学化学学科兴起的历史贡献及现实省思［J］.河北大学学报（哲学社会科学版），2020（1）：71-79.

[111] 侯才.有关"异化"概念的几点辨析［J］.哲学研究，2001（10）：74-75.

[112] 黄楚新，曹曦予.内容科技助推新时代传媒业内容供给侧改革［J］.青年记者，2020（24）：11-12.

[113] 季峰.从主持人大赛看播音主持教育新变化［J］.青年记者，2020（21）：106-107.

[114] 姜明君.教育的"显性负功能"及解决路径分析［J］.长江丛刊，2017（35）：168.

[115] 雷鸣强，符俊根.必要的张力：教育正负功能的矛盾［J］.教育理论与实践，1996（1）：6-11.

[116] 黎君.教育的负向功能与新教育理论分析框架的构建［J］.教育评论，1998（1）：3-5.

[117] 李铭，左亚文.当代异化理论与马克思异化理论的区别与联系［J］.华中农业大学学报（社会科学版），2012（4）：89-94.

[118] 李志岭.语言学的哲学转向及哲学的语言转向与回归［J］.河南大学学报（社会科学版），2021（1）：15-21.

[119] 李志平.高等院校学科群结构与功能研究［J］.学位与研究生教育，1997（3）：40-42.

[120] 栗兴维.媒体矩阵视角下的高校实践教学平台构建［J］.新闻

世界，2017（8）：91-94.

[121] 廖祥忠. 构建以党建为引领的思想政治教育体系提高新时代育人质量和办学水平［J］. 党建，2021（8）：59-61.

[122] 刘春萍. 教育功能辩证观［J］. 玉林师专学报，1998（4）：18-21，27.

[123] 刘六生，曹中汗. 新时代高校本科人才高质量培养的思考［J］. 云南师范大学学报（哲学社会科学版），2021，53（6）：112-122.

[124] 刘尧. 从教育测验到教育评论相关概念及其关系的辨析［J］. 高教发展与评估，2007（3）：25-30，121.

[125] 刘毅涛. 通识教育视域下播音主持艺术专业教育教学改革路径［J］. 现代传播（中国传媒大学学报），2015，37（5）：144-148.

[126] 鲁景超. 传媒变局对播音主持人才培养的影响和要求［J］. 传媒教育，2016（4）：149-152.

[127] 陆崇马. 探析多维传播语境下高校播音主持专业的教学策略［J］. 新闻研究导刊，2016（22）：287.

[128] 栾洪金. 我国播音主持专业教育现状思考［J］. 当代传播，2008（4）：97-98.

[129] 潘懋元. 教育的基本规律及其相互关系［J］. 高等教育研究，1988（3）：6-12.

[130] 潘懋元. 全面深入地认识教育的文化功能［J］. 教育研究，1996（11）：18-19.

[131] 彭远方，郭雪莲，姚晓莼. 葛兰播音主持教育实践40年研究［J］. 中国广播电视学刊，2019（5）：72-75.

[132] 任银平. 浅析高等教育的文化批判功能［J］. 浙江万里学院学报，2014（6）：95-98.

[133] 任勇，谈竹奎. "互联网+学会"的探索与实践［J］. 电力大数

据，2017（8）：81-84.

[134] 时燕子. 移动互联网时代播音主持教育的转型升级研究［J］. 新闻爱好者，2018（11）：82-84.

[135] 宋自林. C^{3}I 系统的功能、性能与效能刍议［J］. 军事通信技术，1994（3）：23-30.

[136] 孙畅，侯振江. 播音主持教育提升高校学子语言能力的可能性探讨［J］. 新闻研究刊，2020（24）：210-211.

[137] 汤贞敏，王志强. 应用型本科院校建设的理想标准与现实进路［J］. 高等教育研究，2020（5）：38-43.

[138] 王丹丹. 浅析教育功能［J］. 社会科学家，2006（S2）：245-246.

[139] 王等等. 教育功能观的社会学分析［J］. 中国教育科学，2014（2）：211-230，210，236.

[140] 王锐英. 学科专业创新机制发展策略探讨［J］. 学位与研究生教育，2002（11）：4-8.

[141] 王雪玉洁. 新文科背景下的口语传播教育提升研究：评《课程论视域下播音主持专业教育研究》［J］. 教育发展研究，2020（24）：86.

[142] 王艺. 高校全媒体矩阵发挥德育功能的路径研究［J］. 改革与开放，2020（Z1）：60-63.

[143] 万作芳. 教育异化：概念及表现［J］. 福建师范大学学报（哲学社会科学版），2003（3）：115-121，140.

[144] 汪霞. 课程开发的过程模式及其评价［J］. 外国教育研究，2003（4）：60-64.

[145] 魏屹东，裴利芳. 论情境化潜意识表征：评德雷福斯的无表征智能理论［J］. 科学技术与辩证法，2009（2）：1-7，111.

[146] 吴康宁. 教育的社会功能新论［J］. 高等教育研究，1996（3）：13-23.

[147] 武建鑫. 世界一流学科的政策指向、核心特质与建设方式 [J]. 中国高教研究, 2019 (2): 27-33.

[148] 夏晓晨. 论智媒时代有声语言创作主体意向弧思想 [J]. 东北大学学报 (社会科学版), 2022 (2): 145-150.

[149] 杨斌. 教育的期望功能与实效功能 [J]. 教育评论, 1991 (4): 4-7.

[150] 杨雅芬. 电子政务知识体系框架研究 [J]. 中国图书馆学报, 2015 (2): 29-40.

[151] 姚喜双. 中国特色社会主义播音主持体系基本建立 [J]. 浙江工业大学学报 (社会科学版), 2019 (1): 11-12.

[152] 袁鼎生. 前沿学科群的整体生发: 以中国-东盟比较学科群为例 [J]. 广西民族大学学报 (哲学社会科学版), 2009 (1): 173-176.

[153] 张成良. "多媒体融合" 泛媒体时代的生存法则 [J]. 传媒, 2006 (7): 47-49.

[154] 张德祥. 高校一流学科建设的关系审视 [J]. 教育研究, 2016 (8): 33-39, 46.

[155] 张行涛. 从关系的视角看教育功能的拓展 [J]. 教育评论, 1999 (1): 3-5.

[156] 周密, 丁仕潮. 开放式创新模式下的高校国际化渠道构成及管理 [J]. 中国高校科技, 2013 (4): 27-30.

(四) 学位论文

[157] 陈卓. 播音主持人才培养理念研究: 以中国传媒大学播音主持艺术学院为例 [D]. 北京: 中国传媒大学, 2019.

[158] 杜守仁. 播音教学论: 播音教学理论与教学法研究 [D]. 北京: 中国传媒大学, 2010.

[159] 胡振京. 教育正负功能观的社会学分析 [D]. 济宁: 曲阜师范

大学，2002.

[160] 王航. 播音主持专业 40 年研究生教育发展研究（1979—2019）[D]. 北京：中国传媒大学，2020.

[161] 王文艳. 播音主持人才培养模式探析：以中国传媒大学播音主持艺术学院为例 [D]. 北京：中国传媒大学，2017.

[162] 王泽华. 播音主持专业人才培养体系演变研究 [D]. 北京：中国传媒大学，2019.

[163] 郑凯茹. 中国高等教育与区域经济增长的实证研究：基于 1990—2013 年省级面板数据分析 [D]. 南京：南京大学，2017.

二、英文文献

[164] Aristotle. The Nicomachean Ethics [M]. New York: Oxford University Press, 2005.

[165] Auyong S Y. Foundation of Complex-system Theories [M]. Cambridge: Cambridge University Press, 1999.

[166] Bhushan M, Sinha A, Sinha M, et al. Use of Technology in Creating Conducive Learning Environment in Higher Education [J]. Journal of Community Mobilization and Sustainable Development, 2021, 16 (1).

[167] David Harding. Rethinking the Cultural Context of Schooling Decisions in Disadvantaged Neighborhoods: From Deviant Subculture to Cultural Heterogeneity [J]. Sociology of Education, 2011, 84 (4).

[168] Gezinus Hidding, Shireen M. Catterall. Anatomy of a Learninh Organization: Turning Knowledge into Capital at Andersen Consulting [J]. Knowledge and Process Management, 1988, 5 (1).

[169] Hofstede C. Culture and Organizations [M]. Britain: Harper Collins, 1991.

[170] Holland J. H. Hidden Order: How Adaptation Builds Complexity [M]. Boston: Addison-Wesley Publishing Company, 1995.

[171] Holland J. H. Emergence from Chaos to Order [M]. Redwood City: Addison-Wesley, 1998.

[172] J. I. Goodlad, M. Frances Klein, Kenneth A. Tye, etc. The Study of Curriculum Practice Curriculum Inquiry [M]. New York: McGraw Hill Education, 1979.

[173] J. Gregery, S. Miller. Science in Public, Conmmunications Culture and Credibility [M]. New York: Ptenum Press, 1988.

[174] James A. McLoughlin, Lih-Ching Chen Wang, William A. Beasley. Transforming the College through Technology: A Change of Culture [J]. Innovative Higher Education, 2008, 34 (2).

[175] John Anderson. Congnitive Psychology and Its Application [M]. New York: W. H. Freeman and Company, 1995.

[176] John Dewey. Democracy and Education [M]. New York: The Macmillan Company, 1920.

[177] John S. Brubacher. Modern Philosophy of Education [M]. 3th ed. New York: McGraw-Hill, 1962.

[178] Kathy Hytten. The Resurgence of Dewey: Are His Educational Ideas Still Relevant? [J]. Journal of Curriculum Studies, 2000, 32 (3).

[179] Max Planck. The Unity of the Physical World-Views and Ideas on Physics and Philosophy [M]. Moscow: Nauka, 1996.

[180] Mizobe A. Parsons' AGIL Scheme Basic Problems in His Procedure of Its Formation [J]. Japanese Sociological Review, 1979.

[181] Paul Hager. John Anderson on Critical Thinking [J]. Educational Philosophy and Theory, 1994, 26 (1): 55-56.

［182］Pfeffer J. Competitive Advantage through People: Unleashing the Power of the Work Force ［M］. Boston: Harvard Business School Press, 1994.

［183］C. K. Prahalad, G. Hamel. The Core Competence of the Corporation ［J］. Harvard Business Review, 1990 (5-6).

［184］R. Carlson, B. Shield. Handbook for the Soul ［M］. Boston: Little, Brown and Company, 1995.

［185］Ryan C. The Sociology of Educating ［M］. New York: Holt, Rinehart and Winston, 1981.

［186］Thorpe W. H. Learning and Instinct in Animals ［M］. London: Methuen & Co. Ltd, 1963.

［187］Wijetunge P. Adoption of Knowledge Management by the Sri Lankan University Librarians in the Light of the National Policy on University Education ［J］. International Journal of Educational Development, 2002, 22 (1).

附　　录

附录1　大学教师知识效能评价指标体系的构建流程

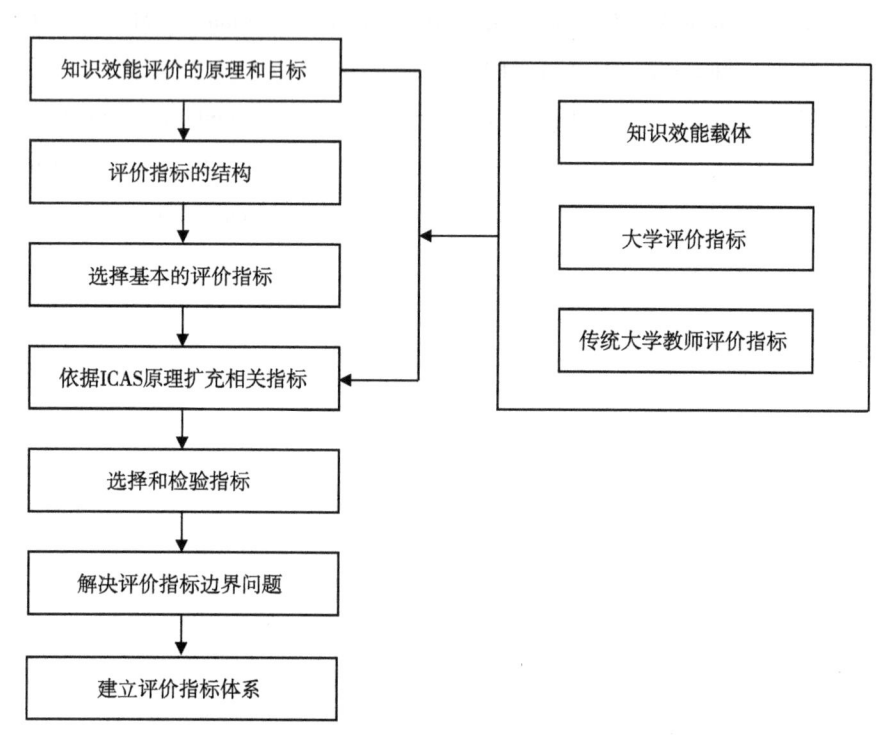

```
知识效能评价的原理和目标
        ↓
   评价指标的结构
        ↓
   选择基本的评价指标　　　←　　知识效能载体
        ↓
依据ICAS原理扩充相关指标　←　　大学评价指标
        ↓
   选择和检验指标　　　　　←　　传统大学教师评价指标
        ↓
  解决评价指标边界问题
        ↓
   建立评价指标体系
```

注：指标体系建立的流程是分析和选择大学教师知识效能评价指标的前提。

资料来源：李冲. 知识效能与评价：制度分析师视角下的大学教师绩效研究[M]. 北京：科学出版社，2015：99.

附录2　思维迁移产生的创造力

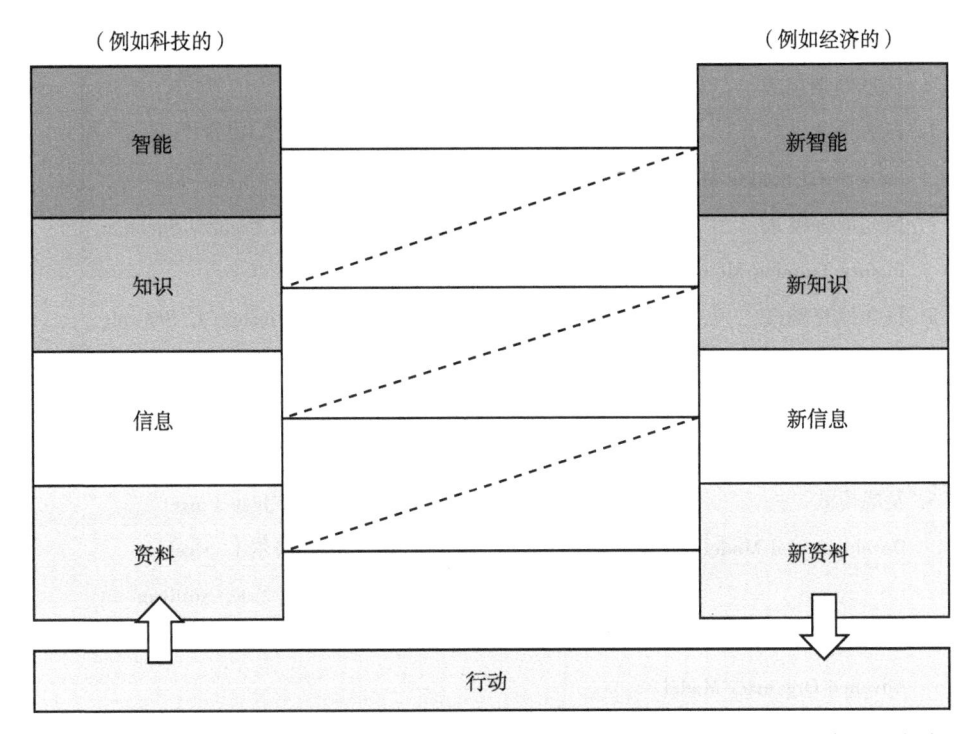

（例如科技的）　　　　　　　　　　　（例如经济的）

智能		新智能
知识		新知识
信息		新信息
资料		新资料

行动

注：在情境多元矩阵中，行动学习过程是可以产生思维迁移的，即一种思维类型迁移到另一种思维类型，共四种类型：智能迁移、知识迁移、信息迁移和资料迁移。这四种迁移类型的使用有助于播音主持专业教育主体充分释放话语效能。

资料来源：郑燕祥. 教育范式转变：效能保证 [M]. 上海：上海教育出版社，2006：85-86.

附录3 教师教学模式（策略）

教学模式	主要理论家
Ⅰ 信息处理模式　The Information Processing Family of Model	
1. 归纳思考模式 　　Inductive Thinking Model	希尔达·塔巴 Hilda Taba
2. 探究训练模式 　　Inquiry Training Model	理查德·舒斯特曼 Richard Suchman
3. 科学探究模式 　　Science Inquiry Model	约瑟夫·施瓦布 Joseph J. Schwab
4. 概念成就模式 　　Concept Attainment Model	杰罗姆·布鲁纳 Jerome Bruner
5. 发展模式 　　Developmental Model	让·皮亚杰 Jean Piaget 欧文·西格尔 I. Sigel 埃德蒙·沙利文 E. Sullivan
6. 高级组织者模式 　　Advance Organizer Model	戴维·奥苏贝尔 David Ausubel
7. 记忆模式 　　Memory Model	哈里·洛雷恩 Harry Lorayne 杰里·卢卡斯 Jerry Lucas
Ⅱ 社会模式　The Social Family of Models	
1. 小组调查模式 　　Group Investigation Modle	哈伯特·赛伦 Harbert Thelen 约翰·杜威 John Dewey
2. 社会探究模式 　　Social Inquiry Model	拜伦·马西亚拉斯 Byron Massials 本杰明·考克斯 Benjamin Cox
3. 实验室方法模式 　　Laboratory Method Model	美国缅因州贝瑟尔国家培训实验室 National Training Laboratory Bethel, Maine

续表

教学模式	主要理论家
4. 法理学模式 Jurisprudential Model	唐纳德·奥利弗 Donald Oliver 詹姆斯·P·谢弗 James P. Shaver
5. 角色扮演模式 Role Playing Model	范尼·莎夫特 Fannie Shaftel 乔治·莎夫 G. Shaftel
6. 社会模拟模式 Social Simulation Model	萨拉内·斯彭斯·布科克 Sarene S. Boocock 哈罗德·盖茨科夫 Harold Guetzkow
Ⅲ 个人模式　The Personal Family of Models	
1. 间教学模式 Nondirective Teaching	卡尔·罗杰斯 Carl Rogers
2. 意识训练模式 Awareness Training Model	弗里茨·佩尔斯 Fritz Perls
3. 重意模式 Synectics Model	威廉·戈登 Willian Gordon
4. 概念系统模式 Conceptual Systems Model	大卫·亨特 David E. Hunt
5. 班会议模式 Classroom Meeting	威廉·格拉瑟 William Glasser
Ⅳ 行为模式　The Behavioral Family of Models	
1. 权变管理模式 Contingency Managemeng Model	伯尔赫斯·弗雷德里克·斯金纳 B. F. Skinner
2. 自我控制模式 Self-Control Model	伯尔赫斯·弗雷德里克·斯金纳 B. F. Skinner
3. 松弛减压模式 Relaxation & Stress	戴维·里姆 David C. Rimm 约翰·马斯特斯 John C. Masters 沃尔普 Wolpe
4. 果断训练模式 Assertive Training Model	沃尔普 Wolpe 拉扎勒斯 Lazarus

续表

教学模式	主要理论家
5. 直接训练模式 Direct Training	安德鲁·索尔特 Andrew Salter 罗伯特·米尔斯·加涅 Robert Mills Gagne

注：布鲁斯·乔伊斯（B. Joyce）和玛莎·韦尔（M. Weil）于1980年在其著作《教学模式》（*Models of Teaching*）中提出了多个教学模式（策略），为研究教师素养提供了一个重要起点。

资料来源：根据《教育的功能与效能》（郑燕祥著，香港广角镜出版社有限公司1986年版）绘制。